MINERVA 歴史・文化ライブラリー 34

時間／空間の戦後ドイツ史

いかに「ひとつの国民」は形成されたのか

高橋秀寿 著

ミネルヴァ書房

時間／空間の戦後ドイツ史——いかに「ひとつの国民」は形成されたのか

目次

略語表

CDU＝Christlich-Demokratische Union（キリスト教民主同盟）
CSU＝Christlich-Soziale Union（キリスト教社会同盟）
FAZ＝Frankfurter Allgemeine Zeitung（フランクフルト一般新聞）
FR＝Frankfurter Rundschau（フランクフルト・ルントシャウ）
SPD＝Sozialdemokratische Partei Deutschland（ドイツ社会民主党）
SZ＝Süddeutsche Zeitung（南ドイツ新聞）

Allensbacher Jahrbuch I＝Elisabeth Noelle / Erich Peter Neumann (Hg.), Jahrbuch der öffentlichen Meinung 1947–1955, Band 1, 1956.
Allensbacher Jahrbuch II＝Elisabeth Noelle / Erich Peter Neumann (Hg.), Jahrbuch der öffentlichen Meinung 1957, Band 2. 1957.
Allensbacher Jahrbuch III＝Elisabeth Noelle / Erich Peter Neumann (Hg.), Jahrbuch der öffentlichen Meinung 1958–1964, Band 3. 1965.
Allensbacher Jahrbuch IV＝Elisabeth Noelle / Erich Peter Neumann (Hg.), Jahrbuch der öffentlichen Meinung

1965–1967, Band 4, 1967.

Allensbacher Jahrbuch V = Elisabeth Noelle / Erich Peter Neumann (Hg.), Jahrbuch der öffentlichen Meinung 1968–1973, Band 5. 1974.

Allensbacher Jahrbuch VI = Elisabeth Noelle-Neumann (Hg.), Allensbacher Jahrbuch der Demoskopie 1974–1976, Band 6, 1976.

Allensbacher Jahrbuch VII = Elisabeth Noelle-Neumann (Hg.), Allensbacher Jahrbuch der Demoskopie 1976–1977, Band 7, 1977.

Allensbacher Jahrbuch VIII = Elisabeth Noelle-Neumann / Edgar Piel (Hg.), Allensbacher Jahrbuch der Demoskopie 1978–1983, Band 8, 1983.

Allensbacher Jahrbuch IX = Elisabeth Noelle-Neumann / Renate Köcher (Hg.), Allensbacher Jahrbuch der Demoskopie 1984–1992, Band 9, 1993.

APuZ = Aus Politik und Zeitgeschichte

GWU = Geschichte in Wissenschaft und Unterricht

序章　時間／空間・物語・国民形成

本書の目的

本書は一九七〇年代までの西ドイツの戦後史を対象にして、その国家と社会の時間／空間の歴史を終戦時から、復興期、高度経済成長期へとたどろうとする試みである。つまり、戦後西ドイツにおいて時間／空間は終戦時から復興期、そして高度成長期にわたってどのように形成され、変容していったのか、その変遷をたどっていくことが本書の課題である。そして、これらの時間／空間とその変遷を分析することによって、戦後の西ドイツにおいてそれぞれの時間／空間がどのような国民形成を行ってきたのかを解き明かしていくことが本書の目的である。

したがって本書で問題とされる「空間」は単に物理的なものではない。ここで扱われるのは、流行歌や映画、メディアで描かれたハイマート（故郷）や都市空間、世論調査などで示された理想とする居住空間、都市・国土計画やそれをめぐる軋轢や紛争を引き起こす社会的空間、政治的な国境や文化圏をめぐって対立と同意がくり返される国民的空間などである。したがってその「空間」は現実の空間であると同時に、表象された空間でもある。一方「時間」でも、それぞれの時点における過去―現在―未来の時間的構成とそれぞれの心象および志向性、公的な記憶の形成、時代や記念日の構成、世代（観）の形成とその文化による表象などが分析の中心となる。

しかし、いったいこのような時間／空間は国民形成とどのようにかかわっているのであろうか。本書を始めるにあたって、これからこの問題を理論的に考察してみよう。

まず本書では、「国民」を近代的な歴史的構成体として理解することを前提としたい。もちろん、国民が近代において生み出されたと解釈する「近代主義」あるいは「構築主義」に対して、近代以前から国民形成の基礎としてエスニックな基盤が存在したとするA・D・スミスらの「原初主義」あるいは「本質主義」の立場があることは承知している。しかし本書は次の二つの観点において「近代主義」／「構築主義」の立場をとる。

第一に、垂直的なモビリティの観点において、近代以前の社会は「身分」によって構成されており、これによって社会の上下の流動性が制限されていた社会であった。すなわち、自らの社会的位置は垂直的に差異化された「身分制」において認識されていたのであって、文化（慣習・風習、倫理・道徳観、言語など）はそれぞれの身分を差異化するために機能していた。したがって、一定の領域を領土とし、その住民を一括して国民とみなす発想はこの社会の秩序観念からは生じえない。ある領域内の貴族と農奴が同じ社会構成員として共属意識をもち、両者とも同じ国民となるためには、「身分」は「国民」に対して少なくとも副次的でならなければならない。国民はこのような革命的な変化を通してのみ形成されうる。

第二に、水平的なモビリティの観点において、近代以前の社会は交通手段と分業体制が未発達であり、したがって生活世界の空間がかなり限定されていたと同時に、その外部の世界を実感させるメディアも欠いていた。そのため、生活世界の外部に同じエスニックな文化を共有する集団が存在していたとしても、生活世界内部の集団はそのような集団を認識する機会に欠け、したがってその集団が帰属しているエスニックな集団を認識することは困難であった。さらに、自己を国民として認識するためにはその「他者」が不可欠な構成要素であるが、近代以前の社会において自己のエスニック集団の外部に存在する「外国人」を具体的にイメージすることはさらに困難であった。国民としての「自己」や、その「他者」を実感させうるメディアを欠いた社会において国民が形成しうることを想定することは間違いであろう。

時間と国民

B・アンダーソンの「想像の共同体」論は、この「自己」と「他者」を実感させるメディアの出現を国民の形成の歴史的過程と関連づけることに成功した点で有益な国民国家論であるので、詳しく検討してみよう。彼がそのメディアとして取り上げているのは、新聞と小説である。

周知のようにW・ベンヤミンは世俗化・近代化された時間を「均質で空虚な時間」とよんだが、アンダーソンによれば、このような時計と暦によって計られる時間の観念が成立したことが新聞と小説の成立の前提となり、国民という「想像の共同体」の誕生にとって重要な契機となったのだという。まず新聞は、その紙面上に客観的な時間が日付として明示され、この時間のなかで未知の人々によっ

表序-1　小説の構造

時　間	Ⅰ	Ⅱ	Ⅲ
事　件	ＡがＢと口論する	ＡがＣに電話する	Ｄがバーで酔っ払う
	ＣはＤと情事する	Ｂは買い物をする	ＡはＢと家で食事をする
		Ｄは玉突きをする	Ｃは不吉な夢を見る

出所：ベネディクト・アンダーソン（白石さや／白石隆訳）『想像の共同体――ナショナリズムの起源と流行（増補版）』NTT 出版，1997年，50-51頁。

て展開される諸事件の記事が新聞紙上に相互に脈絡なく並置されている。こうして新聞の読者は毎朝、客観的に流れていく時間のなかで、あったことも見たこともない国民が直接的にかかわることがなくても、国民という空間のなかで関連し合っていることを想像するようになったという。さらに、アンダーソンは表序－1を通して「小説の構造」を説明している。

　男性のＡと女性のＢは夫婦関係にあり、ＣはＡの愛人、ＤはＣの別の情夫である。この小説において時間は「均質で空虚な時間」としてⅠ→Ⅱ→Ⅲと経過していく。時間ⅠにおいてＡとＢが口論しているそのあいだにＣとＤは情事しているが、この小説の登場人物であるＡとＢはＣとＤが、ＣとＤはＡとＢが同じ時間に何をしているのか知る由もない。時間Ⅱでは行動の主体はＡとＣ、Ｂ、Ｄの三部に分かれ、ここでも相互の行動のことはわかりえない。しかも、ＡはＤの、ＢはＣとＤの、ＣはＢの、ＤはＡとＢの存在自体を知らない。しかしこの小説の読者は、時間Ⅰにおいて口論と情事が、時間Ⅱにおいて電話と買い物と玉突きが同じ時間のあいだに行われていることを知っているだけではなく、会ったことも見たこともない登場人物同士が相互に関連し合っていることを知っているのである。つまり、この「均質で空虚な」時間の連鎖のなかで物語が展開されていく小説においては、複数の登場人物は互いが知り合うことがなくても、社会空間のなかで互いに関連し合うことで、同一の時間内に、同一の空間を共有しており、しかも読者だけが、登場人物全員がかかわっていない出来事や関係を鳥瞰できる超越的な視点をもっているのである。このような「小説の構造」によって、一生涯のうちに知り合えるはずもない見知らぬ他人を、同じ社会空間に属している同じ国民であるとみなす想像力が生み出されたのだとアンダーソンはいう(1)。

しかし、それぞれの出来事が時間Ⅰ、Ⅱ、Ⅲに沿ってそのように並列されている読み物を私たちは「小説」として認めるだろうか。この小説の読者は、登場人物が関連し合っていることを知っているが、それぞれの出来事――たとえば、時間ⅡでDが玉突きをしている事実と時間ⅢでCが不吉な夢を見ていること――がどのように関連しているのか、それらの出来事は小説の全体にとって何を意味しているのか、その超越的な視点をもってしても理解できない。つまり、時間Ⅰと時間Ⅱと時間Ⅲがどのような推移として関連しており、その時間の推移とともに生じている様々な出来事はそれぞれの登場人物とどのように関連づけられ、小説の全体のなかでそれらの出来事がどのように意味づけられるのか、この小説ではまったく不明である。このような小説において想像される国民は、ただ単につながりあっているだけの烏合の衆にすぎないだろう。これらが関連づけられ、意味づけられるためには、この「時間」の次元だけではなく、もう二つの次元――「物語」と「空間」――が不可欠であると思われる。

物語と国民形成

第一の次元として「物語」について、A・C・ダントの物語構造のモデルを適用して考察してみよう。このモデル――「①xはt_1時にFである。／②xにHが、t_2時に生じる。／③xはt_3時にGである。」――によれば、物語とは始まりから終わりまでの変化がどのように起こったのかを説明するものである。①の「始まり」と③の「終り」が被説明項を構成しているのに対して、②は説明項であり、この②を満たすことでFからGへの変化は説明され、物語が成立するという。[2]

前述の「小説の構造」の表におけるAを主人公としてxとすると、この小説では二つのF→Gの変化が解釈される。つまり、F＝「愛人のCのせいでBとの夫婦生活にひびが入っている」からG＝「Cに情夫がいることを知って、妻とやり直した」という変化である。この出来事が物語として構成されるためには②の説明項＝Hが必要とされるが、そこに「堕落した」と「悔悛した」という説明項が挿入されると、〈Aは倫理感を乱したが、それを取り戻した〉という主題でx＝Aの変化が「堕落と悔悛」の物語として語られることになる。

その際にxはHを通してFからGへと変化するが、x自身は自己同一性を保持していることが物語の成立の前提となっている。①を「xはt_1時にFである」（たとえば「AはBとの夫婦生活がうまくいっていない」）、③を「yはt_3時にGである」（たとえば「Cは不吉な夢から覚めて、愛人関係を解消する決意をした」）とした場合に、二つの出来事は共有する主体を有せず、別個の事実が並列しているだけである。①と③の関係は時間の推移による変化ではなくなっているために、ここでは物語は成立しない。

しかし、見知らぬ他人を同じ社会空間に属している同じ国民であるとみなす想像力をこのような「小説の構造」が生み出したのであるならば、x＝「A」やy＝「C」は単なる一個人ではなく、国民を表象《リプレゼンテーション》＝代表・代弁していることになる。つまり、小さな物語におけるそれぞれの登場人物（xと

y）が国民という集団的な主体に統括されることで、「ほかの女への思いを断ち切ったAは妻のBと円満な夫婦生活を再開した」と「Cは愛人関係を断つ決意をした」という主体が異なる二つの被説明項とそれぞれの「堕落／悔悛」の物語は、xとyがともに帰属する国民を集団的主体とする「国民は風紀を乱したが、倫理的な人間関係を取り戻した」という国民の「堕落／悔悛」物語として成立しうることになる。こうして、主体が異なり、時間的に前後関係にあり、異なる空間において生じた個別の出来事は、国民共同体の脈絡のなかでそれぞれ固有の位置と意味をもち、国民の変化を説明する事項として関連し合う。複雑な人間関係とそれぞれの行動の全体はこの国民の物語を通して理解可能になっていくのである。そして、個別の事実が「史実」として語られるときに、この物語は「国民の歴史」となる。(3) もちろん、「国民の歴史」が物語であるということは、それが――過去の事実から構成されているかぎりで――「虚構」であることを意味しない。

「国民の物語・歴史」のなかには「他者」である外国人や「非国民」がいわば「構成的外部」（ラクラウ／ムフ）として登場しうることはいうまでもない。たとえば、Dをアメリカ人として、あるいはCをアメリカナイズされた「非国民」として設定すると、Aの「不倫」行動は「他者」としての外国人とその影響によってもたらされた「堕落」の物語となり、AとBの和解は「他者」化された存在が「悔悛」して、国民として回復されていく物語となる。このような「構成的外部」を設定することで、上述の物語は「国民の物語」としての性格をより明確にすることができる。

空間と国民形成

次に、第二の次元として「空間」について考えてみよう。集合体として国民がどのような枠組みをもつのか、どこからどこまでが「私たち」国民の空間であるのか、という空間上の帰属の問題は国民を想像するうえで決定的に重要である。この重要性は国境問題がしばしば国民の死活問題として感じられ、たびたび戦争のきっかけとなっていることからも容易に理解できるであろう。しかし、国境線で囲まれた領土それ自体は無味乾燥な――ベンヤミンの言葉をもじれば――「均質で空虚な空間」にすぎない。それが生命を賭しうるような「私たち」の空間として感受されるためには、その空間がいわば「色づけ」されていなければならない。

この「色づけ」を先ほどの事例で説明してみよう。AとBが口論し、あるいは食事をする、Dが玉突きをする、Cが不吉な夢を見るといった場面＝空間は、物語によって因果的に関連づけられることができる。しかしこの場面＝空間が同じ国民的空間に属し、「私たち」の国民的空間で生起していることは、物語だけでは根拠づけられない。口論している空間が国境内部にあり、玉突きがその外部で行われていないことを、物語は保証しないからである。この保証のためには、これらの空間を同じ色に染め、国民が内的に関連づけられた統一した空間に帰属していることを想像させる「色づけ」の技法が必要とされる。そして、国民はこの「色づけ」を二つの方法で行っていると考えられる。

まず、国民国家において国家と社会の一致が原則として求められている。つまり、主権をもった国民の政治的な空間（＝領土）が同時に、国民が社会生活を営む空間であり、その社会が国家の枠組みのなかで分裂することなく一体化していることが要求される。もちろん国民国家の内部には、たとえば地域社会や上流社会といったように、複数の社会が存在している。しかし、地域間や階層間を分断するこれらの社会は、私たちが国民的空間と符合させている「社会」の下位集団、つまり「サブ社会」ともいうべきものとして位置づけられていることが通常である。もしこの「サブ社会」が「社会」に対して自立していくときには、社会と同時に国民国家も――たとえばB・ディズレーリのいうヴィクトリア時代のイギリスの「二つの国民」のように――分裂する。そしてこの自立は最終的に――最近ではスコットランドやカタルニアで問題となり、そしてユーゴスラヴィアでは実現された地域分離・独立運動のように――その「サブ社会」が「社会」に昇格して、新たな国民国家として独立するという事態に至る。このように国家と社会の一致は国民国家の存立にかかわる問題なのである。つまり、国境という物理的な枠組みで囲まれた「均質で空虚な空間」は「社会」として感じられることではじめて、国民が帰属を実感できる「私たち」の空間となり、烏合の衆としか感受できない集合体を国民として想像する基盤を提供するのである。

したがって小説のそれぞれの場面＝空間、たとえば時間ＩにおけるＡとＢの夫婦喧嘩の場面と、Ａの愛人のＣとその情夫Ｄとの情事の場面は、「ＡとＢが口論しているあいだにＣとＤが情事する」といったように共時化され、ＢとＣのように登場人物が不可視の関係を結んでいるだけではない。そこで国民が想像されうるためには、ＡとＢとＣとＤは社会関係を取り結び、ＡとＢの喧嘩とＣとＤの情事は社会的行為となり、喧嘩と情事の場面＝空間はともに共有された「社会」のなかで行われていなければならない。先の表現を用いるならば、空間は「社会」によって「色づけ」され、「意味づけ」なければならないのである。

もちろんその際の「社会」の要素には、単一の貨幣に基づいて営まれる経済だけではなく、文化あるいは習俗・風俗の領域も含まれ、そのような社会的な事象や問題への関心が共有される。ニュースやワイドショーが取り上げているセックス・スキャンダルや破局・不倫の報道への関心を共有している人間集団が公衆としての国民であることはいうまでもないが、そのスキャンダルや破局・不倫は、社会的であるとみなされたときに、とくに社会的規範に違反しているとみなされたときに、報道として取り上げられ、国民の関心をよぶのである。逆に、社会的であるとみなされず、取り上げられもしなければ、国民的関心もよばない。先の事例における喧嘩と情事も、社会的な現象として語られ、社会的な意味を有するときにはじめて、国民の想像力をもちうる物語となるのであって、それ自体にそのような想像力が備わっているわけではない。その際に「構成的外部」はその「社会」には属していないから、その行動が社会的規範によって判断されることはない。しかしこの「構成的外部」は、「反社会的」な行動によって「社会」の外部にいる「他者」であることが確認されるときには、この社会的規範を内に向かって強化する役割を果たす。

もう一つの「色づけ」として「風景」を取り上げてみよう。「小節の構造」の表で展開されている夫婦喧嘩と情事は世界のどの場面＝空間でも起こりうる。また、同じ国民がその同じ行為をしたとしても、それが同じ国民的空間で行われていることを、先の小説の構造はまったく保証しない。しかし、国民的であるとみなされた風景によって空間が感覚的に「色づけ」されているときに、これらの空間は同じ国民的空間として実感されることができる。このような風景の典型は日本では「桜」であろう。佐藤俊樹(4)が明らかにしているように、桜のある風景は明治期以降に人工的に全国に広められ、その意味でまさしく「創られた風景」である。「さくら、さくら、弥生の空は、見わたすかぎり」で始まる『桜』のような音楽を通してこの風景は「日本人の心」のなかに浸透していったが、このような国民的風景は『故郷』、『春の小川』、『朧月夜』、『海』、『ふじの山』といった文部省唱歌によっても「創られて」いった。季節がめぐることでくり返されるこのような自然的風景だけではなく、歴史的に一定の時期に現れた風景や、人工的に建設された記念碑的風景も、国民的な風景として「創られた」風景になりえる。前者の例としてすぐに思い浮かぶのは終戦時の「焼け野原」の風景や0系新幹線が走る高度経済成長期の風景であろう。後者では首都東京の名所となった東京タワーや皇居の二重橋の風景があげられる。現実の国民の空間は多様性を帯びており、これらの「風景」はその空間に遍在しているわけではないが、まさにこの空間をナショナルに表象＝代表しているのである。国境で囲まれた物理的な「均質で空虚な空間」がこのような象徴的な空間としての風景で彩られることによって、感覚的に国民への帰属感は強化されていくことができる。

そしてこれらの国民的な風景には、先述した国民の物語が織り込まれている。たとえば、人工的な都市を反国民的な「堕落」の空間、自然のなかの故郷を国民的な「悔悛」の空間として、象徴的にこれらの風景を物語のなかに設定することは古今東西でよく見られるパターンである。「焼け野原」や0系新幹線の風景は、ゼロから出発して経済大国にのし上がった日本の成功物語が形象化された象徴的な時間／空間である。これから、このような国民の物語が織り込まれた風景を「景観」とよぶことにしよう。

国民の定義

これまで確認したように、国民は近代社会のなかで生み出された構成体であり、「均質で空虚な」近代的な時間／空間が物語と社会、景観によって構造化されることによって、この国民は、超越的な視点で俯瞰でき、知覚可能になった統一された時間／空間の全体を「私たちが帰属している時間／空間」としてもつことができる。この統一性と帰属感が国民の存在の条件となり、その物語、社会関係、国民的景観を共有する集団から国民が形成されていき、その条件や物語などが変化していくにしたがって国民は再編成されていくのである。

このような観点をとるときに、国民は固定化された存在としてではなく、生成していく形成体として理解しなければならない。そしてもちろん、この生成の行方は、必然性をもった摂理や法則、原則によってすでに決定されているわけではない。どのような時間／空間を編み出し、どのような物語を構成し、どのような「色づけ」を行っていくのか、それは国民内の諸政治・社会勢力が——「構成的外部」の影響や干渉を受けながら——闘争していくなかで決定され、その後も闘争のなかでその決定は維持され、あるいは覆され、改変されていく。つまり、この闘争の結果として国民は恒常的に形成・編成され、変化していくのである。したがって私たちは、闘争の主体である「諸政治・社会勢力」を「諸国民」とよんでもかまわないだろう。私たちが日本人やドイツ人としてよんでいる「国民」は複数の「諸国民」によって構成され、闘争のなかで「諸国民」は一つの「国民」に編成されていくからである。闘争の結果、一つの「国民」に編成されなかった場合には、この「国民」は分裂し、複数の「国民」が成立するのである。本書はこのような闘争を、「国民の存在は日々の国民投票である」というE・ルナンの有名な言葉をもじって「日々の国民闘争」と名づけ、国民の存在も「日々の国民闘争である」と定義することにする。

これから本書は、戦後西ドイツがどのような時間／空間を形成し、この時間／空間をどのような物語と景観で満たし、どのような社会関係を構築していくことで、どのような闘争のもとで、どのような（西）ドイツ国民を形成していったのか、具体的に分析していくことにする。終戦から復興期、高度経済成長期までの戦後ドイツを題材にして国民形成の分析モデルを提示することが本書の本来の目的である。そして、「右傾化」とよばれている現在の状況のなかで、戦後ドイツに限らずに国民と国民形成を理解する一助となり、そのあり方をめぐる議論を誘発し、その議論に貢献することを本書はめざしたい。

注

（1）ベネディクト・アンダーソン（白石さや／白石隆訳）『想像の共同体――ナショナリズムの起源と流行（増補版）』NTT出版、一九九七年。

（2）アーサー・C・ダント（河本英夫訳）『物語としての歴史――歴史の分析哲学』国文社、一九八九年、二八四～二八五頁。

（3）物語論と歴史と物語の関係にかんしては以下を参照。野家啓一『物語の哲学』岩波現代文庫、二〇〇五年。鹿島徹『可能性としての歴史――越境する物語り理論』岩波書店、二〇〇六年。『岩波講座哲学11　歴史／物語の哲学』岩波書店、二〇〇九年。貫成人『歴史の哲学――物語を超えて』勁草書房、二〇一〇年。

（4）佐藤俊樹『桜が創った「日本」――ソメイヨシノ起源への旅』岩波新書、二〇〇五年。
（5）ドイツでは経済復興を意味する「経済の奇蹟」概念は歴史用語として定着しているが、「高度経済成長期」に適合する概念は見当たらない。しかし、日本との比較を容易にするためにあえてこの概念を本書で使用した。

第1章　終戦時の時間／空間

1　瓦礫と廃墟の景観

戦後の原風景

広島と長崎に落とされた原爆の閃光ときのこ雲、ラジオから流れる玉音放送、それを聴いて首を垂れ、涙を流す国民、「焼野原」となった日本の都市、そこを走りゆく米兵のジープ、闇市の喧騒――これが、戦後の日本人の記憶に焼きつけられた終戦の日々の景観であるといっていいだろう。もちろんこの景観は、当時の日本人全員に共有されたものではなかった。農村には「焼野原」は存在せず、そこには多くの学童が疎開していた。また数百万の日本人が軍人と入植者として国外で終戦を迎えた。空襲ではなく、地上戦によって焦土と化した沖縄では、住民の四分の一以上を失ったのちの「戦後」に原爆の投下は伝えられ、アメリカ軍占領下で玉音放送は流されていなかったという意味で、その景観は存在していなかった。それにもかかわらず、この景観が多くの国民に、しかも戦後世代においても共有されていったのは、終戦の日々を原点とした戦後の国民的な物語がそこに内包されていたからだろう。それは、圧倒的な軍事力をもつアメリカと日本は戦争を始め、その軍事力によって日本は敗れ、その無謀な戦争の終結を天皇は英断し、総懺悔した日本人はゼロから復興に向けて出発した、という物語である。あの景観は、民主主義と平和主義を唱えた日本国憲法のもとで、象徴となった天皇とともに、忍耐と努力と技術力によって経済大国を実現した戦後日本の成功物語《サクセスストーリー》のいわば「原風景」だったといえる。もっとも、冷戦の最前線として軍事基地と化した沖縄の人々は、あの景観だけではなく、この物語も共有することはできなかった。

ドイツの都市の大部分も空襲と地上戦によって破壊され、戦後そこに――木造建築の多い日本とは異なり「焼野原」ではなく――「瓦礫と廃墟」の景観が出現した。この景観はどのような物語を内包することで、戦後ドイツの「原風景」となったのであろうか。これから、戦後ドイツ人がこの時間／空間をめぐって展開した「日々の国民闘争」を具体的に検討してみよう。

勝者が見た「景観」

一九四五年六月初めにベルリンを訪れたアメリカ軍のＬ・Ｓ・クレイ将軍は、ベルリンの破壊のあり様を次のように記している。

見渡すかぎり廃墟だった。通りは瓦礫であふれ、多くの場所では高く積みあがった瓦礫の山のあいだを窮屈に一方通行できるだけだった。橋と陸橋が壊されたために、たびたび回り道をしなければばならなかった。ドイツ人は弱々しく、怯え、ベルリン攻防戦のショックからまだ立ち直っていないように見えた。ベルリンは死の都市のようであった[1]。

自らが破壊をめざしていたクレイと同様に、終戦後のドイツの都市を訪ねた多くの戦勝国の人々もその破壊の規模に圧倒され、多くの写真家がその姿をフィルムに収めた。

対戦国ドイツとのかかわりに応じて瓦礫と廃墟の「景観」は異なる意味をもったが、多くの勝者にとってそれは何よりも勝利のシンボルであり、破壊の規模は勝利の大きさを物語っていた。その大きさを映し出すもっとも効果的な撮影方法が空撮であった。『ライフ』誌の報道写真家で、アメリカ軍とともにドイツに「進軍」したM・バーク‐ホワイトは、そのような手法で瓦礫と廃墟の姿を捉えた写真家の一人である。空から眺める勝者は、眺められた敗者とのあいだに絶対的な距離を保ち、接点をもつことなく敗者を見下ろし、見下げる視線をもつ。爆撃機に同乗して撮った彼女の多くの写真（図1-1）には、そのような勝者の眼差しが刻印されている。アメリカの

図1-1　ケルンの空撮写真

出所：Margaret Bourke-White, Deutschland, April 1945, München, 1979, Photo22.

ジャーナリストであるW・シャイラーも、同じ視線から破壊されたベルリンを見つめた(2)。

ティアガルテンは空から見るとまるで戦場で、あばたのように爆弾の穴があき、かつては大きく枝を張っていたのを私が知っていた木々は、裸の幹だけとなっていた。そして市の上空の飛行機からどの方向を見ても、見渡すかぎり累々たる破壊のあとばかりで、あちこちに点在する屋根のない焼けビルが、もとは窓だったところから射し込む秋の陽を受けて、まるで小さなネズミ取りのように見えた。

彼にとってドイツ人は、「あれほど傲慢で、支配人種としての自らの使命をあれほどやみくもに信じていた侵略的な国民」だったのであり、その国民が「いまでは廃墟をほじくりまわし、打ちひしがれ、放心し、寒さと飢えに震え、意志も目的も方向ももたない人間となり、ただ明日一日命をつなぐために食べものを漁り、雨露しのぐ場所を探す、動物のような姿になり果てている」としても、それは自業自得の罰にほかならなかった。「これがヒトラーの千年王国のなれの果てなのだ！」と。その目に映るドイツ人は、ヒトラーに騙され、ナチズムに悪用された「犠牲者」などではとうていない。国民全体がヒトラーを妄信したナチスであった。何百万もの命を奪った戦争を引き起こし、ユダヤ人の絶滅を実行した「集団的罪」をドイツ人が負っているのだから、いまやその国民が敗者として惨めな姿をさらし、その都市が瓦礫と廃墟と化そうとも、それはドイツ人の当然の報いであった。

そのような眼差しから、ヨーロッパにおける第二次世界大戦の終焉を今日でも表象＝代表する写真がソ連の従軍写真家のカメラによって撮影された（図1－2）。廃墟と化したベルリンの建造物を背景にして、赤軍兵士が帝国国会議事堂に赤旗をたなびかせているこの写真は、帝都の制圧という勝敗の「現実」を雄弁に物語っている。ナチス・ドイツの敗北は文字通り「無条件降伏」であり、ドイツ人の運命は勝者の手のなかにあった。その撮影者はタス通信新聞報道記者のJ・ハルデイ。ユダヤ系ウクライナ人の彼は、父親と三人の姉妹をドイツ軍によって殺害されている。シャイラー同様、彼の眼差しには敗者に対する同情は感じられない。

図1－2　ドイツ降伏の象徴的写真

出所：Jewgeni Chaldej, Von Moskau nach Berlin, Berlin, 1995, S. 65.

記念碑はドイツ国民国家の栄光を象徴していたため、その破壊の姿はドイツの敗北をことさら象徴することになった。ベルリンを訪ねた多くの勝者たちは、廃墟となった記念碑にカメラを向け、それを背景に記念撮影を行っている。勝者の写真家は破壊された記念碑だけでなく、そのような勝者の記念撮影もフィルムに収めた（図1－3）。イギリス人ジャーナリストのS・スペンダーが指摘するように、勝者にとって破壊された記念碑は、戦争の結末が凝縮された「観光名所」であった。

帝国国会議事堂と総統官邸はいまではツーリストにとって観光名所になっているし、今後五〇〇年もそうな

図1－3　勝者の記念碑撮影

出所：Chaldej, Von Moskau nach Berlin, S. 102.

りかねない。遠くから眺めると、すさまじい終末的な破局の姿を現し、劇的で、不気味な印象を脳裏に刻みつけるほどに、この建造物は全面的な崩壊の舞台なのである。ベルリンの終末の日々は、はるか昔の時代における帝国のそのときを憶測させているのだ。誰もが奇異の感情を抱きながら、誰もがあたかもローマのコロセウムを訪れているのではないかといった想像力を働かせながら、この廃墟のなかに入っていく(3)。「観光名所」であるかぎり、「ツーリスト」を惹きつける美的魅力がそこに存在したが、彼は古代の廃墟のなかに魅力の原型を見出した。ソ連研究者として知られるI・ドイッチャーも同様である。

建造物が見かけだけ堅固であった外観を失ったときにベルリンは、妙によく保存された巨大な——ポンペイやオスティアといった——古代の廃墟の印象を与えている。街路に人がいないため、発掘されたこれらの都市とベルリンはますます似てきている(4)。

図1－5「瓦礫の女たち」

出所：Robert Capa, Sommertage, Friedenstage, Berlin 1945, S. 7.

図1－4　勝者のドイツ市民像

出所：Bourke-White, Deutschland, Photo 49.

歴史的ロマンに彩られたそのような勝者の目に映る美的景観には人間の生活は存在しない。しかし、この「観光名所」から一歩離れると、そこは敗者の絶望的な生活の場であった。勝者の写真家はその場にもカメラを向け、混乱、無法状態、略奪、闇商売のような敗者の「なれの果て」の姿を記録した。バーク・ホワイトが略奪現場のドイツ市民を撮った写真（図1－4）には、憎悪と嘲笑と憐憫とが入り混じった勝者の優越感が染み込んでいる。終戦後にベルリンを訪ねたR・キャパは別の視線から、自身がかつて生活していた帝都の変わり果てた姿を見つめた。小型カメラで被写体に接近していくその手法からベルリン市民を映し出したキャパの写真には、勝者／敗者の単純な二分法をこえた眼差しが刻まれている（図1－5）。しかし、廃墟から瓦礫を黙々とバケツ・リレーで運び出す女性たちのこの姿には、「なれの果て」を見つめた写真家たちでさえ共感の眼差しを注いだ。彼女たちはのちに「瓦礫の女たち」とよばれることになる。

敗者にとっての「景観」

当時一七歳の少女、リーゼロッテ・Gは、ベルリン陥落の日々を淡々と日記に綴っている。

五月五日。カイザー大通りに戻る。めちゃくちゃ！／五月六日。私たちの家に二一発が命中弾！一日中、片づけと荷造り。夜に嵐。ロシア人が来るのではないかと不安で、ベッドの下にもぐりこんでいる。でも家をカタカタ鳴らしているのは砲撃だけだった。／五月七日。シャベルで通りを通れるようにする。パンのための番号を取りに行き、片づけと清掃をした。／五月八日。通りを通れるように片づける。パンを手に入れるために行列に並んだ。パパが生きているっていう知らせ。／五月九日。停戦。マルギットが飲むミルクがある。／五月一〇日。片づけ。(5)

この日記に描かれた生活には「終戦」の区切りがない。たしかに砲撃は止んだが、瓦礫のなかの生活は終戦以前に始まっており、「瓦礫の女たち」はすでに存在していた。彼女の「パパ」はベルリン市内で消息を絶っていたが、当時、成人男性の大半は戦場に赴いており、すでに帰らぬ人となっているか、捕虜として敵軍の手に落ちていた。瓦礫と廃墟はおもに女たちの生活空間だったのであり、そこは苛酷な生存競争の場であった。そして「片づけ」は女たちの仕事となった。生き残ることができた男たちは、憔悴し、精神的にも、肉体的にも深い傷を負ったまま、この空間に帰還したのである。それでも女性過剰の事態はつづき、こうしてドイツの戦後は「女の時代《シュトゥンデ》」とよばれるようになる。瓦礫と廃墟は勝者だけの被写体ではなかった。ドイツ人の写真家も、部分的には戦勝国の雑誌社やドイツ都市当局の依頼を受けて、自分たちの都市の瓦礫と廃墟にシャッターを押している。その主な被写体は、もっとも破壊のひどい都市区の建造物や記念碑であったが、勝者の写真家とは異なり、その瓦礫と廃墟のなかでのドイツ人の苦悩の姿にも焦点が当てられた(6)。F・ザイデンシュトゥッカーはその代表的な写真家である。彼はベルリンを舞台に、ドイツ人の視点から終戦後の「現実」を撮りつづけた（図1－6①②）。

しかし、無名の写真家によって撮影されたドレスデンの姿（図1－7）が、瓦礫と廃墟の「現実」を今日まで表象＝代弁することになった。戦争末期の四五年二月の空襲でドレスデンはその八割以上を破壊され、その都市に溢れていた避難民も含めて、数万人が犠牲となった。第二次世界大戦における最大級の空襲被害である。その被害の大きさを示すために、この写真は市庁舎塔の展望台から撮影

図1－6①　敗者による「瓦礫と廃墟」像

出所：Friedrich Seidenstücker, Der faszinierende Augenblick, Berlin, 1987, S. 40.

図1－6②　敗者による敗者像

出所：Seidenstücker, Der faszinierende Augenblick, S. 42.

図1－7　ドレスデン空襲被害写真

出所：http://www.faz.net/aktuell/politik/2-weltkrieg-luftangriffe-auf-dresden-im-februar-1945-13426718.html

されている。たしかにこの構図によって、破壊規模を誇示しようとする空撮写真と類似した見下ろし、見下げる視線が、廃墟と化した市街地に注がれている。しかし記念碑的彫刻『善』が前景に置かれることで、メッセージは逆転することになる。このことによってこの写真を見る者は、ドレスデン市民あるいはドイツ人を表象＝代表するこの彫刻と同じ視線を廃墟に向けることになるからである。こうして空撮が可能にした眺める者と眺められるものとのあいだの絶対的な距離は失われ、廃墟は自己のものとなる。「ドレスデン」は「私たち」の空襲体験となり、その廃墟は「私たち」の空間に属する。そしてさらに『善』の姿はこの都市の運命と「私たち」の犠牲と苦悩を表象＝代弁することになる。

記念碑としての廃墟

復興が進むなかで瓦礫は撤去され、損傷の少ない建造物は修復されたが、廃墟は解体され、新たな建造物が建てられた。歴史的な価値を認められた記念碑は建て直されたが、プロイセン君主像などはその価値を認められず、撤去された。瓦礫と廃墟の景観は消え去り、都市は未来を獲得していくと同時に、過去を取り戻していった。しかし、この景観を都市空間に保持することも試みられた。廃墟が記念碑として保存されたのである。

一八九五年にドイツ帝国初代皇帝の功績を讃えて落成したベルリンのヴィルヘルム皇帝記念教会は、一九四三年一一月の空襲で焼け落ち、塔の部分が廃墟となった。もともとこの教会が人気を博した記念碑であったとはいいがたい。モダニズムのワイマール時代、古典主義のナチス時代に、このロマネスク様式の建造物は時代錯誤の印象を帯びていった。しかし廃墟となることで、この教会の姿は異様な雰囲気をかもし出していたようである。焦土と化した都市にドイツ人の「なれの果て」を見たシャイラーは、その雰囲気を次のように表現している。

図1-8　現在のヴィルヘルム皇帝記念教会
出所：著者撮影。

それがどんなにぞっとする建築物だったかは記憶にある。霧の中にそれが不意に、見たこともない建物のようにぬっと現われた――その破壊された残骸の輪郭は灰色の光で和らげられて、美しいと言ってもいいほどだった。(7)

再建する価値も認められず、この教会は廃墟のまま長らく放置されたが、復興計画において交通障害と見なされてしまう。そのため、五七年にE・アイアーマンの構想に基づいてこの教会を解体し、新しい近代的教会を建築することが決定された。しかし、その計画が知れわたると、解体反対の市民運動が起こったのである。[8] そのイニシアティヴをとっていたベルリンの有力紙『ターゲスシュピーゲル』による世論調査[9]であるため、正確な数字であるとはいいがたいが、ベルリン市民の九割以上がこの教会の存続に賛成していた。ほかの場所に新しい近代的な記念教会を建てることに過半数が賛成していたのであるから、市民が固執していたのは教会そのものではなく、その廃墟の姿だった。もともと記念碑として価値を失いかけていたこの教会は、廃墟となることでアウラを獲得したのである。こうして教会の廃墟は存続し、近代的な教会がそこに隣接することになった。[10]（図1－8。図1－10、図1－11①と②も見よ。）

本来瓦礫と廃墟は戦争という究極的な暴力による醜悪な産物にほかならない。それにもかかわらず、勝者だけでなく、敗者もそこに美学的価値を見出したのはなぜであろうか。この問題を次節で考察してみよう。

2　景観の物語と国民化

物語られた景観

終戦後まもなく、ドイツの瓦礫と廃墟の景観は映画の舞台となったが、そのもっとも著名な映画は外国人の手によって四八年に制作された。ベルリンで撮影されたイタリア人のR・ロッセリーニ監督の『ドイツ零年』である。このヒューマニズム物語の主人公は一二歳のエドムンド。病気の父、戦争犯罪人と思い込んで家庭内で身を隠す兄、一家を支える姉からなる貧困家族の末っ子で、通学せずに、彼も闇商売や窃盗、不法労働で一家を支える。敵対的な人間関係のなかで、エドムンドは大人からだまされ、搾取される。元教師の言葉を信じ、死を願う父に毒を盛り、殺害したこの少年が絶望のあまり投身自殺することで、この映画は悲劇的に幕を閉じる。

ドイツではすでにその二年前に、同じベルリンで撮影された映画『人殺しは私たちに紛れ込んでいる』（以下『人殺し』）がW・シュタウテ監督によって制作され、五一年までに五〇〇万人の観客を動員していた。[11] おもな登場人物は、東部戦線から帰還してきた医師のハンス、父親のために強制収容所を体験した若い女性ズザンネ、前線でハンスの上官であったブリュックナー、ズザンネの父親代わりで眼鏡屋を営むモントシャインである。ベルリンに帰還したズザンネはモントシャインと再会するが、その階上の彼女の住居にはハンスが居座っていた。彼女はハンスに退去を求めるが、彼に同情して、新しい住居が見つかるまで二部屋をシェアすることに同意する。しかしハンスの生活は乱れていた。キャバレーで飲んだ暮れ、朝帰りをくり返し、周りに自分の苦悩を愚痴り、毒づく日々がつづいた。それたまたまズザンネは、戦場でブリュックナーが妻に渡すようにハンスに託した手紙を見つける。それを届けた彼女は、戦死したはずのブリュックナーが生存していることを知り、ハンスにそのことを告げる。ブリュックナーは三六人の男性、五四人の女性、三一人の子どもの人質を殺戮した責任者であった。その後、敵の攻撃のなかでその部隊は逃げ惑い、ブリュックナーは重傷を負い、死を覚悟してハンスに妻への手紙を託したのであった。彼の人質射殺命令を阻止できなかったことが、帰還した

図1－9　廃墟の美的演出

出所：映画『人殺しは私たちに紛れ込んでいる』より。

ハンスの苦悩の原因となっていた。ブリュックナーと再会したハンスはこの戦争犯罪人が、多数の従業員を抱え、鉄兜を調理なべに加工する工場を営む戦争成金になって、ぬけぬけと戦後を生きていることを知り、その殺害を決意する。しかし廃墟のなかから医師を求めて取り乱す女性が現われたため、ハンスは殺害を実行できず、女性の娘の手術を医療機器のないまま自宅で行い、その命を救う。その後、出征した息子の無事を祈り、その帰還を待ちわびていたモントシャインの棺が運び出され、その数日後に息子から手紙が届く。クリスマスの夜、ハンスは自分の過去をズザンネに語り、ピストルを懐に偲ばせ、ひとりブリュックナーのところへ向かう。ズザンネは彼の決意を書いたメモを見つけ、彼のあとを追う。ハンスに銃口を向けられたブリュックナーは命乞いをするが、発砲直前にズザンネはハンスに駆け寄り、その行為をいさめる。監獄のなかで自分の無実を叫ぶブリュックナーの姿と同時に、殺された人々の肖像写真、無数の十字架が整然とならぶ墓地が映し出されて、この映画は終わる。

　同じ終戦後のベルリンを舞台にしていながら、この二つの映画はその描き方において実に対照的である。『ドイツ零年』が描き出しているのは、互いが利他的に敵対する世界であり、逆転された世界

――父親や兄から養われるはずの子供が闇商売で働き、保護者を養う世界。子供を保護すべき大人が、教え子を利用して闇商売を行い、子供の闇商売の商品を二束三文の缶詰と強引に交換する世界――である。その意味でこのイタリア・リアリズム映画は、『人殺し』よりもずっとリアルに瓦礫と廃墟の世界を描いているといえる。したがってその景観は主人公に苦悩をもたらす背景であり、それが美的に描き出されることはない。廃墟は主人公の少年が投身自殺を遂げる悲劇の場なのである。一方、『人殺し』では瓦礫と廃墟は単なる背景ではなく、もっと表情が豊かである。ハンスがズザンネに毒づき、傷ついたズザンネがアパートを飛び出し、反省した彼が追いかけて、二人が和解する場面がある（図1－9）。ここでは瓦礫と廃墟がライトアップされており、それはこの映画が意図的に瓦礫と廃墟を美的に演出していたことを示している。その美的価値は何に由来するのであろうか。この映画にかぎらず、その価値は三つの美学に基づいていると考えられる。

告発の美学

第一に、告発の美学。すなわち終戦後の自己の苦悩を瓦礫と廃墟に投影させ、それをもたらした者に対する怒りをその景観に表象＝代弁させる美学である。『ドイツ零年』ではその苦悩をもたらした者への告発は表現されていない。この映画のヒューマニスティックな怒りは瓦礫と廃墟での悲惨な生活に対して向けられているのであって、その由来に対してではないからである。逆に『人殺し』の場合、その主題は悲惨な生活自体にはない。ハンスの苦悩はその生活ではなく、過去の戦争体験に由来しており、彼の怒りはその戦争体験をもたらしたブリュックナーに向けられている。モントシャインの場合には出征した息子の消息に苦悩の由来があり、彼は瓦礫と廃墟のなかで静かにその苦悩に耐えている。自暴自棄になって酒におぼれていたハンスは、戦死していたと信じていたブリュックナーが生きていることに衝撃を受けるが、告発する相手を得ることでその苦悩に意味が与えられた。こうして自分自身を攻撃していた彼の心的エネルギーは外部に矛先を代え、彼は本来の自己を回復していく。瓦礫と廃墟に投影されているのはもはや、悲惨な生活に苦しむ惨めな自己ではない。告発によってこの景観は自己回復の空間になったのである。

占領下で制作されたこの『人殺し』では、告発は戦争犯罪人に向けられている。しかし空襲体験者の多くの怒りは、瓦礫と廃墟を直接的にもたらした者、すなわち連合軍にも向けられていた。その告発はようやく五二年になって公的に表現できるようになった。旧落下傘部隊将軍H・B・ラムケが旧SSの集会で、真の戦争犯罪者は「戦略上の理由もなく全都市を破壊し、広島に爆弾を落とし、新しい原子爆弾を製造している」者だと演説したのである。[12] アメリカ軍による世論調査によれば、この発言を本質的に正しい（三一％）、少なくとも部分的に正しい（二五％）と評価するドイツ市民が過半数をこえ、否定する者は四分の一にすぎなかった。[13] ドイツのアレンスバッハ協会の世論調査でも、四六％の市民がこの発言に共感している。[14] 帝都ベルリンでも、ルールの工業都市でもなく、文化都市ドレスデンの空襲被害の写真が瓦礫と廃墟の景観を表象＝代弁することになった理由の一つがここにある。ドレスデンはほかのドイツ都市と比較して政治・軍事的に非常に「無辜」であるとみなされたからである。ただ、連合軍への告発によって苦悩の意味を見出そうとする者は、極右主義的傾向をもつ一部のドイツ人にすぎなかった。むしろ戦争自体とそれを引き起こしたナチスにその告発の刃は向けられた。戦後、ヴィルヘルム皇帝記念教会は幾度か反戦運動の舞台にもなり、後述するW・エッケルトもその姿を写真に収めている（図1－10①）が、このとき運動家たちは告発の美学に基づいてこの廃墟に自己を投影していたのである。

追悼の美学

第二に、追悼の美学。すなわち死者の声を代弁する美学である。匿名のベルリン女性は四五年五月

図 1－10①　廃墟と告発

出所：Werner Eckelt, Requiem auf West-Berlin, Berlin, 2000, S. 111.

図 1－10②　瓦礫と廃墟のなかの墓

出所：映画『人殺しは私たちに紛れ込んでいる』より。

一四日の日記に「消火栓に向かう途中で、私は多くの墓の前を通り過ぎた。ほとんどの前庭にもこの無言の宿があった」[15]と記している。瓦礫と廃墟は、空襲犠牲者や地上戦で倒れた者たちの死に場所であり、またその墓場でもあった。『人殺し』も、瓦礫と廃墟のなかに埋葬された兵士の墓のシーンが映し出されることで始まっている（図1-10②）。ハンスのブリュックナーへの告発は、彼が殺した人質、そして彼が利益を搾り取った戦没者の声の代弁にほかならない。最後の場面で、ズザンネの「私たちには裁く権利はない」の言葉にハンスは、「そうだね、ズザンネ。でも、告発し、償いを求める義務はある。罪なく殺戮された何百万もの人びとに代わって」（傍点は引用者）と答えている。この点においてもこの映画は『ドイツ零年』と対照的である。父親に毒薬を盛った少年の投身自殺で終わる『ドイツ零年』にとって、瓦礫と廃墟は死者の眠る景観ではなく、死をもたらす空間であるからだ。

いうまでもなく、ドイツにおける戦没者の追悼とその記念碑には長い伝統がある。その歴史をここで詳述する紙面上の余裕はないが、以下のことだけは確認しておきたい。ナポレオン戦争以降に、戦没者の追悼とその記念碑は国民国家とその国民を形成するうえで重要な役割を果たしたが、初期の記念碑には、死者というよりも、君主や将軍のような功績者を讃える形態のものが主流だった。しかし世紀転換期以後になると、記念碑は戦没者崇拝の役割を担うようになり、一般兵士の死を追悼するものに変化した。死者の階層・地域・年齢・性別の差異を排除し、超越的な国民表象を可能にするため、記念碑は抽象・幾何学化という意味でミニマム化されていく。それを「空虚化・無化」の戦術とよぶことができよう。空虚や無というものは、「あった」という存在と、それが「ない」という非在を同時に考えさせ、そのことで後悔の念や欲求をよび起こすのだから、存在よりもずっと充実した表象であると、その観念の批判者であるH・ベルクソンは指摘しているが(16)、ミニマム化された記念碑には、「空虚・無」の観念がもつ充実した表象の可能性が死者の表象のために用いられていたといえよう。

ここで、図1‐6、7のザイデンシュトゥッカーやドレスデン空襲の写真が映し出し、『人殺し』でも頻繁に登場している廃墟の形態に注目したい。それは、空洞となった内部空間を崩れ残った外壁が包み込んでいるものだが、ここにおいて、空虚化・無化の戦略に沿った追悼の「記念碑」が戦争暴力によって偶然にも作り上げられている。瓦礫の山も、生活可能な半壊の建造物も、空洞をもつこの廃墟ほどの充実した追悼の表象力はもちえない。「原爆ドーム」型ともいうべきこの廃墟が「景観」を表象＝代表することになったのである。もちろん廃墟としての記念碑は、意図的に作り上げられたそれまでの戦没者記念碑とは同じではない。死とその表象のあり方が異なるからである。つまり、残骸としての廃墟は戦争暴力によって作り上げられた産物であり、軍事施設の廃墟でもないかぎり、完全に受動的な存在である。したがって、廃墟としての「記念碑」は戦争暴力を行使されて命を奪われた受動的犠牲者（Victim）を表象＝代弁するものであって、戦争暴力を行使して命を捧げた能動的犠牲者（Sacrifice）のための戦没者記念碑——たとえば靖国神社——がそのような形態をとることはありえない。空洞化した廃墟となったヴィルヘルム皇帝記念教会もまさに受動的な犠牲者を追悼する「原爆ドーム」型の記念碑であり、シャイラーでさえもが「その破壊された残骸の輪郭」に不気味な美を感じ取ってしまったのである。

再生の美学

第三が、再生の美学である。ここにおいて瓦礫と廃墟は、崩壊した過去を清算し、未来を構築していく「零時」[17]を表象＝代弁している。『ドイツ零年』は苦悩を死によって終焉させているが、『人殺し』では苦悩は克服され、生きる希望が見出されている。しかも『人殺し』で苦悩していたのはハンスとモントシャイン、すなわち男だけである。ズザンネは強制収容所から帰還したにもかかわらず、その苦悩をほとんど語ることなく、暗い時代が過ぎ去り、画家としての仕事を再開できることに喜びを感じる。生活の再出発の第一歩として彼女は、ハンスが荒れたまま放置していた部屋の片づけを始める。この映画には前述の「瓦礫の女たち」が登場するが、このシーンでズザンネはまさにこの「女たち」を象徴的に演じているのである。告発と追悼の場であった瓦礫と廃墟の景観は「瓦礫の女たち」が挿入されることによって、再生の美を身につけることになった[18]。

アメリカ軍の捕虜生活から帰還し、戦後のベルリンの移り変わりを撮影しつづけた写真家W・エッケルの写真には、復興していくベルリンの市民生活の背景としてヴィルヘルム皇帝記念教会の廃墟が頻繁に登場する。（図1-11①②）。ここでは、この教会は終戦の姿のまま「零時」を刻みつけているが、その周りには新たな建造物が再建され、そこで豊かな市民生活が営まれていく復興のありさまが映し出されている。つまり時間の停止したこの廃墟は、復興の進捗度を測っているのである。総統官邸やブランデンブルク門、帝国国会議事堂の廃墟はドイツ政治の解体を、オペラ座や宮殿の廃墟はドイツ文化の崩落を表現していたが、繁華街に位置していた記念教会の廃墟の姿は社会的な日常生活の崩壊を象徴することになった。「政治」と「文化」は伝統に基づき、その保持と構築を前提にしてい

図1-11①　復興期の廃墟の景観

出所：Eckelt, Requiem auf West-Berlin, S. 14.

図1-11②　復興後の廃墟の景観

出所：Eckelt, Requiem auf West-Berlin, S. 77.

るため、その記念碑は解体か、復元かの選択を迫られた。解体・崩壊されたままの伝統の姿は、告発の声にはなりえても、その分断と喪失を表現してしまうからである。しかし、変化を運命づけられ、伝統を乗りこえていく「社会」の記念碑となった記念教会は、日常生活を取り戻していく変化の指標として、廃墟の姿自体に価値を見出されることができた。この廃墟は再生を象徴する「零時」の記念碑となったのである。

一方で、瓦礫と廃墟の「零時」からの復興において果たした役割を讃えるために、「瓦礫の女たち」の記念碑が建立されている。西ベルリン市長とノイケルン区長のイニシアティヴによって「瓦礫の女」像（図1-12）が記念碑として樹立され、竣工式が五五年に行われた。[19] 東ベルリンにも三年後にF・クレーマーによって「復興助力者」像（図1-13）が「赤の市庁舎」前の広場に除幕されている[20]が、そこに見いだせる「再生の美学」の形

図1－12 「瓦礫の女たち」像

出所：著者撮影。

図1－13 「復興助力者」像

出所：著者撮影。

態の相違は興味深い。前者の像が腰をおろして、スカートのうえで作業を行う姿で表現されているために、忍耐の美徳で社会を物静かに支えようとする受動的なイメージを帯びているのに対して、後者はシャベルを肩に載せ、体の曲線がくっきり見えるノースリーブのシャツとズボンに身を包み、歩み出そうとする能動的なポーズをとった若い女性の立像である。ナチス支配以前の「健全」な社会への復興をめざしていた西側の復古主義的な理念と、新たな社会主義社会の構築を目的としていた東側のイデオロギーの相違が、この「瓦礫の女たち」の造形に表現されたといえよう。

　そのため西側では、復興が達成されて、その歴史的役割を終えていくにしたがって、「瓦礫の女たち」はしだいに忘れ去られていくことになる。この「女たち」が再発見され、瓦礫と廃墟の世界の主役としてふたたび想起されるようになるのは、女性運動が盛んになった八〇年代以降のことであった。この運動は、現実に瓦礫と廃墟のなかで行動した女性だけではなく、戦争末期と終戦直後という困難な時代を生きた女性たちの総称として「瓦礫の女たち」概念を使用し、いまや年金生活に入り始めたその世代が正当な社会的評価を受けるべきことを主張したのである[21]。こうしてふたたび想起されるようになった「瓦礫の女たち」は、終戦期をテーマにした映画――たとえばR・W・ファスビンダーの『マリア・ブラウンの結婚生活』（七九年）やJ・フィルスマイヤーの『カティの愛した人』（九一年）――において象徴的に描き出されており、終戦四〇周年の演説でR・v・ヴァイツゼッカー大統領は彼女たちを次のように讃えている。

戦いが終わるころから、確たる未来の見通しもないまま、先頭に立って石を一つ一つ積み上げていきだしたのは彼女たちでした。ベルリンをはじめ全国の「瓦礫の女たち」のことであります。……破壊や、荒廃、あるいは残忍で非人間的な行為のせいで諸民族が内面的に崩れてしまわず、戦いが終ったあとしだいに自分を取り戻したのは、まずもって女性たちのおかげなのであります[22]。

景観の国民化

『人殺し』でハンスやズザンネは窓ガラスの破れた半壊アパートで生活しているが、ブリュックナーは戦争成金として豊かな家族生活を享受している。ハンスがブリュックナーを訪ねると、大きな

図1－14　二つの世界

出所：映画『人殺しは私たちに紛れ込んでいる』より。

花を飾った執務室の窓の外には廃墟の景観が広がっている（図1－14）。こちらが戦争犯罪人かつ戦争受益者の世界であり、向こうに瓦礫と廃墟の世界はある。それは苦悩者と困窮者と「瓦礫の女たち」の「無辜」の世界である。殺害のためにハンスからその世界に連れ出されたブリュックナーは、おそらくはそこで倒れた兵士のものであろうヘルメットをぞんざいに蹴飛ばす。ハンスは殺害に失敗するが、代わりに廃墟に住む少女の命を救うことになる。母親が感謝の言葉を失っているときに、ハンスがその言葉を彼女に述べる。この利他的行為によって彼は医師としての自己を取り戻し、生きる意味を見出したからである。このとき彼は瓦礫と廃墟の連帯共同体に属することになる。その間、ブリュックナーはキャバレー嬢と戯れている（図1－15）。死者から搾り取った金で享楽にふける彼は、追悼の共同体にも属してはいない。キャバレー嬢も「瓦礫の女たち」とは別の世界に生きていて、再生のあり方が異なっていた。このような女性像は、物欲のために占領軍兵士と「親交」を結び、性を売っているとみなされた「アメ公のスケ（Ami-Liebchen）」として様式化され、終戦の日々の景観のなかで「瓦礫の女たち」の引き立て役を演じた。[23]

P・マイの『08／15』の三部作（五四年、五五年、五五年）やF・ヴィスバールの『犬どもよ、永遠に生きたいか』（五九年）のような戦争映画[24]は、ヒトラーやナチス幹部、あるいはその命令に盲従する軍人を、功名心や物欲から一般兵士の命を粗末に扱うエゴイストや戦争犯罪人、敵前逃亡者として描き出している。その意図は、このナチス的人物を西ドイツ共同体から排除することによって、愛国心に基づいて連帯し、勇猛に戦い、そして倒れ、あるいは肉体・精神的に傷を負った犠牲者たちの共同体として国民を形成することにあった。B・ヴィッキーの古典的な反戦映画『橋』（五九年）[25]がその典型的な事例であるが、国民として表象＝代表されていた犠牲者の追悼が映画のスクリーンを通して行われていたのである。[26]瓦礫と廃墟を映し出した写真と映像と記念碑もまた、このような国民形成の試みであった。この試みを通して、瓦礫と廃墟の世界は西ドイツにおける国民的空間の原点、すなわち「零時」の姿になった。この世界で苦悩・困窮し、私的な欲望を追求せず、連帯して復興をめざしていた「私たち」が国民である。戦争犯罪に手を染めていたかもしれない「男たち」ではなく、「無辜」で、「献身的」な「瓦礫の女たち」がその模範的な国民像になった。ここは受動的な犠牲者の共同体である。戦争犯罪人はこの共同体には属していない。ホロコーストはドイツ人の集団的罪ではない――そのような世界像が、西ドイツ人の終戦の記憶を深く刻印すること

図1-15　戦争犯罪人の享楽

出所：映画『人殺しは私たちに紛れ込んでいる』より。

になったのである。

いうまでもなく、ドイツ人の終戦の時間／空間は多様な体験から織り込まれている。五六年の世論調査[27]によれば、戦時中に住居の全壊を経験した者は二九％、半壊は二〇％で、五一％はそのような被害を免れている。少なくとも過半数が瓦礫と廃墟の世界には属していなかったのである。村落地域ではその数字は七割をこえる。しかし大都市の世界の内部も深く分裂していた。終戦直前にフランクフルトを訪れたアメリカ諜報部員R・T・ペルは、瓦礫と廃墟が「貧乏人」の世界であり、「ブルジョアジー」は「零時」を経験していなかったことを指摘している。

豊かな者は郊外やバート・ホムブルクやウルゼルのような周辺の都市でほとんど損害を受けずに、なに不自由なく生活している。つまり、この人々は使用人とともにそこに住み、ほとんどすべてのぜいたく品をもっている。……加えてブルジョアジーは、新鮮な野菜、卵、ミルク、すべての種類の十分な漬物と保存食など、かなり食べるものをもっているようである。都市に戻った貧乏人は、得られるものなら少しでも手に入れようと、ほとんど一日中、行列に並んでいる。[28]

帝国内外の故郷を追われた千数百万のドイツ人「避難民／被追放者」（これにかんしては後述。今後、統計資料で引用する場合などを除き、この二つの概念を明確に区分せずに用いる）の運命も多様だったが、都市の地元住民の生活はこの故郷被追放者の多くには「まとも」に見えたようだ。ズデーデンから脱出し、終戦から一カ月もすぎていないベルリンに「まったくぼろぼろで、汚い格好」で命辛々たどり着いたエッシェンブルク姉妹は、「すでに多くの人々が元気になっており、きれいに着飾って散策していた」ことに驚いた。この人々は空腹の子供たちに「まぁ、かわいそうな子、かわいそうな子」といつも同情していたという(29)。

瓦礫と廃墟の世界は性的にも中立ではなく、女性によって担われていた。そして、「瓦礫の女たち」は復興の未来のために名誉ある献身的な奉仕を行っていたわけではない。K・シュタイナーは八〇年代に次のように証言している。

私たちは石を取り除かなければならなかったが、それは気分の悪い作業だった。そして私は窓から「ナチ女を連れてきてよ、もういいかげんにして」と叫んだ。しかし私には選択の余地はなかった。私は一文無しだったからだ。私は金を稼がねばならず、石をトントン打った(30)。

当初、この労働は占領軍政権が旧ナチ党員の家族に科していた「罰」だった。しかしそれでは人手は足りず、この仕事は空腹の日々の糧にありつくために多くの女性から選択された。重労働は食料配給量で報われたからである。そしてこの解体と撤去の作業は、現実にはその大半が「女たち」の手ではなく、機械によって遂行された(31)。しかし、瓦礫と廃墟の世界に自己の運命が同一化されることで、多様であったはずの終戦体験は個別・具体性をこえた抽象・集団的な運命に変わり、それに超越的な意味が付与されることになった。ドイツ「零時」の景観に彩られた犠牲者たちの「運命共同体」は西ドイツ国民共同体の原風景として、「私たち」の過去を表象＝代表し、記憶され、「国民の物語」を構成したのである。たしかに西ドイツでは五月八日の「終戦の日」には「敗北」や「崩壊」といった否定的な評価しか下されず、後述するように公的に「解放」の日としてポジティヴに記憶されるのは八〇年代以降である。したがってこの国には「八月一五日」のような「終戦記念日」は存在しなかった。言い換えれば、西ドイツは日本のように終戦の日を神話化することに成功しなかった。しかしこの共同体の国民もやはり、終戦の日々を神話化することで形成されていたのである。

3 「終戦」と「戦後」の時間構造

「終戦の日」の時間観念

日本とドイツはともに第二次世界大戦の敗戦国として「終戦」を迎え、「戦後」を体験することになったが、この概念の意味内容は大きく異なっている。まず、先述したように、ドイツには「八月一五日」に相当するような「終戦記念日」がない。日本では「玉音放送」のような「終戦」を集団的に記憶する象徴的な出来事が存在した——正確には、この出来事を神話化することで、終戦の特定の日をナショナルな記念日に確定することに日本の戦後は成功したというべきであろう——が、ドイツの終戦はそのような出来事を形成することはできなかった。換言すれば、終戦にまつわる神話化された記念日を作り出し、その日を肯定的に戦後と結びつけるようなナショナルな集合的記憶を形成することにドイツは成功しなかったのである。なぜだろうか。

第二次世界大戦のヨーロッパ戦線における公的な「終戦の日」は国家によって三日間のずれがある

が、ドイツでは五月八日がその公的な日付となった[32]。しかし、日本では無条件降伏を受諾することで「本土決戦」を回避した結果、地上戦を経験した沖縄などの地域を除いて、いわば一斉に終戦が経験された――これも正確にいえば、一斉に経験したという神話が作り出された――のに対して、ドイツではヒトラーが最後まで無条件降伏の受諾を拒否したため、「終戦」の日時に地域的な差異が生じ、複数の「終戦の日」が生み出された。つまり、連合軍がドイツ国境をこえて進軍して以来、前線となった地域の住民にとって、その地が占領された日付が終戦の日となったのである。シュトゥットガルトで連合軍による占領を体験したH・ベルンハルトの日記を覗いてみよう。ここの住人にとって五月八日ではなく、四月二二日が「終戦の日」であって、ヒトラーの最後の牙城が陥落することで成立しうるナショナルな「終戦の日」はもはや彼にとって意味をもっていなかった。

二二日の日曜の朝早く、シュトゥットガルトは主要な不安から解放された。……九時過ぎにシュトゥットガルトが昼の一二時に「引き渡される」ことになるという知らせがあった。／……私にとって戦争は終わった。総統官邸の防空壕にいるヒトラーさんにとってはそうではない。彼が最後の戦争の日々をどう体験するのかは彼の私的な問題である。もはやドイツ国民の知ったことではない[33]。

また、前線の兵士のほとんどは「終戦」を捕虜身分として迎え、その数は二〇〇〇万人をこえた。ソ連で捕虜を経験した旧兵士の意識を七八～八四年に調査したA・レーマンの研究によれば、捕虜になった全員が当時の絶望的な不安感とともにその日付を鮮明に記憶しており、この日は記憶のなかだけではなく、夢のなかにも頻繁に登場していたという。彼らにとってふたたび祖国の地を踏んだ日こそが本来の「終戦の日」なのであって、五月八日は記憶するに値しない日付であった[34]。

このように、占領された地域それぞれに「終戦の日」が存在していたため、そしてのちに述べる理由からも、五月八日は私的な終戦体験にナショナルな意味づけを付加する象徴的な日付とはなりえなかったのである。第1節で紹介したが、ベルリンで終戦を迎えた一七歳の少女の日記にはこの公的な終戦の日にかんする記述はなく、その日は戦中と戦後のあいだに明確な区切りをつけていない。ほかの日記などでも同様に、この日が重要な転機として記述されることはまれである。七〇年代末におもに五〇～六〇歳のハンブルクの男性を対象に行った聞き取り調査も、公的な終戦の日は回顧において語り部の人生を刻印する重要な意味をもっていないことを明らかにしている。それによれば、五月八日は「歴史的転換点」として存在しているが、メディアを通して据えられた抽象的な日付にすぎず、人生を回顧するうえで重要な具体的記憶と結びついてはいないのだという[35]。五月八日が公的な追悼の日として意識されたのは終戦四〇周年のヴァイツゼッカー記念演説以降のことであり、その意味で八月一五日のように国民的合意に基づいて制度化された「終戦記念日」は、少なくともその時点までドイツには存在していなかったのである[36]。

「終戦」に対する当時の立場や態度は決して一様ではなく、ナチ体制とのかかわりによって大きく異なっていた[37]。まず、ナチ体制の被抑圧者、とくに外国人強制労働者や、生き残った強制収容所の囚人にとって、連合軍による占領の日は「終戦の日」であると同時に、まさしく「解放の日」であった。

ユダヤ人の父をもつがゆえに活動を制限されていたジャーナリストのE・ブラーハにとっても、在住していたフランクフルトをアメリカ軍が占領した日は「解放の日」だった。

三月二九日、ついに私たちの解放の日がやってきた。……呪縛が解け、まるで一三年間の禁固刑が終わって、ふたたび自由な人間になれたようだった。こんな感情を言葉にすることは難しい(38)。

しかし、「こんな感情」を抱きえたのはドイツ市民の少数だった。祖国と体制を同一視していたナチズムの信奉者や熱烈な愛国主義者などにとって、終戦＝敗戦は集団的な自己解体を意味したからである。たとえば旧バーデン元首のH・ケーラーは、家並みの窓から白旗が掲げられている姿を見て、「悲嘆と恥辱と憤怒の涙が頬を滴り落ち、止めることができなかった」という。彼の心は「沸きあがる激昂のあまり破裂しそうになった。いまやバーデンの祖国、ドイツ帝国、私たちはこんなにも落ちぶれ果てたのだ(39)。」

戦争の末期まではナチ体制の受益者であり、ナチズムの──少なくとも経済・社会体制に対する──共感者や同調者であった市民が当時のドイツ国民の多数を構成していたが、この「民族の多数」の終戦に対する感情はもっとアンビヴァレントなものだったようである。フランクフルトで終戦を体験したL・ハーンは三月二九日の日記に終戦時の複雑な心境を次のように表現している。

ナチスは消え失せ、私の青春を持ち去り、私の人生の一二年間を盗み、私の健康を破壊し、私を本来あるべき自分とはまったく違う人間にした。個人として私は戦争に勝ったのだが、平和・平穏(Frieden)を失った。将来を見通すことができず、何を期待していいのかわからないからだ。[40]

〈これまで〉が終わったことに解放感を味わいながらも、〈これから〉を見通すことができない状況を、ベルリンで終戦を迎えたM・メンツェルも五月八日の日記につづっている。空襲の危険や死の不安から解放されるときが来ることを多くの人々が夢見ていたのだが、「私たちの耳にファンファーレの響きは聞こえてこない。平和の祝砲の上に苦悩と困窮が重くのしかかり」、飢えと「これからどうなるのだ」という不安に慄いているだという。そして彼は、多くの市民が共有していたと思われる「崩壊」感覚と虚脱・無力感を次のように表現した。

真空状態がぽっかり口をあけている。巨大な深淵が姿をあらわし、そこから自分の声だけが虚ろに、不気味に歪みながら跳ね返っている。平和がもたらしたのは夢気分などではないのだ——巨大な墓の悪臭が立ち昇る静けさなのだ。[41]

八七年の意識調査で当時を回顧したある女性(ベルナルディーネ=仮名)も、この「崩壊」感覚を簡潔に言い表わしている。

終戦後、戦争に負けたことを残念に思う気持ちが多くの人々の心を占めていたわけではまったくない。しかし、大半の人々は崩壊を感じ取っていた。再建に意欲をもって全力で取り組まざるをえないと多くの人々が感じていたかぎりで、戦争が終わったという喜びも広がってはいなかった。多くの人々は、肉体的にも精神的にも、ひどく打ちひしがれていた。[42]

「崩壊」の時間観念

この「崩壊」感覚の意味にかんしては後述するが、この感覚は終戦以前に広まっていたようである。それを最初に予感させたのが、四三年のスターリングラード戦の敗北だった。当時の諜報部の報告によれば、「スターリングラードが戦争の転換点を意味しているという確信」が全般的に広まっており、人々は「スターリングラードの陥落を終わりの始まりと見る」傾向にあったという。[43]終戦後の意識調査はこの事実を裏づけている。アメリカ軍の諜報部兵として従軍し、ドイツ人の心理状態を調査したS・パドーファーによれば、ヒトラーを英雄として崇めていたドイツ市民の態度に「深刻な変化――たいていはトラウマ的なショックになっていった変化」をこの敗北はもたらした。これをきっかけに人々は「反ヒトラーに転向し、その指導の英知を疑い始めた」[44]という。また、四六～四七年にベルリンにおける家族の実態を調査したH・トゥルンヴァルトが聞き取った二六歳の女子学生も、スターリングラードの陥落がナチズムとその指導部への信頼を揺るがし、「崩壊がやってきかねないということがゆっくりと明らかになっていった」と述べている。[45]三五年後に行われた前述のハンブルク男性の調査においてもその記憶は鮮明である。ある被調査者は、スターリングラードで「不幸が始まり」、その敗北で「はかない夢ははじけた。そう。こうして私たちのすべての理想と夢、それは……崩れ去った」と回顧している。[46]

日本とは異なるドイツの「戦後」観念を理解するうえで私たちが認識しておかなければならないことは、スターリングラードの敗北で始まった「崩壊」感覚が終戦で極みに達したわけではなく、その感覚はむしろその後に深化・拡大していったという事実である。その事実は、「避難民／被追放者」の大量発生とその悲劇が雄弁に物語っている。戦争末期に赤軍の進軍を恐れてドイツ帝国内外のドイツ系住民が避難民として大量に西に移動し、終戦後にドイツとポーランドの国境が西に移動するところの避難民は帰路を断たれ、ほかのドイツ系住民も被追放者として新たなドイツ国境内に強制移住させられた。その結果、一〇〇万人以上の人々が死亡し、約一二〇〇万人が故郷を追われ、大半は財産を失ったまま、異郷の地での生活を強いられた。[47] この悲劇はおもに終戦後に展開されたのである。

ドイツに進軍した兵士の多くがドイツ人の生活の豊かさに驚いていた[48]ように、一般市民の本来の生活苦や食糧難もこの時点でまだ蔓延っておらず、それは戦争ではなく、終戦によってもたらされたように多くの人々に感じられた。ヒルデスハイムの市長の報告によれば、市民は欠乏生活を覚悟していたが、四五年の夏と初秋にその暗い見通しは外れ、多くの産業が迅速に再開され、交通は復活し、長年なくて困っていたものが商店に並んだ。恐ろしい戦争から平和な生活を導いた「神と占領軍」は褒めたたえられたという。ところがそれ以降、「この幻想は木の葉が落ちるように崩れた。」食糧のストックは枯れて、栄養不足が深刻化しただけではなく、東部からの避難民と焼け出された人々が都市に流れ込んで住宅事情を逼迫させた。人手と機械と資材の不足は慢性化し、多くの人々が暖房のない部屋でこの冬をどう乗り切るのか慄き始め、絶望的なペシミストになってしまったという。「世界を震撼させた出来事の緊張のなかで、これまで取り乱さなかった多くの虚弱な性格がいまや原動力をすっかり失い、崩壊したかのようである。[49]」

厳冬がつづいてこのような状態は悪化した。四六～四七年のトゥルンヴァルト調査によれば、七割の家族が食糧事情を「不十分」、一割が「非常に悪い」と答え、飢餓と寒さによる重度の疲弊により一時的に夫が労働不能になった家族は二割をこえていた。[50] 石炭や家財などの「窃盗」は日常化し、闇商売が横行した。エンジニアの三〇歳の兄と職業教育を受けていた二〇歳の弟は、病気の父親に栄養をつけさせるために闇商売を始め、「二年前に俺たちはまだバカだったから、正規の仕事をしていたけど、いま俺たちは賢くなった」を口癖にして、闇商売に対する良心の呵責を失っていったという。[51]

このような状況は、日本と大きく異なっていたとはいえないかもしれない。しかし、終戦の神話の形成の有無によって、終戦直後の状況に対する評価に大きな差異が生じたように思える。つまり、「御聖断」によって「主体的」に降伏と占領状態を受け入れ、「一億総懺悔」を行って新たな戦後を歩み始めた日として終戦の日が神話化された日本では、このような困窮や混乱は、すでに始まっていたよき戦後への歩みの途上で生じた事態として認識され、この時代は解放感あふれる『リンゴの唄』をBGMにして記憶されることが可能になった。ところが、直接に銃口を突き付けられて降伏したドイツでは、スターリングラードで始まり、「五月八日」以後にむしろ深化・拡大した崩壊感覚が「終戦」の節目をこえて記憶に刻み込まれ、戦後にポジティヴな意味を付与する神話は形成されなかった。そのため、終戦後の困窮と混乱は、占領、分割統治、非ナチ化、軍事裁判などと同様に、まだ崩壊が続いている悪しき戦後の出来事として認識・記憶されたのである。こうして「終戦記念日」なきドイツ

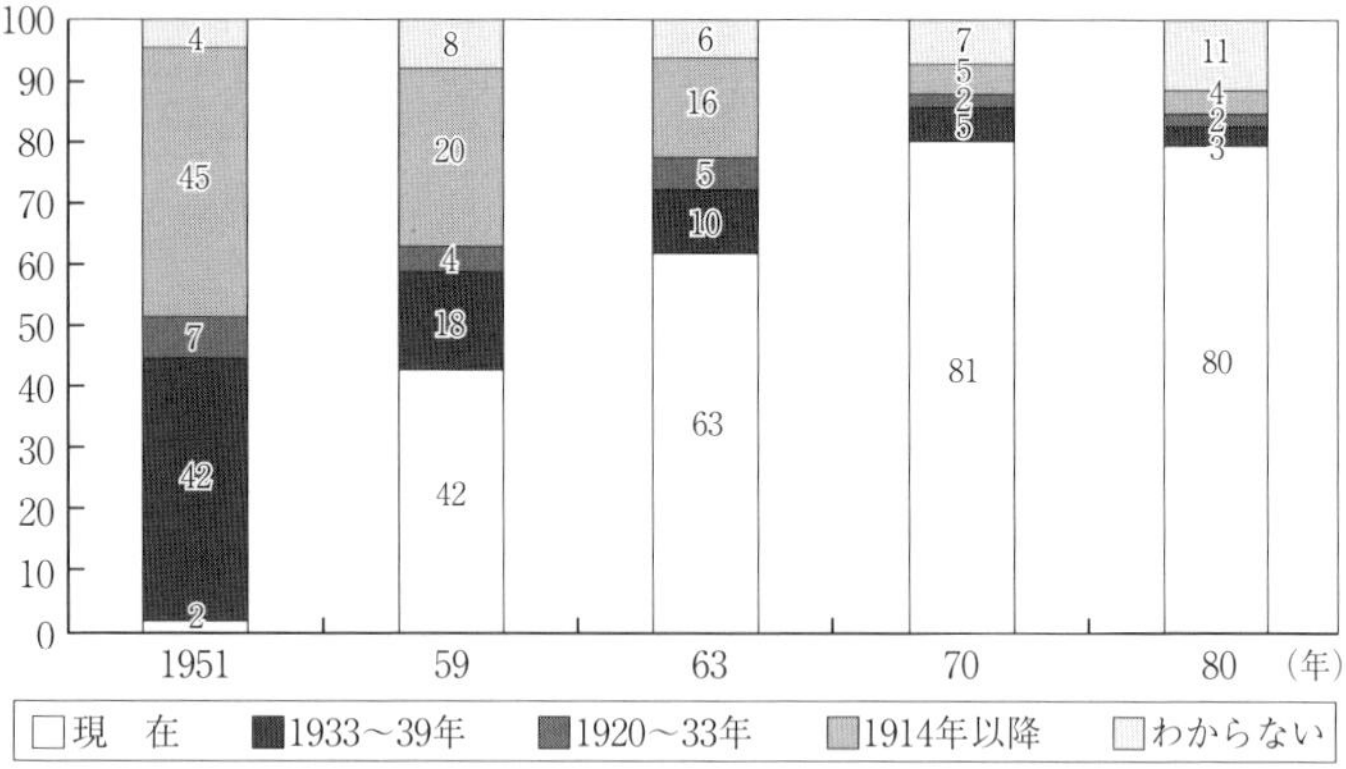

図1－16 「ドイツがもっともうまくいった時期」にかんする世論調査

出所：Allensbacher Jahrbuch Ⅷ, S. 187.

の戦後は、戦前・戦中を克服する体制としてではなく、スターリングラード戦の敗北からつづいていた克服されるべき崩壊状態のなかに位置づけられた。そのため、「戦後（Nachkriegszeit）」が時代区分の用語として用いられることは、日本と比較してみるとずっと少ない。神話は戦後の始まりとしての終戦ではなく、「ベルンの奇蹟」（五四年のサッカー・ワールドカップの優勝）のような戦後の終わりを象徴する出来事をめぐって形成されたのである。

「戦後」の時間構造

このような「終戦」と「戦後」の観念のもとで、終戦後における歴史的記憶の構造が生み出された。図1－16は「ドイツがもっともうまくいった時期」にかんする世論調査の結果である。一九五〇年代初期に一九二〇～三三年のワイマール期と「現在」の評価が低いのに対して、一九一四年以前の帝政期と一九三三～三九年の戦前のナチス期が高く評価されていたことが理解できるだろう。

その後、「現在」の評価が上昇していくのと同時に、帝政期と戦前のナチス期のそれは相対的に低下し、四五年以後としての「現在」の評価はほかの時代を圧倒することになった。この図からは、よき時代と悪しき時代が交互に訪れ、五〇年代以降に最終的に「最良の時代」を迎えることができたという西ドイツ人の二〇世紀観を確認することができるだろう。その際、五〇年代においてナチス期に高い評価が下されていることが注目されるが、「ドイツが最悪だった時期」を問う一九五一年の世論調査は、崩壊感覚の深化・拡大と「戦後」評価の関係を確認してくれる。すなわち、「最悪の時代」は戦前のナチス時代である「三三年〜三八年」（二％）でも、戦中のナチス時代である「三三〜四五年」（八％）でもなく、戦争末期と終戦後の「四五〜四八年」（八〇％）だったのである。(52)

ドイツ国民はまだナチズムに心酔しているのか、それともその呪縛からすでに解放されているのか――ナチ残党の抵抗運動を恐れ、占領政策を首尾よく遂行しようとした連合軍にとって、これは看過できない問題であった。この疑問を解くためにアメリカ軍は「ナチズムは、理念はよかったが、やり方が悪かったのか？」という問いを占領地住民に幾度か突きつけている。その結果、ほぼ半数がこの問いに首肯していることが明らかになっているが、(53)四六年から四八年まで連続して行われた調査によれば、その割合はむしろ増加（四〇％→五二％→五五・五％）している。(54)

終戦後にナチズムがこのように再評価されていく場面を目撃したトゥルンヴァルトは、この大衆現象を「後方に向けられたまなざし――過去とそのよりよき日々への逃避」(55)とよんだ。たとえば、二人の子供を残したまま未婚のパートナーが四一年に戦死し、結婚相手とさらに二人の子供をもうけたTは、子育て支援の手厚さのゆえにナチズムに好感を抱いていたものの、政治に関心をもたず、したがって夫婦とも入党していなかった。しかし、廃墟同然の住まいのなかで飢餓と厳冬に苦しむ悲惨な状況がナチ支配の終焉とともに始まったために、その支配が終わり、戦勝国が「非人間的な状態」を許したことを彼女は慨嘆した。こうして過去は彼女の記憶のなかでバラ色に輝き始め、「ヒトラーが悪いことをしたと、これまでほど思わなくなった」という[56]。

では、終戦後と比較して肯定的に評価されたナチズムの「よい側面」とはいったい何なのであろうか。五一年一一月の調査で「よい側面」としてあげられているのは、「職業機会、生活水準」(四六%)、「社会福祉」(三八%)、「組織、規律、安全」(一〇%)、「青年教育、労働奉仕、ヒトラー・ユーゲント、青年の肉体訓練」(九%)、「統制された健全な経済政策」(九%)、「アウトバーンのような大規模な建設事業」(六%)。これに対して、「人種政策、ユダヤ人迫害」(三〇%)、「自由の喪失、独裁」(二九%)、「戦争の準備、再軍備、戦争」(二六%)、「暴力、残酷行為、強制収容所」(一七%)、「信仰の自由の喪失、教会迫害」(一六%)、「外交政策、帝国主義」(一一%)、「ナチ党の独占的地位」(六%)が「悪い側面」としてあげられている。このランキングで、ナチズムに肯定的な者と否定的な者とのあいだに目立った相違はない[57]。つまり、ナチ党員の特権的待遇に不満が抱かれつつも、ナチズムの経済・社会政策的な側面は高く評価され、他方で教育・訓育・規律的措置は肯定されながらも、それ以外の人種主義的迫害や独裁、戦争などの政治的側面には否定的な判定が下されているのである。

トゥルンヴァルトが聞き取り調査を行った先の女子学生は、ナチスの政権獲得後の数年間に生じたことは内面的なことではなく、外面的なことだったと発言している。つまり、「多くの父親がふたたび仕事を得て、経済好況が始まり、歓喜力行団によって広範な国民が旅行し、コンサートに出かけ、愛情関係を育むことができるようになったといったことなどです。天分を発揮することもその一つでした。一九三六年のベルリン・オリンピックによって新しいドイツは外国から認められたのだ」と思ったという。[58] この種の発言はL・ニートハンマーらのオーラル・ヒストリー研究でもよく見出される。[59] すなわち、正規の労働関係（＝「仕事を得て」）、それに基礎づけられた家族関係（＝「愛情関係を育むこと」）、個人・集団的な業績主義（＝「天分を発揮すること」、「外国から認められる」）が保証された社会秩序がナチズムの「よい側面」としてあげられた「職業機会、生活水準」、「社会福祉」、「組織、規律、安全」の謂であるといえよう。そしてこの秩序観はナチス時代だけではなく、二〇世紀のドイツ史を歴史的に評価する際の座標軸であった。

ここで注目したいのは、「幸運だった」（Glück gehabt）という感情が回顧録やオーラル・ヒストリーなどで頻繁に聞かれた終戦前後の心情の一つだったことである。たとえば、先述のハンブルク調査である男性は、「たくさんの戦闘を、あらゆる目にあいましたが、全体として私はいつもものすごく幸運だったのです。……信じられないくらい幸運だったのですね。私たちは二度も船が沈没したけれど、二度も幸運だったわけだね」[60] とその言葉をくり返し、また先に紹介したベルナルディーネは空襲体験を次のように回顧している。

さほど安全ではない地下の防空壕と堅固な地上の防空壕があった。攻撃が続いたのちに、離れている地上防空壕まで走ることにうんざりして私は地下の防空壕を望んだ。私の息子は地上の防空壕へ行こうと大声で懇願した。最終的に私が譲歩した――そしてそれが私たちの幸運だった。地下防

空壕は爆撃され、誰も生きて外には出られなかった。(61)

この「幸運だった」感情は、自らが運命を切り開いていくことができずに、戦闘や捕虜生活、反体制へのテロの強化、地上戦、空襲、避難・追放といった「外部」の巨大な力とその偶然性によって自分の運命が決定されていく「無力」感の裏返しの表現であるといえよう。ナチズムの政治・社会体制は、世界恐慌という「外部」によって崩れ去った正常な労働・家族関係を回復させ、それを業績主義によって保証する必然性の秩序を構築したのだが、戦況の悪化と敗戦によってナチ体制は「外部」と化し、この体制に同一化していた人々の運命を翻弄し始めた。「崩壊」はまさにここにおいて生じた感覚であるといえよう。また、まさにこの「外部」がナチズムの「悪い側面」であり、「ナチズムは、理念はよかったが、やり方が悪かった」の判断はそこに由来している。そして、自己決定を許さない偶然性に支配されたこの「外部」は、捕虜・占領状態と社会・経済混乱として終戦後も存続し、また肥大化したように感じられた。「戦後」はこの「外部」が存続した状態を指し示し、「外部」の除去が「戦後」の克服を意味することになった。終戦後に「外部」がナチ体制から占領体制に入れ替わると、ナチズムの「よい側面」である「内部」が歴史的に再評価されたが、「戦後」の克服にしたがってその「内部」の評価も相対的に低下していったのである。

ここにおいて、ポスト・ナチズム国家としての西ドイツ国民共同体の特質が確認されることができる。すなわち、独裁政治と戦争、そしてそれが引き起こした結果（テロ、言論弾圧、戦死、戦傷、空襲、地上戦、避難、故郷喪失）を「外部」として構成し、自らをその犠牲者として認識する「犠牲者共同体」として国民共同体は形成されていくことになる。換言すれば、戦争犯罪人かつ戦争受益者の世界である『人殺し』の「ブリュックナーの執務室」の窓から見える「瓦礫と廃墟の世界」がナチズムの「外部」の犠牲者から構成された国民共同体となった。しかし同時に、この「瓦礫と廃墟の世界」は復興しなければならず、そのためこの共同体はナチズムの「よい側面」としての社会経済的な政策の「内部」を抱え込み、褐色の経歴をもった国民を受容して、その過去にかんして沈黙を守ったのである。このような共同体のために構成されたのがハイマートの時間／空間であった。次章でこの時間／空間を詳しく検討してみよう。

注

（1）Klaus-Jorg Ruhl, (Hg.), Deutschland 1945: Alltag zwischen Krieg und Frieden in Berichten, Dokumenten und Bildern, 3. Aufl., Darmstadt, 1985, S. 149.

（2）ウィリアム・シャイラー（大島かおり訳）『第三帝国の終り』筑摩書房、一九八七年、一三四～一三六頁。

（3）Reinhard Rürup, (Hg.), Berlin 1945: Eine Dokumentation, Berlin, 1995, S. 63.

（4）Ibid., S. 62.

（5）Ibid., S. 134f.

（6）Vgl. Jens Jäger, Fotographie-Erinnerung-Identität. Der Trümmeraufnahmen aus deutschen Städten 1945, in: J. Hilmann / J. Zimmermann, (Hg.), Kriegsende 1945 in Deutschland, München, 2002.

（7）シャイラー『第三帝国の終り』一三八頁。

(8) V. Frowein-Ziroff, Die Kaiser-Wilhelm-Gedächtniskirche. Entstehung und Bedeutung, Berlin, 1982, S. 336-8 ; G. Kühne, „Die Zukunft der Kaiser-Wilhelm- Gedächtnis-Kirche“ in : Bauwelt, H. 14, 1957.

(9) Der Tagesspiegel vom 26. 3. 1957.

(10) U. Conrads, Die neue Kaiser-Wilhelm-Gedächtniskirche in Berlin, in : Bauwelt. H. 4. 1962.

(11) Vgl., Robert C. Reimer / Carol J. Reimer, Nazi-retro Film. How German Narrative Cinema Remembers the Past, New York, Twayne, u.a., 1992, S. 15f.

(12) Vgl., Norbert Frei, Vergangenheitspolitik. Die Anfange der Bundesrepublik und die NS-Vergangenheit, München, 1996, S. 283.

(13) Anna J. Merritt / Richard L. Merritt, (ed.), Public opinion in semisovereign Germany : the HICOG surveys, 1949-1955, Urbana, 1980. Report No. 167.

(14) Allensbacher Jahrbuch I, S. 276.

(15) Anonyma, Eine Frau in Berlin. Tagesbuchaufzeichnungen vom 20. April bis 22. Juni 1945, Frankfurt am Main, 2003, S. 195.（山本浩司訳『ベルリン終戦日記――ある女性の記録』白水社、二〇〇八年、二二三頁。）

(16) アンリ・ベルクソン（真方敬道訳）『創造的進化』岩波書店、一九七九年の第四章を参照。

(17) この概念については Nicolas Berg, Zwischen Legende und Erfahrung : Die “Stunde Null”, in : Kriegsende in Deutschland, Hamburg, 2005.

(18) Vgl., Elizabeth Heineman, Die Stunde der Frau. Erinnerungen an die ‘Krisenjahre’ und Westdeutsche Nationalidentität, in : Klaus Naumann, (Hg.), Nachkrieg in Deutschland, Hamburg, 2001.

(19) Eva-Maria Klother, Denkmalplastik nach 1945 bis 1989 in Ost-und West-Berlin, Münster, 1989, S. 187f.

(20) Ibid., S. 50f.

(21) Vgl. Nicole Kramer, Ikon des Wiederaufbaus. Die >Trümmerfrau< in der bundesdeutschen Erinnerungskultur, in: Jörg Arnord / Dietmar Süß / Malte Thießen (Hg.), Luftkrieg. Erinnerungen in Deutschland und Europa, Göttingen, 2009.
(22) 永井清彦訳『荒れ野の40年』岩波書店、一三頁。
(23) 「アメ公のスケ」にかんしては拙稿「占領・植民地化・セクシャリティ――ドイツと日本」西川長夫／高橋秀寿編『グローバリゼーションと植民地主義』人文書院、二〇〇九年を参照。
(24) Vgl. Barbel Westermann, Nationale Identität im Spielfilm der fünfziger Jahre, Frankfurt am Main, 1990.
(25) Vgl. Rudorf Tschirbs, Film als Gedächtnisort. Bernhard Wickis "Die Brücke" (1959) und der Mythos von der Sinnlosigkeit des Krieges, in: GWU, H. 10, 2003.
(26) 映画による追悼にかんしては拙稿「社会主義国家の建国神話――『戦艦ポチョムキン』から『グッバイ、レーニン！』まで」高橋秀寿／西成彦編『東欧の20世紀』人文書院、二〇〇六年を参照。
(27) Allensbacher Jahrbuch II, S. 20.
(28) Ulrich Borsdorf / Lutz Niethammer (Hg.), Zwischen Befreiung und Besatzung: Analysen des US-Geheimdienstes über Positionen und Strukturen deutscher Politik 1945, Wuppertal, 1976, S. 150f.
(29) Sibylle Meye / Eva Schulze, Wie wir das alles geschafft haben: Alleinstehende Frauen berichten über ihr Leben nach 1945, 3 Aufl., München, 1985, S. 75.
(30) Ibid., S. 22.
(31) Vgl. Axel Schildt, Die Kriegsfolgen für die Gesellschaft in West- und in Ostdeutschland, in: Burkhard Asmuss / Kay Kufeke / Phillipp Springer (Hg.), 1945 – Der Krieg und seine Folgen. Kriegsende und Erinnerungspolitik in Deutschland, Berlin, 2005.
(32) 井上茂子「ドイツ降伏の日はいつか――第二次世界大戦終結の日をめぐる史実と伝説」上智大学文学部史

学科編『歴史家の散歩道』上智大学出版、二〇〇八年。

(33) Gerhard Hirschfeld / Irina Renz (Hg.), >Vormittags die ersten Amerikaner< – Stimmen und Bilder vom Kriegsende 1945, Stuttgart, 2005, S. 150f.

(34) Albrecht Lehmann, Gefangenschaft und Heimkehr. Deutsche Kriegsgefangene in der Sowjetunion, München, 1986. ならびに Albrecht Lehmann, Erzählstruktur und Lebenslauf. Autobiographische Untersuchungen, Frankfurt am Main / New York, 1983, S. 146–163. Albrecht Lehmann, Erinnerungen an die Kriegsgefangenschaft, in: Wolfram Wette / Gerd R. Ueberschär (Hg.), Stalingrad. Mythos und Wirklichkeit einer Schlacht, Frankfurt am Main, 1992.

(35) Hans Joachim Schröder, Die gestohlenen Jahre. Erzählgeschichten und Geschichtserzählung im Interview. Der Zweite Weltkrieg aus der Sicht ehemaliger Mannschaftssoldaten, Tübingen, 1992, S. 859.

(36) 戦後における「5月8日」の評価とその変遷にかんしては Signe Barschdorff, 8. Mai 1945 – >Befreiung< oder >Niederlage<? Die öffentliche Diskussion und die Schulgeschichtsbücher 1949 bis 1995, Münster, 1999. を参照。

(37) Vgl., Jan-Holger Kirsch, >Befreiung< und / oder >Niederlage<? in: Burkhard Asmuss u. a. (Hg.), 1945 – Der Krieg und seine Folgen. Kriegsende und Erinnerungspolitik in Deutschland, Berlin, 2005.

(38) Emilie Braach, Wenn meine Briefe Dich erreichen könnten. Aufzeichnung aus den Jahren 1939–1945, Frankfurt am Main, 1987, S. 227.

(39) Klaus-Jörg Ruhl (Hg.), Deutschland, 1945, S. 104f.

(40) Hirschfeld / Renz (Hg.) >Vormittags die ersten Amerikaner<, S. 93.

(41) Klaus-Jörg Ruhl (Hg.), Deutschland, 1945, S. 132.

(42) Trude Unruh (Hg.), Trümmerfrauen. Biografien einer betrogenen Generation, Essen, 1987, S. 96.

（43）　Heinz Boberach, Stimmungsumschwung in der deutschen Bevölkerung, in: Wette / Ueberschär (Hg.), Stalingrad. S. 64. スターリングラード戦の記憶にかんしては Norbert Frei, „Stalingrad“ im Gedächtnis der (West-) Deutschen, in: Peter Jahn (Hg.), Stalingraderinnerung. Stalingrad im deutschen und russischen Gedächtnis, Berlin, 2003, を参照。

（44）　Saul K. Padover, Experiment in Germany. The Story of an American Intelligence Officer, New York, 1946, P. 117.

（45）　Hilde Thurnwald, Gegenwartsprobleme Berliner Familien. Eine soziologische Untersuchung an 498 Familien, Berlin, 1948, S. 154.

（46）　Schröder, Die gestohlenen Jahre, S. 909f.

（47）　Vgl. Johannes-Dieter Steinert, Die große Flucht und die Jahre danach. Flüchtlinge und Vertriebene in den vier Besatzungszonen, in: Hans-Erich Volkmann (Hg.), Ende des Dritten Reiches - Ende des Zweiten Weltkriegs, München, 1995.

（48）　たとえば写真家のロバート・キャパ（川添浩史／井上清一訳『ちょっとピンぼけ』文春文庫、一九七九年、二一八頁）はドイツ人が「非常に清潔な国民」であり、「家屋や農場が、過去の数々の戦線で見た中では、いちばん自分の故郷に残してきたものに似ている」ことを西側連合軍は発見したと言い、パドーファー（Experiment. S. 50.）は逃げ出した住民の家屋を見てその豊かさに驚き、全世界が「貧しいドイツ」という独製プロパガンダの犠牲者であったと憤った。

（49）　Ursachen und Folgen. Vom deutschen Zusammenbruch 1918 und 1945 bis zur staatlichen Neuordnung Deutschlands in der Gegenwart. Eine Urkunden- und Dokumentensammlung zur Zeitgeschichte, Bd. 24. Deutschland unter der Besatzungsregime, Berlin, 1977, S. 163ff.

（50）　Thurnwald, Gegenwartsprobleme Berliner Familien, S. 52, 87.

(51) Ibid., S. 81.

(52) Allensbacher Jahrbuch I, S. 125.

(53) Anna J. Merritt / Richard L. Merritt, (ed.), *Public Opinion in occupied Germany. The OMGUS Surveys,* 1945-1949, Urbana, P. 105, 147, 162-3, 171, 190, 202, 210.

(54) Ibid., S. 295.

(55) Thurnwald, Gegenwartsprobleme Berliner Familien, S. 180.

(56) Ibid., S. 346. ドイツ人の占領に対する反応については、Joseph Foschepoth, Zur deutschen Reaktion auf Niederlage und Besatzung, in : Ludorf Herbst (Hg.), Westdeutschland 1945-1955, München, 1986.

(57) Richard L. Merritt, Digesting the past. Views of National Socialism in semi-sovereign Germany, in : *Societas,* 7 (Spring), 1977, P. 97-8.

(58) Thurnwald, Gegenwartsprobleme Berliner Familien, S. 152.

(59) Ulrich Herbert, "Die guten und schlechten Zeiten." Überlegungen zur diachronen Analyse lebensgeschichtlicher Interviews, in : L. Niethammer (Hg.), "Die Jahre weiß man nicht, wo man die heute hinsetzen soll." 2., Auflage, Dietz, 1986.

(60) Schröder, Die gestohlenen Jahre, S. 886f.

(61) Unruh (Hg.), Trümmerfrauen, S. 75.

第2章　復興期の時間／空間

1　復興期の時間／空間表象――ハイマート（故郷）

終戦後の流行歌

終戦直後の回顧シーンでもっとも用いられるBGMが日本では『リンゴの唄』だとすれば、ドイツでそれに当たるのは、R・シューリッケがイタリアの風光明媚な情景を歌った『カプリの漁師たち』であろう。

カプリで夕陽が海に沈み／おぼろげな三日月が空に輝きはじめるとき／漁師たちは船で海へと向かい／大きな弧を描いて網を広げる／星だけが、天空で漁師に知らせる／どの漁師も知っている星座でその道を／船から船へと昔の歌が響き渡る／遠くから聴いてごらん、どのように謡われているのか／ベラ、ベラ、ベーラ・マリー、私のことを思い続けておくれ／私は朝早く戻ってくるよ／ベラ、

ベラ、ベーラ・マリー、私のことを忘れないでおくれ

四三年に売り出されたこの曲はイタリアのドイツ宣戦などの理由で禁止されたが、戦後にヒットすることになった。日本の『リンゴの唄』では戦時体制からの解放感が軽やかに謳歌されているのに対し、遠方への憧憬を詠うドイツの『カプリの漁師たち』では終戦後の現実からの逃避願望がリリックに表現されたのである。しかし、現実逃避の心情があこがれたのは異国の景観だけではなかった。

カモメよ、おまえはハイマート（故郷）へ飛んでいく／ハイマートにくれぐれもよろしくと伝えておくれ／どんなによいことを考えてもそれは／おまえと一緒に家へと向かう／おまえが暗闇に消えていなくなるまで／はちきれんばかりの郷愁を感じながら私の目はおまえの姿を追っていく／いつか嵐のような日々の後で／私はふたたび帰る

M・ハインが甘美に歌うこの『カモメよ、おまえはハイマートへ飛んでいく』も、四四年に作られ、終戦後にヒットした。戦場で望郷に駆られる兵士の心情に訴えるこのような曲は、W・シュトリーンツが歌う『ハイマートよ、おまえの星』（四一年）や『ハイマートの鐘』（四二年）のように、以前にもさかんに歌われていたが、(1)「星」と「鐘の音」の代わりにここでは「カモメ」が戦場とハイマートを結びつけていた。しかし、この曲に望郷の念を募らせていたのは、捕虜としてまだ帰還を果たしていなかった旧兵士だけではなかった。旧ドイツ帝国内外の東部地域から約一二〇〇万人のドイツ系住民

はハイマートそのものを喪失し、新しい国境内に残ったハイマートの多くも瓦礫と廃墟の変わり果てた姿となっていたのである。B・ブーランの五一年のヒット曲『まだベルリンにスーツケースがある』は、「過ぎ去った時代の魂は／みんな私の小さなスーツケースのなかにつまっている」と歌い、「移動遊園地、波つきプール、動物園の小熊／水車のついたヴァンゼー湖水場／明るく、愉快な日々／木々が花咲くときの岸辺の低地／サンスーシの庭」など、ベルリンのかつての情景を思い起こしている。現実を忘れようとして『カプリの漁師たち』が求めた世界が「彼方《かなた》」だとすれば、『カモメよ、おまえはハイマートへ飛んでいく』と『まだベルリンにスーツケースがある』のハイマートに映し出されていたのは、正常性への回帰願望によって美化された「古《いにしえ》」であった(2)。

もちろん「ハイマート」(3)は生まれ故郷のかつての姿だけを指していたわけではない。同じ五一年のヒット曲である『ヤグルマギクが花咲く一年後の今日に』でフリーデル・ヘンシュ&キュプリスは、瓦礫と廃墟となった都市とは対極にある田園と自然の風景を抒情詩的に歌い上げ、ハイマート賛歌を奏でた。

　ヤグルマギクの花咲く一年後に／私はまた来ます、また来ます／ツバメが南に飛び去る前に／苦しいことはすべて忘れ去ります／そして私たちは手をつないで／花咲く田園を歩き／そしてきみは、私がきみのことを好きだってことを知る／ヤグルマギクの花咲く一年後に／私たちのすばらしいときが来るまたこのグループは五四年に『林務官の古い役宅』と題する歌で「そこにもみの木が立ち／年々歳々／多くの喜びと悲しみを見てきた／森のなかでカッコウの泣き声をよく聞いた」と林務官の生涯を歌っている。後述するように、このような田園と自然の風景を背景にした「ハイマート映画」が五〇年代にブームとなる。

流行歌とハイマートの関係において特筆すべき歌手が五〇年代後半に歌謡界にあらわれた――F・クヴィンである。『望郷』と『ロザリー』（五六年）以来、『ハイマートをなくして』（五七年）、『レギオネーア』、『僕はふたたびここに来るよ』（五八年）、『ギターと海』、『故郷を遠く離れて／異国の星の下で』（五九年）、『ラ・パロマ』（六一年）と、レコード売り上げの一位を獲得する曲を彼はつづけざまに公表し、なかでも『望郷』と『ギターと海』は年間レコード売上の第一位、『ハイマートをなくして』は第三位に輝いている。[4] 彼は映画界にも進出し、五九年の『フレディ、ギターと海』と『異国の星の下のフレディ』、翌年の『フレディと夜のメロディー』をヒットさせた。[5] クヴィンが太い声で歌うハイマートは、フリーデル・ヘンシュ＆キュプリスが弾き語っていた牧歌的な風景ではなく、精神的な景観である。最初のヒット曲『望郷』ではハイマートを失った人間の心情が次のように歌われた。

燃えるように熱い砂漠の砂／ハイマートの国を遠く、遠く離れて／挨拶もなく／心もなく／キスもなく／冗談もなく／すべてがこんなにも、こんなにも遠くにある／花が咲くところで／谷間が赤く染まるところで／かつての我が家だった／最愛の人を見つけたところに／私の故郷の国があった／私はあとどれくらい一人ぼっちなのだろう？

「この世にはたくさんの人たちが故郷を失っている／私のように故郷をなくし、孤独な人たちが」の歌詞で始まる『ハイマートをなくして』でも同じ喪失の胸中が歌い上げられ、「時がたてば誰にだっていいことがいつかはやってくる」と、ハイマートにめぐりあう日が夢想されている。クヴィンの歌声を通して奏でられているのは、戦争と敗戦、復興の苦悩と苦労をハイマートの喪失として表現しようとする自己憐憫の姿である。

五〇年代末になるとクヴィンは船乗りを演じ、異国情緒にあこがれ、「故郷を遠く離れて」いても、「異国の星の下で」ハイマートに思いを焦がす心情を歌い出した。西ドイツという新たなハイマートを獲得したドイツ人は、終戦時に抱いていた「彼方」への憧憬を「経済の奇蹟」を通して実現し始めたのである。

ホンコンへ白い船を出せ／俺は彼方にあこがれる／でも遠い彼方では／我が家にあこがれるのだ／風と雲に言う／連れて行ってくれ、俺は帰郷せずに／多くの異国すべてを訪れたいのだ！

ハイマート映画

F・クヴィンが「ハイマート・ソング」とよぶべき音楽ジャンルを完成させたとすれば、五〇年代の「ハイマート映画(6)」ブームに火をつけたのは、一九五〇年に大ヒットを記録し、翌年にかけて一六〇〇万人の観客を動員したH・デッペ監督の映画『シュヴァルツヴァルト（黒い森）の娘』（以下『娘』）である。終戦後に初めてカラーで上映されたこの映画の物語（図2-1）は、アイススケート・レビュー

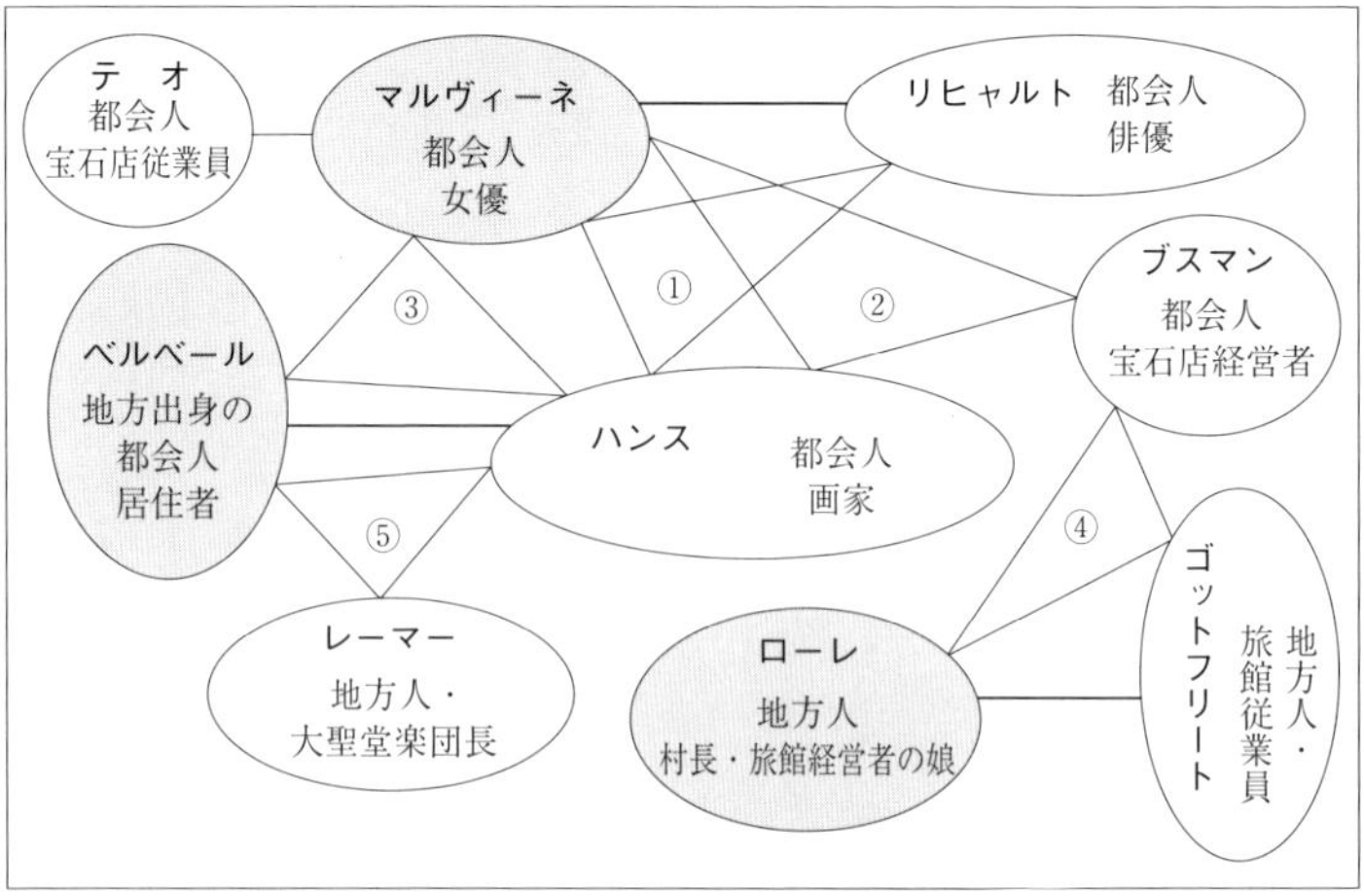

図2－1　映画『シュヴァルツヴァルトの娘』の構図

出所：著者作成。

の最終公演とその晩の仮装舞踏会のシーンから始まる。その男優と女優、彼女と恋仲だった画家のハンス、宝石店に勤めるヒロインのベルベール、彼女の二人の上司は、恋愛感情のもつれとネックレスの真偽をめぐる問題から次の日に、ベルベールが大聖堂楽団長の世話のために一時的に滞在することになっていたシュヴァルツヴァルトの田舎町にそれぞれ向かうことになる。自然のなかでハンスとベルベールに恋心が芽生えていったが、三角関係と感情のもつれ、そして誤解のために、その愛はなかなか成就しない。時はちょうど村祭りの季節で、ベルベールは名誉ある「シュヴァルツヴァルトの花嫁」に選ばれた。この祭りの雰囲気のなかでハンスとベルベールのあいだの誤解はようやく解けて、さらに男優と女優、旅館を経営する村長の娘と巨漢の従業員のカップルもここで誕生して、物語はハッピー・エンドで幕を閉じる。

その翌年に同じ監督によって制作された『原野

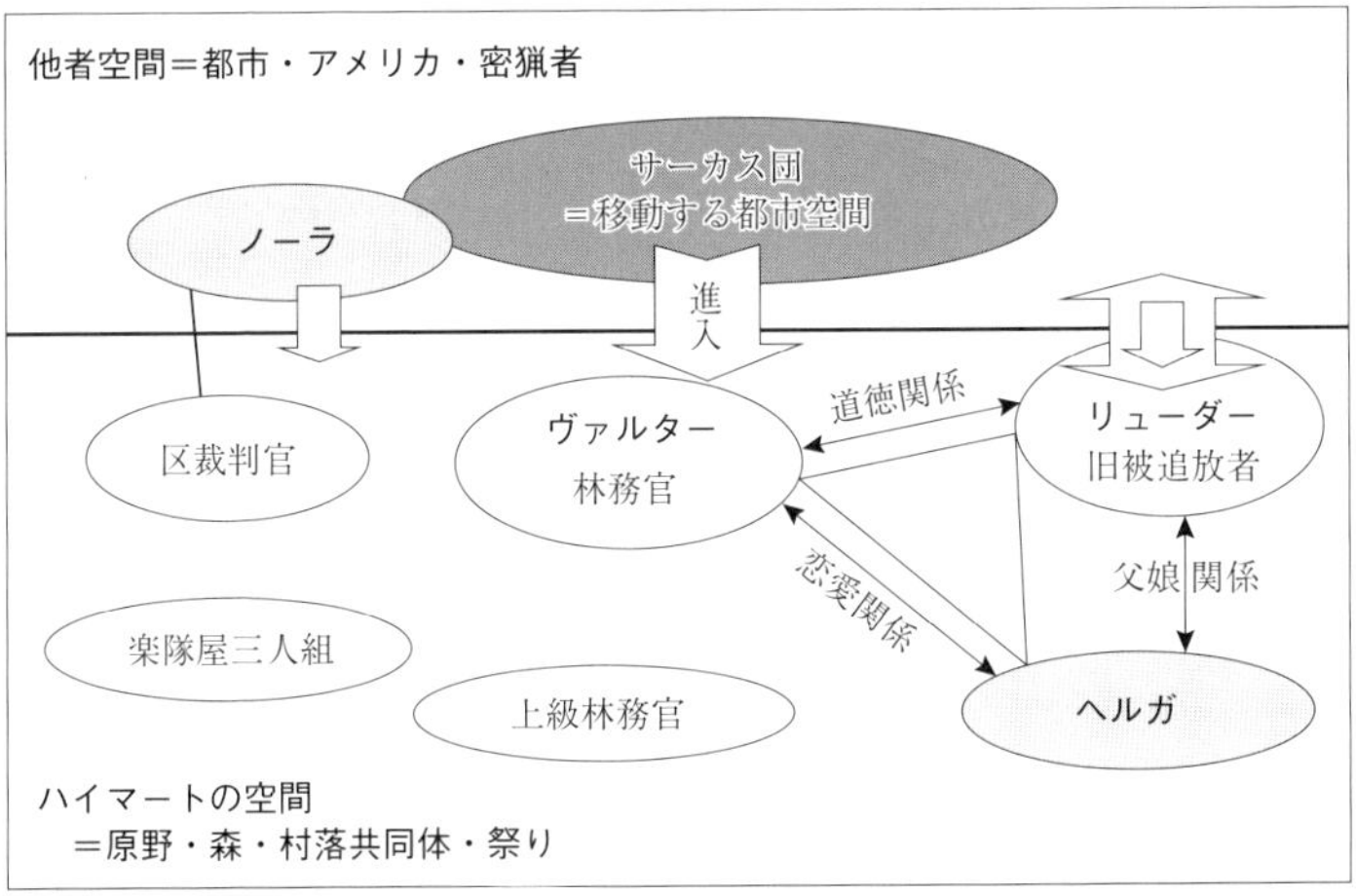

図２－２　映画『原野は緑』の構図

出所：著者作成。

は緑』（以下『緑』）も二〇〇〇万人以上の観客動員という大ヒットを記録した。『娘』では喜劇的雰囲気のなかで物語が進行していくが、『緑』のテーマはずっと重々しい（図２－２）。ヒロインのヘルガと父親のリューダーは、東部地区から追われてその領地を失い、原野に囲まれた村の親戚宅に同居することになった「ハイマート被追放者」である。この父娘はこの村の一員として迎え入れられて生活していたのだが、リューダーは自らが被った運命への悲憤を鎮めることができない。そのため、かつて自分の私有地で行っていたが、ここでは禁じられていた狩猟を彼は行ってしまう。ヘルガはその事実を知って父を諭したが、密猟の犯人を捕らえようとしていた林務官のヴァルターとその件で知り合い、二人は徐々に惹かれ合っていく。しかし、原野のなかでの最初のキスが交わされる寸前に銃声が響き渡った。またもやリューダーは密猟を行い、彼が犯人であることをヴァル

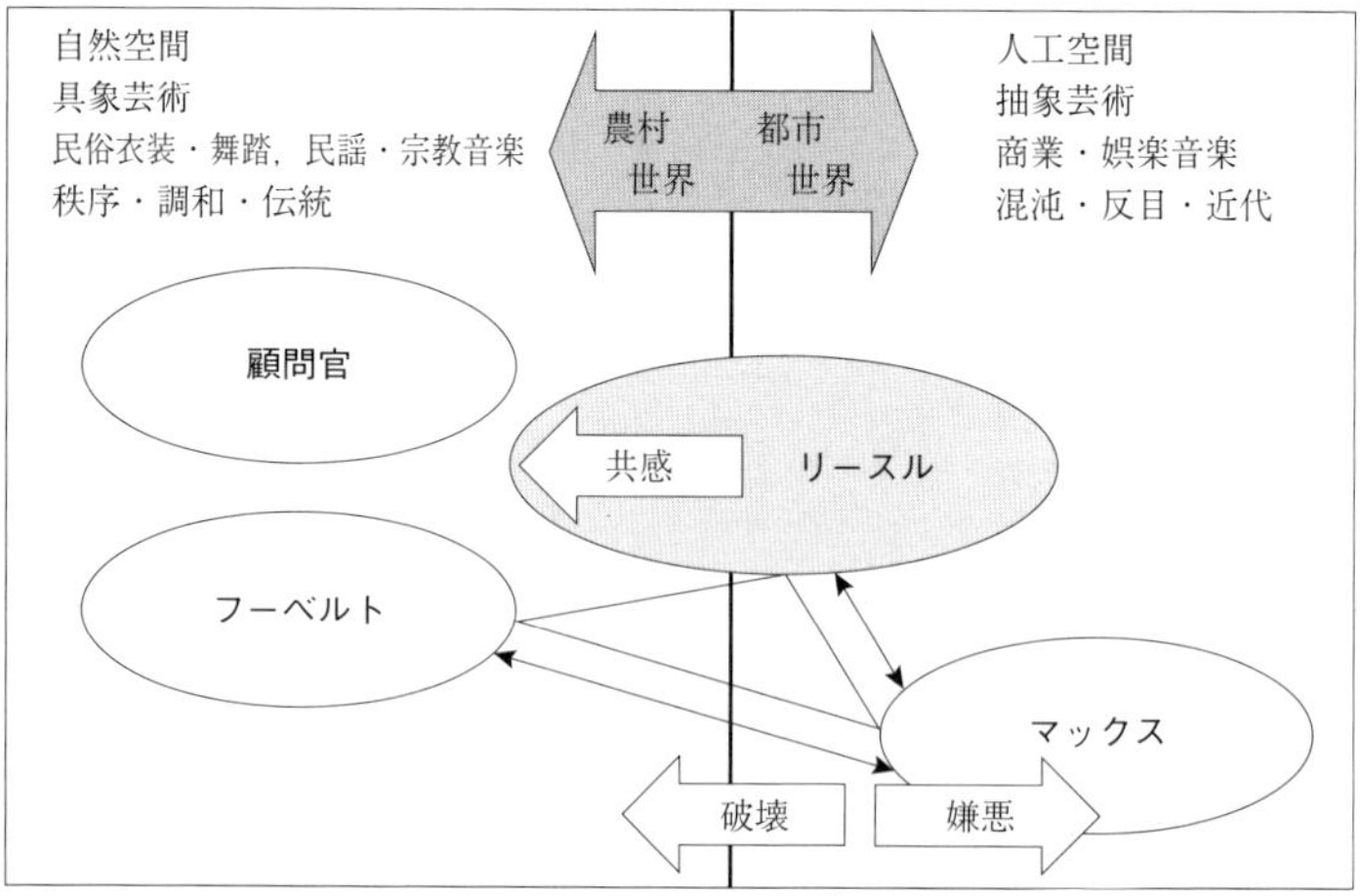

図2－3　映画『銀の森の林務官』の構図

出所：著者作成。

ターも知ってしまう。ヴァルターは恋愛と職務との板挟みに苦しみ、ヘルガはこの村から去っていくことを決意した。リューダーは村祭りで村民に別れの挨拶をしたあとに森に出かけた。そこで彼は猛獣の餌を求めて密猟を行った際に警官を射殺したサーカス団員がふたたび密猟を行っている現場に出くわしてしまう。彼は犯人を取り押さえようとしたが、銃弾を浴び、重傷を負ってしまった。しかし、こうして彼は名誉を回復することができ、ヘルガとヴァルターの愛も成就して、この物語は終わる。

　この二つの映画の成功によって「ハイマート映画」の名称が映画の一つのジャンルとして確立し、五〇年代に人気を博することになった。四七年から六〇年までに制作された映画の総数一四三七本のうち三〇〇本、つまりこの時期に制作された映画の五本に一本がこのジャンルの映画だったのである(7)。

五四年にはオーストリアからヒット作『銀の森《ジルヴァーヴァルト》の林務官』（以下『銀』）がやってきて、翌年の西ドイツ映画興行成績の第二位を獲得した（図2－3）。ヒロインはウィーンで抽象彫刻を制作しているリースル。映画のおもな舞台は、顧問官を務めている祖父を訪問するために彼女が滞在したアルプス山脈の山村である。壮大な自然を背景にして物語が展開されるが、大自然の動植物はしばしば筋書きのなかに投入され、登場人物とさえなっている。この映画で描かれているのは、自然の麗しき調和の姿だけではなく、弱肉強食の生存競争を生きる自然界のダーウィン主義的な秩序でもある。主人公のフーベルトは、この自然の秩序を伐採や密猟から守ることを任務とする林務官である。彼も農場とハイマートを失った被追放者であるが、この事実は『緑』ほどプロット全体とかかわっていない。

彼はリースルに自然の美、自然との共生、狩りのあり方などを教え、彼女の心をつかんでいく。彼の対極的な人物として描かれているのが、リースルの芸術仲間で、彼女を追って山村にやってきた都会人のマックスである。彼は自然の秩序と山村の慣習に理解を示さず、密猟を行い、罰を逃れてウィーンに帰っていく。この事件をめぐる誤解からフーベルトとリースル、祖父のあいだに軋轢が生じ、彼女もウィーンに帰り、フーベルトは林務官を辞する決意をする。ウィーンに帰ったリースルはマックスから真相を聞き、ふたたび山村へと戻るが、フーベルトはすでに結婚していた。しかしリースルは山村に定住することを決め、フーベルトも林務官の職に戻り、物語は終わる。

ハイマート映画の構造

三つの映画を簡単に紹介したが、このように「ハイマート映画」は田園・村落を主要な舞台とする人間ドラマである。国民的な景観とみなされた山岳や原野、高原の森がその自然風景の多くを占め、異国のメタファーを内包する海はめったに登場しない。民俗舞踊や民俗音楽で彩られた村祭りがしばしばクライマックスの場面で多用されている。時代背景は大半が「現在」で、歴史物語として展開されるのは稀である。村落共同体とその教会のような非歴史的な伝統的空間がおもに写し出され、記念碑的建造物も現れず、ライン河のような歴史的負荷のある情景は回避されている。空襲被害や戦争被害者のような当時まだ生々しい歴史的な出来事も、被追放のように過去の出来事として言及されることはあっても、映像からその痕跡は消し去られている。つまり、この映画のハイマートは国民的な自然風景に囲まれた伝統的で、非歴史的な時間／空間である。

図2－4　都市と抽象芸術

出所：映画『銀の森の林務官』より。

ハイマート映画の基調をなしているのが「反都市」の思想である。ハイマートの自然と農村の風景が麗しく映し出されているのに対して、都市は事務所、病院、アトリエのような幾何学的に構成された無味乾燥な空間や、劇場、パーティー会場、カジノ、雑踏のような物質主義的な空間に象徴され、その場面はモダニズムの建築物、家具調度品、芸術作品――たとえば『銀』のリースルとマックスが制作していた抽象彫刻（図2－4）――で飾り立てられている。『銀』においてとくに明確であるが、農村社会と都市社会は明確に区分されている（図2－3）。自然、とくに森と動物界が生態系的な秩序を保持した神聖な世界として都会人に語られ、密猟や森林伐採はその秩序を破壊する冒涜的行為とみなされる。『緑』や『銀』のように、その秩序の守護者である林務官がしばしば主人公となり、都市空間の守護者である警察官は主要人物としては登場しない。村落共同体は伝統的秩序の保持された世界として描かれ、都会人――たとえば『銀』のマックス、『緑』のサーカス団――はその破壊者としてしばしば登場する。結局のところ都会は、自然と農村社会の世界としてのハイマートの価値を賛美するための引き立て役であり、都市や都市的なものが登場しないハイマート映画は稀である。その意味で都市は必要不可欠な悪役である。

図2－5　真性の冠

出所：映画『シュヴァルツヴァルトの娘』より。

『娘』のように、都市における人間関係や金銭関係などの問題が動機となって都会人がハイマートへと向かうという筋書きが多用され、その問題はハイマート空間のなかで解決され、その大半はふたたび都会に帰る。また、地方出身者は帰郷によって「本来」の自己を回復していく。『緑』のノーラのように、ハイマート映画では外国にあこがれ、あるいはそこに身を置いたものがしばしば登場するが、結末においてハイマート空間へ復帰していく。

地方人が都会人に影響を与えることはあっても、その逆は

図2-6　楽隊屋

出所：映画『原野は緑』より。

「悪影響」——たとえば物欲や金銭欲、エゴイズムの伝播、開発などによる自然と伝統の破壊——以外ではありえない。その意味で『娘』で偽物と本物をめぐって紛糾の種となったネックレスは都市の物欲やエゴイズム、虚偽性を象徴している。この映画のヒロインは真性のものとして「シュヴァルツヴァルトの花嫁」の冠を戴いたのである（図2-5）。

　都会人は決して悪役としてのみ登場するわけではなく、地方人と都会人のあいだに三角関係を含む恋愛関係が生じているが、映画の図の人間関係（図の太線は最終的な恋愛成就を表す）が示しているように、大半の恋愛は同じ出身の者のあいだで成就していく。『銀』のリースルは都市を捨てて、山村で生活することを決意するが、フーベルトはすでに地元の女性と結婚していたように、恋愛・結婚関係においても都市・農村の対立は乗り越えられない壁として立ちはだかっている。

　この当時に社会問題となっていた貧困や住宅難を直接的に表現するシーンはハイマート映画では写し出されない。『娘』の冒頭のシーンは華々しいアイススケート・レビューの最終公演のシーンであり、舞踏会のくじ引きでヒロインのベルベールは乗用車を獲得する。村落も質素であるが、貧困とは無縁の世界として描かれている。生活再建のために汗水たらして働く場面はまったく見られず、都会人の地方滞在は多くが休暇によるものである。当時、被追放者の多くがまだバラックでの収容所生活を強いられていたが、『緑』の父娘は親戚の大邸宅に住んでいる。

一方、音楽を奏で、歌いながら放浪し、住民からの施しで腹を満たす「楽隊屋」が、『緑』や五二年のヒット作『菩提樹』などで登場している（図2-6）。おもに三人の男性から構成されたこの楽隊屋は、留守宅での無断寝泊やビールの盗み飲みなどの「軽犯罪」を行うが、彼らに罪悪感はなく、その行為は密猟とは異なり、住民からも許容されている。彼らは社会・経済的な理由ではなく、自ら選択してそのような生活を営んでいるため、その状況を嘆き悲しむことはなく、むしろ陽気に生活を謳歌している。住民も彼らに施しなどによって連帯行動を示し、そのため彼らはその共同体に依存することになるが、ハイマート賛歌を奏でることでその恩を返していく。『緑』で彼らは、コメディアンとしての才能を見込まれてサーカス団から入団を誘われるが、そのようなハイマートの枠外での放浪生活を一顧だにしない。つまり楽隊屋は貧困で、放浪するがゆえにハイマートの価値を実感し、それをハイマートの住民に伝えることができるハイマート内部の「自由人」なのである。したがって彼らの貧困やホームレス状態は、ハイマートという連帯共同体に包摂されているかぎりで、社会問題にはなりえない。

先述したように被追放者はハイマート映画に登場する数少ない歴史的痕跡であるが、その問題もハイマート空間のなかで処理されている。たとえば、『緑』の父娘は被追放者だが、父はサーカス団に所属する密猟者に立ち向かい、重傷を負うことで最終的にハイマートに受け入れられ、そのことで娘と林務官との恋愛関係も成就した。『銀』のフーベルトも被追放者だが、彼は林務官としてハイマートの秩序の守護者となっている。

このように、これらの映画で描かれている「ハイマート」とは、都市においてはプロレタリアートとして階級闘争を展開し、あるいは被追放者として失地奪還のための右翼運動を組織しかねない人々を包括・統合することができる共同体のモデルである。ホームレスも故郷被追放者も、ハイマートの秩序を遵守するかぎりは帰属する場を与えられ、相互扶助のネットワークのなかに組み込まれている。ここで、ハイマート映画で三角関係のもつれがテーマとして頻繁に取り上げられていることに注目したい。たとえば『娘』では五つの三角関係が複雑に絡んでいる（図2-1）が、そのもつれを登場人物は相手の悪意によるものとして理解している。実際にはそれは、取り違えやすれ違いなどの偶然による誤解に基づいているのだが、その実情を知っているのはスクリーンの前に座っている映画鑑賞者だけである。序章をふり返ればすぐに理解できるように、B・アンダーソンが『想像の共同体』論のなかで指摘した小説の構造が生み出す国民的想像力、すなわち、一生涯のうちに知り合えるはずもない人々が同じ国民として同じ社会空間のなかで関係性を有していることを鳥瞰することによって生じる想像力が、ハイマート映画では模範的に作動しているのである。都会という欲望と偶然に支配された外部からもたらされた誤解や軋轢、あるいは歴史がもたらした社会問題が自然と慣習という必然的で、非歴史的な秩序によって解決され、あるべき人間関係が形成あるいは回復していく過程を経験することのできるハイマート映画の世界は、〈偶然的な誤解と軋轢の共同体〉が〈必然的な和解と連帯の共同体〉に転換していくナショナルな「想像の共同体」の時間／空間を描き出していたといえよう。

2　居住空間と都市空間

居住空間

『銀の森の林務官』では農村世界と都市世界が対照的に描き出されているが、図2－7の二つのシーンから理解できるように、居住空間においても両者は明確に区分され、前者は宗教的なイコンが飾られた伝統的な様式によって、後者は抽象的な幾何学的模様によって構成された前衛的なモダニズム様式によって表象されている。では、当時の西ドイツにおいて、どのような居住空間に誰が、どれほど共感を示し、どのような様式を自らの居住空間に取り入れようとしていたのであろうか(8)。

図2－7①　農村の居住空間

図2－7②　都市の居住空間

出所：映画『銀の森の林務官』より。

アレンスバッハ協会の世

図 2 - 8　居間の好みのタイプ

出所：Allensbacher Jahrbuch III, S. 176f.

表 2 - 1　嗜好統計

（単位：%）

年／月	55／5	55／8	56／7	57／9	58／6	59／8	60／9	62／3
①	3	3	2	2	2	3	3	4
②	56	54	51	47	46	37	38	32
③	30	29	31	31	33	35	32	38
④	8	11	13	15	17	22	21	23

出所：Allensbacher Jahrbuch III, S. 176.

論調査は具体的な居間のイメージ図を用いることで、その嗜好に関する調査を五〇年代なか頃から行っている。図２‐８の四つの図絵のなかでは、②が『銀』における農村世界の居住空間に、④が都市世界のそれにもっとも近似していえよう。『銀』が映画館で上映されていた五〇年代なか頃に、②は過半数以上の西ドイツ市民から好みの居住空間として選択されているのに対して、④は一割以下の支持しかえられていなかったが、その後に④はその支持者を増加させ、またその増加率と並行して②の支持率が減少していることをこの統計資料は明らかにしている。上流ブルジョア的な①の居間形態は一貫して少数の共感しかを得ていないのに対して、②と④の中間形態ともいうべき③は安定した支持率を獲得している（表２‐１）。

このような居住形態の嗜好とその量的な推移の意味を検討するうえで、Ａ・ジルバーマンがケルンとその近郊の工業都市ベルクノイシュタットの住民を対象に六一～六二年に行った調査は示唆に富む[9]。この調査は、八つの異なる居間の写真を住民に示して、好ましい居間の一位と二位と、もっとも好みに反する居間をあげさせ、その結果を性、年齢、教育水準、収入などの範疇にしたがって区分しているだけでなく、それぞれの居間がどの社会階層に典型的な居住様式タイプに属するのかも質問している。社会階層が比較的分散した人口構造をもったケルンの調査に基づいて、その結果を整理したのが表２‐２である。

もっとも拒否されているのはＡのネオ・ロココ様式の居間（マイナス二二）であり、これは上流階層にもっとも典型的なタイプ（八二％）であると判断され、とくに若年層と低学歴層によって毛嫌いされている。次に人気度の低い居間がＨの前衛的な形態（マイナス一六・五）であり、このタイプも低

表2－2　居間の嗜好性調査

	年　齢	学　歴	タイプに典型的な社会層
ⓐ居間タイプ ⓑ嗜好の偏差 (好みの1位の割合＋2位の割合)÷2－拒否の割合	ⓐ21～29歳 ⓑ30～44歳 ⓒ45～59歳 ⓓ60歳～	ⓐ国民学校卒 ⓑ中等教育卒 ⓒ大学入学許可	ⓐ上流層 ⓑ富裕中間層 ⓒ小《プチ》中間層 ⓓ労働者層
ⓐ居間A ⓑ－22 	ⓐ－30.5 ⓑ－22.5 ⓒ－24 ⓓ－12	ⓐ－24 ⓑ－12 ⓒ0	ⓐ82 ⓑ8 ⓒ2 ⓓ0
ⓐ居間B ⓑ＋9 	ⓐ＋15.5 ⓑ＋16.5 ⓒ＋10 ⓓ－3	ⓐ＋7 ⓑ＋17.5 ⓒ＋11	ⓐ12 ⓑ50 ⓒ20 ⓓ5
ⓐ居間C ⓑ＋8 	ⓐ－3 ⓑ＋5.5 ⓒ＋10.5 ⓓ＋13	ⓐ＋10 ⓑ＋3.5 ⓒ＋12	ⓐ39 ⓑ41 ⓒ11 ⓓ0
ⓐ居間D ⓑ－2 ＊ベルクノイシュタット＝＋15 	ⓐ－20.5 ⓑ－16.5 ⓒ＋2 ⓓ＋17.5	ⓐ＋5 ⓑ－32.5 ⓒ－49	ⓐ1 ⓑ8 ⓒ23 ⓓ61
ⓐ居間E ⓑ＋1.5 	ⓐ＋1.5 ⓑ＋1 ⓒ－2 ⓓ－7	ⓐ－3 ⓑ＋5 ⓒ＋4.5	ⓐ4 ⓑ30 ⓒ37 ⓓ11
ⓐ居間F ⓑ＋15 	ⓐ＋14 ⓑ＋17 ⓒ＋14 ⓓ＋13	ⓐ＋14.5 ⓑ＋16 ⓒ＋13	ⓐ4 ⓑ20 ⓒ46 ⓓ20
ⓐ居間G ⓑ＋12 	ⓐ＋27 ⓑ＋17.5 ⓒ＋10.5 ⓓ＋0.5	ⓐ＋12 ⓑ＋9 ⓒ＋7.5	ⓐ11 ⓑ45 ⓒ27 ⓓ5
ⓐ居間H ⓑ－16.5 	ⓐ－4.5 ⓑ－14.5 ⓒ－18.5 ⓓ－19.5	ⓐ－19 ⓑ－9 ⓒ＋0.9	ⓐ34 ⓑ29 ⓒ12 ⓓ4

出所：Alphons Silbermann, Vom Wohnen der Deutschen. Eine soziologische Studie über das Wohnerlebnis, Köln/Opladen 1963, S. 72ff, S. 220ff. より作成。

学歴層から拒否され、上流層のタイプ（三四％）とみなされているが、Aとは逆に年齢層が高くなるほど拒否反応が強くなっている。両者は先述のアレンスバッハ調査における①と④の形態にほぼ相当するといえよう。

アレンスバッハ調査の②にもっとも近似した居間は、木製の肘掛のついた布張りの簡素な椅子とソファー、背の高いテーブルからなる応接セット、陳列棚のついた重量感のある食器棚[10]を備え、居心地を重視するDの形態であろう。六〇年代に入って行われたこの調査は、アレンスバッハ調査では五〇年代に多数派の形態であったこの居間形態が、共感と嫌悪の複雑な構造をもっていることを明らかにしてくれる。つまり、この形態は労働者層にもっとも典型的なタイプである（六一％）とみなされ、実際に月収七五〇マルク以下の低所得者層からもっとも支持（三四％）を受け、高年齢層からは熱烈な共感（一七・五）を得ている一方で、中・高学歴層（マイナス三二・五およびマイナス四九）と若年層（マイナス二〇・五）から激しく拒否されている。したがって、工業都市のベルクノイシュタットでは、その支持率は一五に跳ね上がり、とくにその女性の三六％と一四％がこの形態を一位と二位にあげている。すなわちDは、かつては人口の多数を占めていた社会階層から支持されていた大衆的な居間形態だといえよう。

かつてDが獲得した支持票の多くは、調査時点の六〇年代初期にもっとも共感され（一五）、しかもすべての年齢層と学歴層からあまねく評価を受けているFの形態に流れていったと考えられる。この形態は小中間層《プチ》に典型的なタイプ（四六％）とみなされ、Dのもっていた重々しい食器棚は横に広げられたサイドボードに代わり、応接椅子からはひじ掛けが外され、重厚感が軽減されている。

どの年齢・学歴層からも熱烈な支持も、激しい拒否反応も起こしていない、いわば地味な居間形態がE（一・五）であるが、本棚のスペースが拡張され、水平に壁を覆う戸棚を備え、腎臓型の小型サイドテーブルを特徴とするこの形態は、Fよりも軽さを強調した五〇年代の流行モデルとみなされている。しかし統計数字から判断して、この当時のトレンドはむしろ、「富裕中間層」に典型的なタイプ（四五％）とみなされているにもかかわらず、低・中学歴層からの支持率が高く、第二位の好感度（一二）を得ているGの形態であるといえよう。高さの異なる戸棚によって組み合わされたユニット家具、三区分構成のソファー、背の低い長方形テーブルによって特徴づけられるこのタイプには、あまねく肯定的な評価が下され、とくに若年・中年層に熱烈な支持を受けている。

以上の二つの調査から私たちが確認できることは何であろうか。

第一に、前世紀的な趣味で固められた上流ブルジョアのタイプは「時代錯誤」と判断されたが、家具のあいだの空隙が広く、可動・流動性を強調した都会風の前衛タイプも「現実離れ」とみなされて、共感を得ることはなかった。五〇年代なか頃までとくに労働者階級は、流行とみなされたモダニズムの進歩的・機能的な居住空間に対して拒否反応を示し、アレンスバッハ調査の②、ジルバーマン調査のDのような保守的な田舎風の居住空間に共感した。その特徴は、重量感ある戸棚、ひじ掛けのついた脚の短い安楽椅子、隙間のない家具の配置に表現されているような安定感のある重厚で、「居心地のよい」(gemütlich)[11]空間である。五〇年代前半の鉱山労働者の居住文化を調査したE・プファイルの研究[12]によれば、このような居間空間が鉱山労働者たちに好まれ、空間の有効利用のために実用的であってもコーナー・ベンチがこの労働者の居間では使用されることはなかったという。フランクフルト近郊の都市、ダルムシュタットにおける西ドイツ建国期の家族生活を調査したG・バウメルトも、居間は「社会的地位を誇示するように」（repräsentativ）飾りたてられず、「一般的な趣味」に近いものの購入が努められ、現代的な家具は「慣例」から逸脱しているために「不安感と奇異の念」をよび起こしていたことを指摘している。このような行動様式はとくに避難民の家族において広がっていたという。この家族は高価、頑丈、「堅実」（gediegen）といった印象を与える家具調度品を購入しようとしたが、そこにはハイマートで失ったものを同じようなもので埋め合わせようとする復古的傾向が示されているとバウメルトは分析し、実業家から聞いた言葉を紹介している――「かつて我が家にあったようなものが私たちの心にかなっているのです。」[13]

すなわち、過去の否定のうえに現在と未来を構築するのではなく、戦争と戦後によって失われた過去を現在において回復し、慎ましくとも安定し、確実な生活とライフ・サイクルを取り戻そうとする心情、あるいはすでに取り戻された現在を確保し、その達成感を確認する心情が、このような居住空間の嗜好に映し出されていたといえよう。中間層から幅広い支持を受け、その階層に適合した形態であるとみなしうるジルバーマン調査のFの居間形態も、そのような心情が色濃く反映されている。その意味でこれらの居住空間は、戦中・戦後期からの脱却をめざす復興の空間であるといえる。

このような嗜好性をもつ社会層がハイマート映画の観客層と大きく重なっていたことは容易に想像できる。五五年のアレンスバッハ協会の世論調査[14]によれば、住まいに飾る絵画として圧倒的に支持を得ていたのは「風景画」（七三％――複数回答可）、さらには「樹木、植物の絵画」（三六％）や「動物画」（三〇％）であったが、「都市の風景画」（一一％）や「シュールレアリズム絵画、抽象画」（三％）を飾るものは少数であった。このようにして、多くの居間空間のなかにハイマートが演出されていたのである。第二に、かつてはアレンスバッハ調査の②やジルバーマン調査のDの居間形態を支持していた階層のなかから、上昇志向をもち、親世代とは異なる嗜好性を抱いた高学歴の若い年齢層が、六〇年代に近づくにつれて③やFの形態に共感し始め、また中間層のそのような部分も同様に④やGを選択していくことで、「文化資本」（ブルデュー）を蓄積していったことが確認できる。[15] ケルンよりも平均年齢の低いベルクノイシュタットでF（三二）とG（一六）の支持率が高いのはそのためであると判断される。BがFの中間層タイプの、CがDの労働者層タイプの古典的な高級ヴァージョンである――それゆえに高・中学歴層からの支持が相対的に高い――とすれば、GはFの前衛的な高級ヴァージョンであるといえよう。

以上のように、五〇年代に反都市的なハイマートが多くの西ドイツ人の心をとらえたように、私的な居住空間の形成にかんしても都市的なモダニズム空間は回避されたが、その空間は六〇年代に近づいていくにしたがって徐々に受容されていった。このような居住空間の嗜好性のもつ歴史的な意味にかんしてはのちに若干触れるが、では、都市自体はどのように形成されようとしていたのであろうか。多くが瓦礫と廃墟と化したドイツ諸都市の五〇年代における復興・都市計画の構想を分析することで、この問いに答えてみよう。

都市空間

五〇年代の復興・都市計画では、相互に密接にかかわる二つの概念がその理念をあらわすスローガンとして広められた。「都市ラントシャフト」（Stadtlandschaft）と「区分・構成され、弛緩された都市」（Die gegliederte und aufgelockerte Stadt）であり、それぞれに綱領的な手引書が存在する。

「ラントシャフト」（Landschaft）とは英語の"landscape"（風景／風景画）と"countryside"（地方・田園）の意味を兼ね備えたドイツ語であり、したがって「都市ラントシャフト」は相反する語義が組み合わされた造語である。この概念は地理学用語としてすでに一九二〇年頃に用いられていたが、四〇年代になって都市・国土計画の用語として受け入れられていった[16]。この意味での「都市ラントシャフト」とは、それまで「都市」の対概念とみなされていた「ラントシャフト」（風景／地方・田園）の原理を都市空間に適用することによって、この空間を（再）構成することをめざす理念である。四八年に刊行されたH・B・ライヒョーの『有機的な都市建築芸術――大都市から都市ラントシャフトへ[17]』は、この概念を戦後の復興計画の一つの理念として確立させた。

その基調にあるのは「反都市」の思想である。ライヒョーにとって大都市は、「生の秩序と存在の調和」が機械化と大衆化によって破壊された姿の鏡像、「生全体の全般的なデカダンスの症状[18]」なのであって、そこではどんな共同体感情の育成も阻まれてしまう。「大都市が際限なく、見通すことができず、カオス的で、無秩序であること、安全でなく、居場所が定まっていないという永続的な感覚、職業生活と私生活のあわただしさ、ハイマート喪失と不安定、大きな関連のなかで見通すことができない大都市世界のつねに部分だけの体験、過度の印象と刺激、度をこえた享楽と十分な休憩なき労働、リズムと生活様式の絶え間ない移り変わり、日常生活の寸断[19]」が大都市の人間のタイプを形成している。つまり、「個人と共同体の生の統一」が破壊されていることに都市問題の根本がある。したがって都市計画の課題は、個々の部分の最善化ではなく、「統一をめざした内部の有意義な関連、統一を成長させる自由、統一との結合」にある。[20]

こうしてライヒョーは、これまでの都市の「機械装置」(Mechanismus)を、自然と類似した作用をもつ生物学的な「有機体」(Organismus)としての都市ラントシャフトに転換することを提唱する。[21]つまり、「大都市の秩序と様式、その容器に健全な生物学的な前提と目的を与え、手段とそこにいたる道を生の原理に従って形成する」ときにのみ、人間と都市の有機的な統一がもたらされるのである。[22]彼は四八年の『ツァイト』紙でも、「固有の法則によって根拠づけられた有機的な都市計画」の基礎にある理念として、「都市の生成と成長、その収縮も自然に適用される道理に従う」という理念、それに従うならば「大都市にも直接的な生活と体験のよき部分を取り戻すことができる」という理念を強調している。[23]このように、自然と生物学の原理と法則性が都市生活にもち込まれるとき、「機械的な都市理念から、有機的な都市理念へ」、「密集して、きっちり詰められた都市から、弛緩され、区分・構成された都市ラントシャフトへ」、「建築構造的で、静態的に構想された過去の都市から、構成と器官は成長し、変化していくが、芸術の統一性においては永続的であるような動態的な都市ラントシャフトへ」の決定的な転換がもたらされるという。[24]

このような理念を実践的に適用させようとして展開された概念が「区分・構成され、弛緩された都市」であり、その綱領的な手引書[25]は五七年にJ・ゲーデリッツ、R・ライナー、H・ホフマンによって著された。「ヨーロッパは大都市の大きさに病んでいる。古きイングランドの健全な特性はロンドンで埋葬され、パリは永遠に化膿しつづけるフランスの潰瘍である」というW・H・リールの言葉が

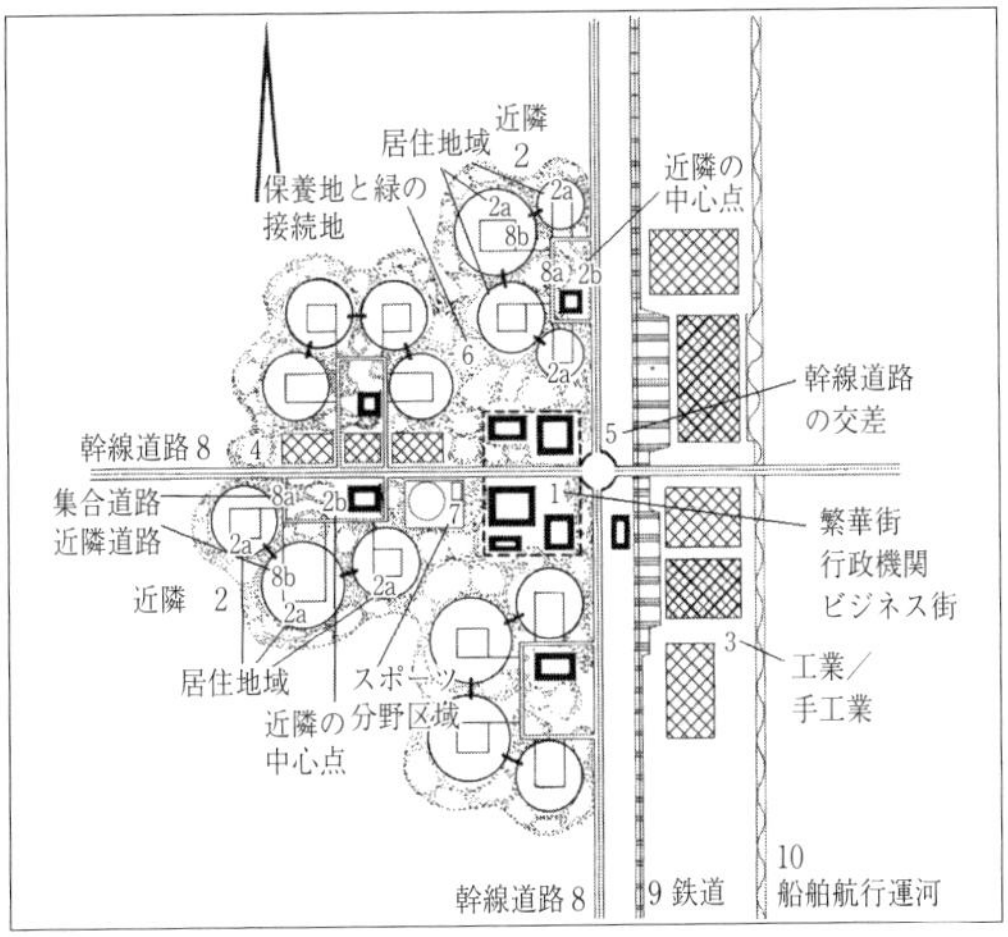

図２－10　都市類型③モデル

出所：Johannes Göderitz/Roland Rainer/Hubert Hoffmann, Die Gegliederte und aufgelockerte Stadt. Tübingen, 1957, S. 26. より作成。

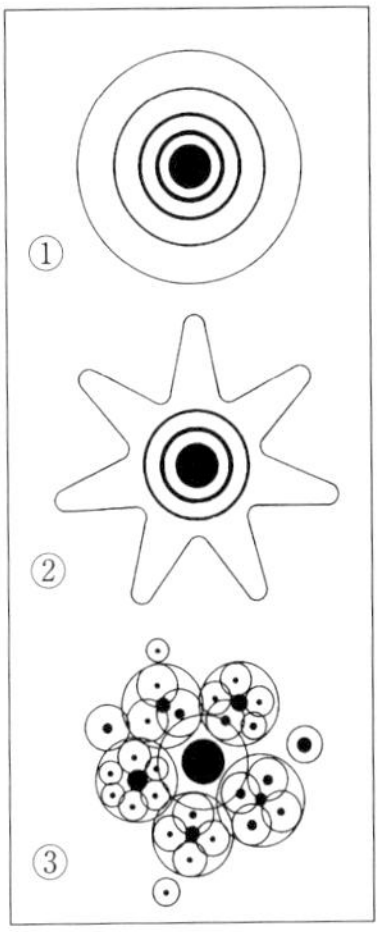

図２－９　都市類型

出所：Johannes Göderitz /Roland Rainer/Hubert Hoffmann, Die Gegliederte und aufgelockerte Stadt. Tübingen, 1957, S. 19.

引用されているように、ここでも「反都市」の思想が底流を成している。そしてこの概念は、都市をその課題に見合った健全な規模に制限し、最小単位としての住居から都市全体に至るまでを区分・構成し、それぞれを上位の区域に組み入れていくことによって、都市空間の過密状態の弛緩化とその「健全化」をめざしている。

それまで都市は見通すことができない大規模な区域から構成されていたが、それを複数のまとまった地区に区分・構成していくことを著者たちは課題とした。彼らから提示されている最小の区分単位が、一六クラスの国民学校の学区に相当する百世帯から千五百世帯の「近隣」（Nachbarschaft）」であり、四つの「近隣」は本過程学校と中等学校の学区に相当する約四〇〇〇世帯から構成される「都市細胞」(Stadtbezirk)を構成する。そしてその三つが、九〇〇〇から一万二〇〇〇までの世帯を統括し、独自の行政区を構成する「都市区」(Stadtbezirk)を、さらにその四つが最終的に「都市部」(Stadtteil)を形成することになる。[26] しかし、これらの単位が序列的に構成されるだけではなく、それぞれがそれぞれの規模で都市機能を果たすように、有機的に結びつけられていることがこの構想では意図されており、その意味は図2-9に示された「都市の類型」によって明確に理解されよう。つまり、①の「人口が過密な中心をもつ際限なき家の海原」や、②の「放射状の道路網にそった星型の拡大」に代わる都市のパターンとして、③の「それぞれの地区が中心点をもつ、多かれ少なかれ自立した都市細胞からなる有機的な構造」が提案され、そのモデルにしたがって都市の弛緩化がめざされているのである。

このモデルを具体的な形態で表したのが図2-10である。多様な機能を複合的に満たしているそれぞれの都市地区を、内的にも、外的にも有機的に区分・構成させようとする意図が理解されよう。この図のなかの2は「近隣」を示しているが、それは緑地帯によって空間的に区分され、この地帯は保養の場や園芸、農業にも活用されうるという。このように、彼らの都市構想にも「ラントシャフト」の要素が積極的に取り入れられているが、その特性は「生物学的な責任意識をもった都市計画」に重要な示唆を与えるという。つまり、高みや低地、谷川と川の流れのような特色あるラントシャフトの輪郭も都市を区分する風景となり、「ラントシャフトはもはや家並みになかに沈没するのではなく、その独特のラインのなかで都市領域全体に行き渡っている。……自然環境が動植物の生命の重要な基礎として都市のなかにも妨害されずに保持されたままである。そのときに、都市の不毛な砂漠とステップから生命力に満ちた『都市ラントシャフト』が生まれる。[27]」

このような理念のもとに各都市で——それぞれの歴史・社会・政治的な現状に対応しながら——復興・都市計画が行われたが、[28]ここではその一例として西ベルリンのハンザ地区を取り上げてみよう。ベルリン市政府は、ティアガルテン西部のハンザ地区の復興計画と関連づけて国際建築博覧会を五六年に開催することを五三年に決定したが、その直後に市政府の建築大臣はこの計画の政治的な背景と目的を次のように述べた。

この博覧会は建築見本市ではなく、建築が西側世界に属していることの明確な信条告白であるべきだ。この博覧会は、近代的な都市計画と堅実な住宅建築に対する私たちの理解が、スターリン大通りの見せかけだけの豪華さなんかとは違っていることを見せつけるべきである。[29]

「スターリン大通り」とは、五一年から東ドイツ政府は威信がかけて大改造を行ったモニュメンタルな大通りである。「アメリカ的」「帝国主義的」なコスモポリタン的なモダニズム様式ではなく、「ドイツ的」な古典主義様式を用いた建造物が、「国民的で、美しく、大規模に」をモットーにしてこの幹線道路の周りに建築されたが、このような形態で東ドイツの社会主義体制は都市空間をナショナルに表象しようとしたのである。[30]この企画に対抗して[31]計画されたハンザ地区の復興計画と国際建築博覧会は、「西側のショーウィンドー」において西ドイツ体制の国民的な空間を表象しようとするプロジェクトだった。[32]

図2-11　パンフレットにおけるハンザ地区の過去と未来

出所：Sandra Wagner-Conzelmann, Die Interbau 1957 in Benlin. Stadt von heute-Stadt von morgen, Petersberg, 2007, S. 154.

古典主義様式によって規格化された「スターリン大通り」の集団主義に対抗して、ハンザ地区では国際性、多様性、個人性が強調された。最初の博覧会用宣伝パンフレットの写真（図2-11）がシンボリックに示しているように、過去の都市空間を表象する古典主義建造物の廃墟の跡地に、一戸建てから多層階アパートに至る多様な近代的住宅と公共建造物（二つの教会、ショッピングセンター、図書館、学校）が配列され、その建築のために一四カ国から五三人の建築家が召集された。また、「スターリン大通り」が「労働者宮殿」によって囲まれた閉ざされた空間だったとすれば、ハンザ地区は建築物の配置によって空間を流動化させ、また緑地のティアガルテンに隣接させることによって自然の要素も取り入れられた。ここでは緑地との境界線も流動化され、「流れる緑」が演出されたのである。

　このプロジェクトは、「兵舎風賃貸アパート《ミートカゼルネ》」とよばれた住宅街が密集する都市構造を解消する都市計画のモデルケースとなった。ハンザ地区は四四年一一月の空襲によって壊滅状態となったが、残存した建造物だけでなく、都市区画も整理され、この地区の従来の都市構造そのものが改造されたのである。これによってこの地区は一九世紀型の都市空間から決別し、「弛緩化」されたが、同時にその歴史的痕跡も消し去られることになった。

予定よりも一年遅れて五七年に開催された国際建築博覧会は、一〇〇万人以上の訪問者を迎え入れ、その三分の一以上が東ドイツ市民だったといわれている。この博覧会ではハンザ地区の建造物が公開されただけではなく、「明日の都市」展[33]の会場が設けられ、この企画の理念が示された。そこで披瀝されたのは「都市ラントシャフト」と「区分・構成され、弛緩された都市」の理念である。たとえば、「最小限の計画の細胞」として位置づけられた「家族」から「住民集団」、「都市単位」、「都市」へと都市が区分・構成されることが提案され、「まとめられた都市のなかで人間は、新たに秩序づけられた社会構造を形成することができる存在条件を見出すことができる」[34]と主張された。また、緑地は「都市の構成の骨組」と位置づけられた。緑は「都市の内部にまで到達し、建造物の弛緩化と緑化を可能にする」[35]のだという。そして次のように「明日の都市」の基本原則が導き出されている。

明日の都市においては／都市の密度の高さと地方の広さ／都市の生活と地方の静けさが／一つになる。／明日の都市においては、ラントシャフトが計画の基礎である。緑地は都市全体を貫き通し、構成する骨組をなす。……明日の都市においては、人間は――その生物学的な法則にしたがって――健康的に生活する。[36]

注

（1） ナチス期の流行歌にかんしては、Hans-Jörg Koch, Das Wunschkonzert im NS-Rundfunk, Köln, 2003.

（2） 流行歌とハイマート・ソングにかんしては、André Port le roi, Schlager lügen nicht: Deutscher Schlager und Politik in ihrer Zeit, Essen, 1998. Rainer Moritz, Der Schlager, in; Etienne François / Hagen Schulz (Hg.), Deutsche Erinnerungsorte II, München, 2001.

（3） ハイマート概念にかんしては、Wilhelm Brepohl, Die Heimat als Beziehungsfeld. Entwurf einer soziologischen Theorie der Heimat, in: Soziale Welt, H. 1, 1952. Elizabeth Boa / Rachel Palfreyman, Heimat. A German Dream. Regional Loyalities and National Identity in German Culture 1989–1990. Peter Blickle, Heimat. A Critical Theory of the German Idea of Homeland, New York, 2004.

（4） ヒットチャートにかんしては、Günter Ehnert (Hg.), Hit Bilanz. Deutsche Chart Singles 1956–1981, Hamburg, 1983 を参照。

（5） ドイツにおける映画の興行成績にかんしては、Klaus Sigl / Werner Schneider / Ingo Tornow, Jede Menge Kohle? Kunst und Kommerz auf dem deutschen Filmmarkt der Nachkriegszeit. Filmprise und Kassenerfolge 1949–1985, München, 1986 を参照。

（6） ハイマート映画については以下を参照。Willi Hofig, Der deutsche Heimatfilm. 1947–1960. Stuttgart, 1973. Projektgruppe Deutscher Heimatfilm, Der deutsche Heimatfilm. Bildwelten und Weltbilder. Bilder, Text, Analysen zu 70 Jahren deutscher Filmgeschichte, Tübingen, 1989. Bärbel Westermann, Nationale Identität im Spielfilm der fünfziger Jahre, Frankfurt am Main, 1990. Ricarda Strobel, Heimat, Liebe und Glück: Schwarzwaldmädel (1950), in: Werner Fauspoh / Helmut Korte (Hg.), Fischer Filmgeschichte, Band 3. Auf der Suche nach Westen, Frankfurt am Main, 1990. Heide Fehrenbach, Cinema in

Democratizing Germany. Reconstructing National Identity after Hitler, Chapel Hill London, 1995. Charlotte Heidrich／Christian Jansen, Filme über die Gründerzeit der Bundesrepublik. Wie sollen Spielfilme im Geschichtsunterricht eingesetzt werden？ in；GWU, H. 10, 1996. Jürgen Trimborn, Der deutschen Heimatfilm der fünfziger Jahre. Motiv, Symbol und Handlungsmuster, Köln, 1998. Claudia Beindorf, Terror des Idylls：Die kulturelle Konstruktion von Gemeinschaften in Heimatfilm und Landsbygdsfilm 1930-1960, Baden-Baden, 2001. Bernd Hey, Zwischen Vergangenheitsbewältigung und heiler Welt. Nachkriegsdeutsche Befindlichkeiten in der deutschen Spielfilm, in：GWU, H. 1, 2004.

（7）　Hofig, Der deutsche Heimatfilm, S. 166.

（8）　五〇年代における居住と家族生活にかんしては，Axel Schildt, Moderne Zeiten. Freizeit, Massenmedien und ＞Zeitgeist＜ in der Bundesrepublik der 50er Jahre, Hamburg, 1995, S. 90ff. Barbara Willenbacher, Zerrüttung und Bewährung der Nachkriegs-Familie, in：Martin Broszat／Klaus-Dietmar Henke／Hans Woller (Hg.), Von Stalingrad zur Währungsreform. Zur Sozialgeschichte des Umbruchs in Deutschland, München, 1988. Rosemarie Nave-Herz, Familie Veränderungen in der Bundesrepublik Deutschland seit 1950. in：Zeitschrift für Sozialisationsforschung und Erziehungssoziologie, H. 1, 1984. Axel Schildt, Freizeit, Konsum und Häuslichkeit in der ＞Wiederaufbau＜-Gesellschaft. Zur Modernisierung von Lebensstilen in der Bundesrepublik Deutschland in den 1950er Jahren. in：Hannes Siegrist／Hartmut Kaelble／Jürgen Kocka (Hg.), Europäische Konsumgeschichte. Zur Gesellschafts- und Kulturgeschichte des Konsums (18. bis 20. Jahrhundert), Frankfurt am Main／New York, 1997.

（9）　Alphons Silbermann, Vom Wohnen der Deutschen. Eine soziologische Studie über das Wohnerlebnis, Köln／Opladen, 1963.

（10）　アレンスバッハの統計調査によれば，このタイプの戸棚を一九五四年に女性の五二％が，五七年に市民の四九％が、五九年に市民の五九％が支持している。Vgl., Allensbacher Jahrbuch I, S. 112, Allensbacher Jahrbuch III, S. 170.

(11) このような居住空間とこの概念の意味にかんしては、Margret Tränkle, Neue Wohnhorizonte. Wohnalltag und Haushalt seit 1945 in der Bundesrepublik, in : Ingeborg Flagge (Hg.), Geschichte des Wohnens, Bd. 5. 1945 bis heute, Stuttgart, 1999, S. 727ff. を参照。

(12) Elisabeth Pfeil, Die Wohnwünsche der Bergarbeiter. Soziologische Erhebung, Deutung und Kritik der Wohnvorstellungen eines Berufes, Tübingen, 1954, S. 109.

(13) Gerhard Baumert, Deutsche Familien nach dem Kriege, Darmstadt, 1954, S. 114f.

(14) Allensbacher Jahrbuch I, S. 107.

(15) ジルバーマン調査で、ケルン住民の四割が親と住居観が大きく異なると答え、その四割、二〇代では八割近くがその住居観を「古風」、「古臭い」、「流行おくれ」と判断している。Silbermann, Vom Wohnen der Deutschen, S. 203ff.

(16) Wolf-Dietrich Kaufmann, Stadtlandschaft, in, Handwörterbuch der Raumforschung und Raumordnung, Hannover, 1971, S. 3203ff.

(17) Hans Bernhard Reichow, Organische Stadtbaukunst. Von der Grossstadt zur Stadtlandschaft, Braunschweig / Berlin / Hamburg, 1948.

(18) Ibid., S. 4, 7.

(19) Ibid., S. 6.

(20) Ibid., S 183.

(21) Ibid., S. 58.

(22) Ibid., S. 20.

(23) Hans Bernhard Reichow, Organischer Wiederaufbau der Städte, in : Die Zeit vom 30. 9. 1948.
(24) Reichow, Organische Stadtbaukunst, S. 64.
(25) Johannes Göderitz / Roland Rainer / Hubert Hoffmann, Die Gegliederte und aufgelockerte Stadt. Tübingen, 1957.
(26) Ibid., S. 23ff.
(27) Ibid., S. 25.
(28) 西ドイツにおける復興計画と都市計画にかんしては以下を参照。Tilman Harlander, Wohnen und Stadtentwicklung in der Bundesrepublik, in : Ingeborg Flagge (Hg.), Geschichte des Wohnens, Bd. 5. Klaus von Beyme, Der Wiederaufbau. Architektur und Städtebaupolitik in beiden deutschen Staaten, München / Zürich, 1987. Klaus von Beyme / Werner Durth / Niels Gutschow / Winfried Nerdinger / Thomas Topfstedt (Hg.), Neue Städte aus Ruinen. Deutscher Städtebau der Nachkriegszeit, München, 1992. Werner Durth, Kontraste und Parallelen. Architektur und Städtebau in West- und Ostdeutschland, in : Axel Schildt / Arnold Sywottek, (Hg.), Modernisierung im Wiederaufbau. Die westdeutsche Gesellschaft der 50er Jahre, Bonn, 1993. 西ベルリンにかんしては，Harald Bodenschatz, Platz frei für das neue Berlin. Geschichte der Stadterneuerung seit 1871, Berlin, 1987. Harald Bodenschatz, Berlin West : Abschied von der >steinern Stadt<, in : Beyme / Durth / Gutschow / Nerdinger / Topfstedt (Hg.), Neue Städte aus Ruine.
(29) Johannes Cramer / Niels Gutschow, Bauausstellungen. Eine Architekturgeschichte des 20. Jahrhunderts, Stuttgart, Berlin / Köln / Mainz, 1984, S. 226.
(30) Vgl., Wolfgang Ribbe, Die Stalinalle als historisch-politischer Ort (1950 bis 1955), in : Helmut Engel / Wolfgang Ribbe (Hg.), Karl-Marx-Allee—Magistrale in Berlin. Die Wandlung der sozialistischen Prachtstraße zur Hauptstraße des Berliner Ostens, Berlin, 1996. Simone, Hain, Berlin Ost : >Im Westen

wird man sich wundern<, in : von Beyme / Durth / Gutschow / Nerdinger / Topfstedt (Hg.), Neue Städte aus Ruine. 拙稿「冷戦の境界ベルリンの空間形成」田中きく代／中井義明／朝治啓三／高橋秀寿編著『境界域からみる西洋世界』ミネルヴァ書房、二〇一二年。

(31) Vgl., Harald Bodenschatz, Antworten West-Berlins auf die Stalinallee, in : Engel / Ribbe (Hg.), Karl-Marx-Allee.

(32) 以下、このプロジェクトにかんしては、Rolf Schwedler, Die Bedeutung des Neuaufbaus des Hansaviertels im Rahmen der Interbau, in : Neuer Wohnbau, Bd. 2, Hg. Hermann Wandersleb, Ravensburg, 1958. Kritische Materiallien zur Interbau von Hans Paul Bardt, Ulrich Conrads, Charlotte Helm, Reimer Kay Holander, Günther Kühne, Walter Rossow und Klaus-Jacob Thiele sowie Lucius Burckardt, Stadtplanung und Bürokratie, in : Bauwelt, Heft 37, 16. Sept. 1957. Bodenschatz, Platz frei für das neue Berlin, S. 164-170. Stefanie Schulz / Carl-Georg Schulz, Das Hansaviertel. Ikon der Moderne, Berlin 2008. Sandra Wagner-Conzelmann, Die Interbau, 1957 in Berlin. Stadt von heute-Stadt von morgen, Petersberg 2007.

(33) Vgl., Karl Otto, Ausstellung >die Stadt von morgen< an der Berliner Interbau, in : Bauen und Wohnen, Heft 1, 1958.

(34) Karl Otto (Hg.), Die Stadt von Morgen. Gegenwartsprobleme für Alle, Berlin, 1959, S. 39.

(35) Ibid., S. 49.

(36) Ibid., S. 84.

第3章　復興期の国民形成

1　復興期の時間／空間と国民形成

「戦後の克服」

これまで検討してきたように、復興期において反都市的なハイマートが西ドイツ共同体の時間／空間の理念を表象＝代弁し、その国民は安定感のある重厚で、「居心地のよい《ゲミュートリッヒ》」伝統的な居住空間に自らの時間／空間を見出した一方で、都市の復興にも自然とラントシャフトの理念が取り入れられた。しかし、このような現象を説明するためには、もう一つの時間次元が考察に付け加えられなければならない――未来観である。

図3－1は、アレンスバッハ協会が五〇年代初期から現在まで同じ質問――「人々の生活は明るくなっていきますか、あるいは暗くなっていきますか」――を通して西ドイツ人の未来観とその変遷を調査した結果の一部である。この図3－1からは、西ドイツ人が建国当初から一貫して悲観的な傾向

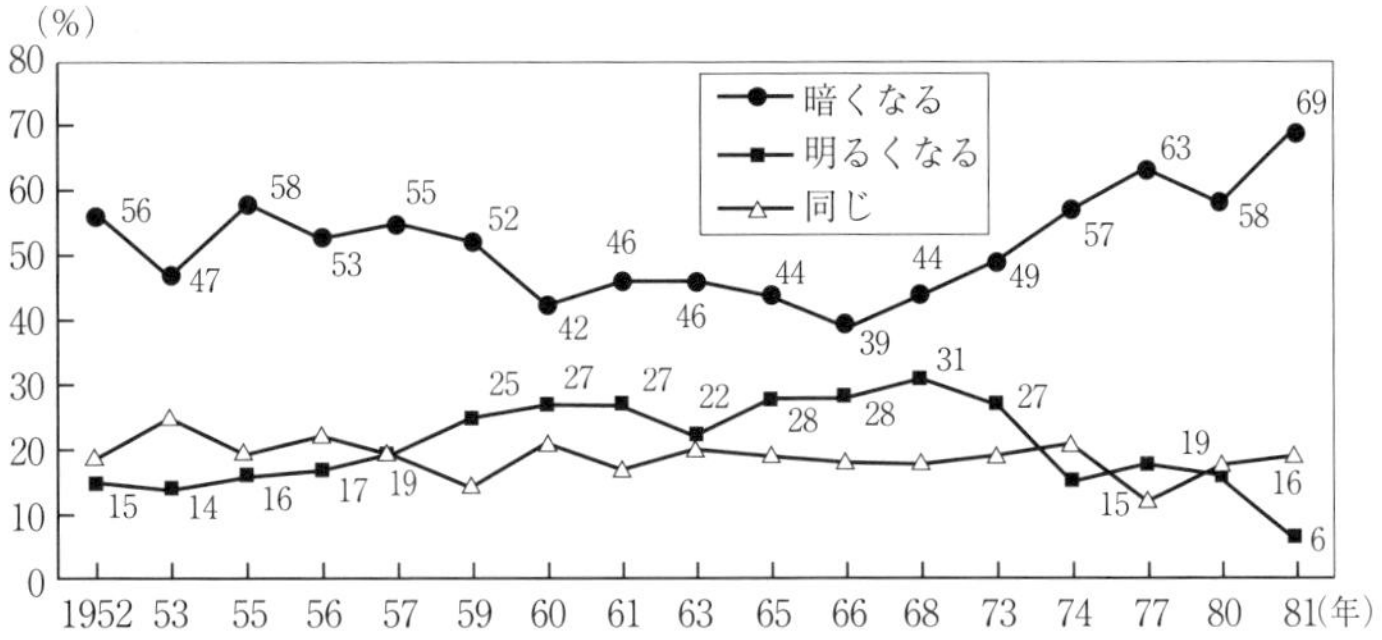

図3-1　未来観

出所：Allensbacher Jahrbuch I, S. 117. Allensbacher Jahrbuch VII, S. 16. Allensbacher Jahrbuch VIII, S. 682.

をもっていること、この傾向は六〇年代になって相対的に弱まったが、七〇年代後半からふたたび強まっていることが理解できよう。六〇年代と七〇年代後半以降の傾向にかんしてはのちに分析するとして、「経済の奇蹟」とよばれた復興期の五〇年代における西ドイツ人の未来観を考察してみよう。

この時期に過半数以上の市民が未来を悲観的に予測していたが、その原因として五三年の調査ではそのほぼ七割が経済状況の悪化、国際関係の緊張、近代化の進展のいずれかをあげ[1]、五五年の調査では三分の一の国民が「困難が突然やってくる」ことを恐れていた[2]。五四年における調査では、「金銭面での不安」や「仕事、職場、失業に関する不安」などとならんで、「最大の不安と困難」として五%ほどの市民から「戦争の不安」と「不確かな未来への不安」があげられている[3]。このような数字には「外部」によってくり返し運命を翻弄されてきた歴史的な経験が反映されているといえよう。

この当時、戦争の記憶はまだ生々しかった。「ここ一カ月に見た夢」を尋ねる五六年の調査によれば、日常生活にかんする夢とならんで、「新たな戦争」や「空襲」、「戦争捕虜」、

「避難」、「前線での射撃・砲撃」の悪夢もしばしば登場していたのである[4]。そして冷戦の最前線にあった当時のドイツでは、その悪夢の一つである「第三次世界大戦」の可能性が多くの市民にとって現実味を帯びていた。数値は国際情勢によって大きく変動しているが、五一年に約三割、五二年に二割の市民が三年以内に「第三次世界大戦」が「起こりうる」と予測し、五四年九月には四割が、五六年一一月には半数以上が新たな世界大戦の勃発に不安を感じていたのである[5]。

こうして、かつての「外部」経験といまの「外部」危機が、これからの「外部」に対する不安を掻き立てた。そしてこの不安感[6]は、不確定な未来の追及よりも、失われた過去の「復興」をめざすと同時に、「復興」された現在を保守し、それを危険にさらしかねない革新や実験、不確実性や偶然性を回避しようとする「安定」志向をもたらしたのである。社会・経済的安定を危険に陥らせないかぎりで政治的安定が求められたが、その領域に積極的に参加する意志は希薄であり、「外部」をもたらしかねない公的な領域から距離を取って、私的生活へ退去する「個人主義化」が促されたのである[7]。この志向性によって生み出された時間／空間が、必然性に支配された非歴史的な不変のハイマートであり、公的な領域から隔てられた重厚な安定した居住空間であり、自然とハイマートの要素を取り入れた都市空間であったといえよう。では、このような時間／空間のなかでどのように「戦後」は克服されていったのであろうか。

運命を翻弄した敗戦、占領、社会・経済混乱などの「外部」が存続した偶然性の状態を「戦後」とよぶことができるならば、弄ばれた運命をふたたび自ら決定することができる必然性の獲得を「戦後の克服」とみなすことができよう。もちろんこの「外部」の重荷は国民全員に平等に配分されていたわけではなかったが、その克服の難度もまた平等ではなかった。

五四年における家族生活調査[8]によれば、避難民（八四％）も地元民（八一％）も戦時期と終戦後に「非常に困難な時代」を体験し、前者の避難・追放と後者の爆撃攻撃や疎開は同程度に深くそれぞれの記憶に刻み込まれている。しかしその影響を受けつづけている者の割合で両者は大きく異なり、避難民は四分の三に及んでいるのに対して、地元民は半数にとどまっている。この影響をもっとも重々しく背負いつづけているのは、子供を抱えた未亡人であるという[9]。この調査で示されているのは、「戦後」を克服できた者と、できない者――言い換えれば、「戦後」を終結できた者と、できていない者――のあいだの「戦後格差」であるといえよう。

もっとも、類似した体験者のあいだにも「戦後格差」は生じていたようである。M・v・エンゲルハルトが被追放者とすでに死亡したその親世代の状況にかんして九〇年代前半に行った聞き取り調査[10]によれば、被追放者の新天地での状況は、ハイマートの場所、避難した時点、ハイマート喪失の形態（避難か、追放か）、受け入れ地における居住形態（たとえば親戚宅か、臨時収容所か）、避難・追放前に獲得された教育水準、体験時におけるライフコース上の位置などによって大きく異なったという。たとえば、初期段階に避難したためにある程度の財産を受け入れ地に持ち込むことができ、「第二の故郷」としてその社会に適合し、「経済の奇蹟」の恩恵を享受することで「戦後」を克服できた若い避難民と、人生の大半を過ごしたハイマートと同時に全財産も失い、収容所に入れられて、社会から孤立し、激しい怨恨と望郷の念を抱きながら余生を過ごし、「戦後」を克服できぬまま「異郷」の地に永眠した高齢の被追放者とでは、まったく異なる「戦後」が体験されたといえよう。また、同じ若年層であっても、避難・追放と困窮期の前後に職業教育を受けることができた年齢層と、その時期に家族を支えるため、職業教育を受けずに職業生活に入った年齢層のあいだにも大きな「戦後格差」があった。

七〇年代末に五五歳から六五歳までの男性を聞き取り調査したA・レーマンの調査は、腰を据えることができる職場を得たと同時に、定着できる住居を見出したときにはじめて、「戦後」の最終的な終結が彼らから実感されたと指摘している[11]。公的な記憶においてはよく、四八年の通貨改革が「戦後」の終わりを告げる歴史的事件として引き合いに出されるが、その出来事の意義は彼らの記憶のなかでぼやけているという[12]。つまり、多くの国民にとって新通貨の獲得よりも、満足できる居住空間の獲得が「戦後の克服」にとって重要な意味をもっていたといえよう。

このことは被追放者にとくに当てはまる[13]が、地元民と被追放者のあいだの「戦後格差」はこの居住領域においてもっとも明確に現れていたようである。先の五四年の家族調査によれば、屋根裏住居あるいは地下住居に生活する被追放者の割合は地元民の二倍であり、賃借り率と又借り率はほぼ三倍であった[14]。表3

表３-１　「戦後格差」

（単位：％）

	一般児童	避難民児童
父親が死亡	9.8	11.4
父親が行方不明	3.8	8.3
母親が死亡	2.1	3.1
母親が家庭外で仕事	6.3	9.5
焼け出された	31.4	22.0
１部屋住居生活	8.8	26.2
仮設住宅に宿営している	18.3	42.2
学校の宿題をすることができない	8.7	19.0
通学前に朝食をとっていない	8.7	11.0
単独でベッドに寝ていない	29.2	39.7
十分に下着がない	85.6	89.9
上級官吏・サラリーマン、自由業など最上層に帰属する父親の割合の増減	−1.6	−6.1
不熟練労働者など最下層に帰属する父親の割合の増減	+7.9	+10.8

出所：Karl Kuvz, Lebensverhältnisse der Nachkriegsjugend, Bremeu, 1949. より作成。

－1は四七年にブレーメンの学童調査の結果のいくつかをまとめたものであるが、復興へ向かうスタートラインで被追放者が大きなハンディを、とくに居住領域で負っていたことが理解できるだろう。

M・ヤノヴィッツは三九年と五五年のあいだに生じた社会階層の世代内と世代間のモビリティを調査したが、被追放者と避難民の社会的下降が地元民と比較して著しく高いことを明らかにしている。すなわち、一世代内における地元民の社会的下降率が七・四％であるのに対して、被追放と避難民のそれは二三・九％と二一・七％、世代間においてその数字は一七・〇％に対して三二・二％と二五・四％となっている[15]。K・M・ボルテもこのような「戦後格差」の数字を引き出しているが、彼は年長者と若年者に分けて、「戦後格差」のなかの年齢格差も分析している。この研究によれば、三九年から四六年のあいだに年長避難民の二七・八％、若年避難民の二二・八％が社会的に下降し、失業率は前者が一四・〇％、後者が五・四％であった。しかし四六年から五三年のあいだに両者とも失業率はほぼ二倍に上昇しているものの、若年避難民の二一・八％が上昇に成功している（年長避難民では一三・六％）のである[16]。

先に示したバウメルトの研究では、五〇年代前半の下層の家族において子供に教育の投資を惜しまず、次世代に社会的上昇の夢を託す傾向があらわれていることが指摘されているが[17]、同時期に行われた子供の職業教育にかんする調査[18]は、その実体をもっと明確に示している。戦争と戦後の体験の重荷をもっとも背負いつづけているとされた母子家庭を対象とするこの研究では、母親が娘の職業教育と職業選択において上昇志向を抱き、現実にも娘たちの多くがその母親の社会的地位よりも上昇していることが具体的な数字とともに指摘され、「すぐに収入を得ることを犠牲にしてさえも、きちんとした職業教育を娘に可能にするように努力したことは明白である。こうして家族の平均以上に多くの娘が熟練された職業教育を開始し、職業教育および職業活動を放棄していない」と結論づけられている。

同様のことは被追放者にかんしてもいえる。青少年の被追放者を調査したK・V・ミュラーは、地元民と被追放者の学童の成績を比較し、教育環境における大きなハンディを抱えながら、被追放者学童の成績が地元民のそれと同等であるか、それよりも優れていることを実証している。彼の分析によれば、その原因はこれらの学童の天賦の才能にあるのではなく、少なくとも子供において地元民と同等以上の職業上の地位を求めようとする意志にあったという。[19]社会下層と社会的下降者にとって、私有財産とは異なり、「外部」によって奪われることのない教育と資格が、「戦後格差」を解消し、「戦後」を乗り越える長期的な戦略であったといえるだろう。先に示したエンゲルハルトの九〇年代初期の調査研究によれば、実際にこの「教育」によって多くの避難民の子女の多数が親よりも高い教育水準に到達している。[20]

「平準化された中間層社会」と国民形成

「外部」によってもたらされた「社会的下降」と「戦後格差」、そして下層と「下降者」の上昇志向という復興期のこのような現象を分析し、その歴史的意義を強調する社会学者がこの当時に提唱したテーゼが、復興期の社会を特徴づけるためにその後も頻繁に引用されることになった。H・シェルスキーの「平準化された中間層社会」(Nivellierte Mittelstandsgesellschaft)[21]である。このテーゼによれば、個人・集団的な上昇によって労働者の階級的性格が解体していった一方で、第二次世界大戦とその結果は市民階級も含む広範な人々に社会的下降をもたらし、こうして社会は相対的に均質的な社会層へと「平準化」していったという。シェルスキーにとって被追放者の家族は、この歴史的過程を体現する「プロトタイプ」であり、そのような社会の典型的な担い手である。その社会的下降の体験によって被追放者家族は、自立した堅固な家族関係を形成し、政治的手段による集団―階級的な上昇ではなく、子供の教育を含む個人主義的な社会的再上昇の試みにエネルギーを注ぐことによって、近代的な「中間層社会」の担い手になったと彼から評価されている。(22)

もちろんこのテーゼの歴史的な妥当性は問われなければならない。歴史的に見て一九五〇年代は第二次産業部門の人口割合がもっとも増加した時代だったのであり、産業構造上においてその社会は古典的な工業社会であった。(23)また五〇年代末においても、自己の社会的身分を「中間層」（Mittelstand）として分類しているものは、自営業者や公務員、サラリーマンなどの一部に限定され、全人口のほぼ二割にすぎなかった。たしかに労働者は社会的地位が上昇するにつれて自らを「中間層」に位置づける傾向があったが、半・非熟練労働者だけではなく、専門労働者も六割以上が自身を「労働者」（Arbeiter）に分類し、全人口の四割近くが「労働者」を自称していたのである。(24)したがって「中間層社会」は社会的現実を反映した概念ではなかったといえよう。むしろ私たちは、このテーゼのイデオロギー性を問わなければならない。

そもそも「中間層＝中間身分」（Mittelstand）は、「中間階層」（Mittelschicht）や「中間階級」（Mittelklasse）のようなヒエラルヒー構造を分類する経済学的なカテゴリーとは異なり、生活様式やメンタリティ、価値観などの社会的要素が強く加味された文化的なカテゴリーでもあり、「市民的な生活の一定の維持、『身分相応』の生計の理念にしたがった経済所得、政治的な保守主義、社会的安全の強い探求など[25]」の価値観念と結びついていた。つまり、経済学的な階層・階級をこえて一定の人間集団を包含・統合、あるいは排除することが可能な社会・政治的な概念でもある。ここで、前章を振り返り、「プロレタリアート」や「社会的脱落者」のような問題集団を統合しようとする反都市的なハイマートが農村・中間層社会の現実と理念に基づいて観念されていたこと、居間の嗜好性において上流ブルジョア的形態と前衛的な都市的形態が忌み嫌われ、「小中間層《プチ》」にもっとも典型的であるとみなされていた形態にもっとも共感が寄せられていたことを思い出していただきたい。都市空間にかんしては、プロレタリアート国家の「スターリン大通り」プロジェクトに対抗して構想されたハンザ地区の復興計画と建築博覧会によせて公表したベルリン建築大臣の言葉を引用しておこう――「労働者は小ブルであり、大ブルジョアはとっくの昔にブルジョアになっている――階級なき中間の社会が生成している[26]。」したがって私たちは、シェルスキーのテーゼが復興期における時間／空間の形成と同じ地平上で展開されていたことを確認できよう。

先に示したように、終戦後には「外部」がもたらした様々な社会的問題集団が残存し、「戦後格差」のために異なる「戦後」が混在していたが、シェルスキーのテーゼは、この分裂した大衆から統一された国民を形成するというナショナルな歴史的脈絡において理解されなければならない。「中間層＝中間身分」に由来する理念に基づいて社会的問題集団を包含・統合し、共産主義に共感する政治的なプロレタリアートを排除することによって、広範な国民の基盤を築き上げることがこのテーゼに内包されていたのである。しかもこのテーゼでは、戦災や被追放といった「外部」による苦悩の体験は歴史的偶然性において理解されることもなければ、その歴史的責任が問われることもない。むしろ、社会構造の「平準化」とそれに基づく新たな国民形成という「目的」へ――あたかも「理性の狡知」（ヘーゲル）が働いたかのように――向かう必然的な歴史的過程のなかでその悲劇は運命論的に正当化され、受難者はその歴史的過程の主体として評価されている。ここには、復興という国民的プロジェクトへの貢献を讃えることによって、現実において重々しくのしかかっていた「戦後格差」を理念上において解消しようとする戦略が隠されている。そして実際に、「戦後」を克服していく個人的な過程は西ドイツの復興と「経済の奇蹟」というナショナルな成功物語と重なり合うなかで語られ、終戦後の国民間の対立、たとえば地元民による被追放者への差別的処遇などは、忘れ去られていったのである。[27] シェルスキーのテーゼは、国民形成のための実に巧妙なイデオロギー的な歴史解釈であり、影響力の大きい「日々の国民闘争」であったといえよう。

「褐色」の過去と国民形成

一九四九年九月二〇日に行われた所信表明演説[28]でアデナウアー首相は「ナチス時代と戦時中に行われた犯罪に本当に責任・罪のある者」と「政治的に非の打ちどころのない者」と「そうではない者」とに西ドイツ国民を区分する三分法をやめて、「本当に責任・罪のある者」とそれ以外の者とに国民を区分することを提唱し、少数者の前者を「非国民」として排除して、後者から新しい国民共同体を形成しようとした。この共同体が「戦後」を克服するための政治的な国民共同体とすれば、「中間層社会」はその社会的な国民共同体といえよう。しかし、その共同体を形成してきた時間／空間は、まさに「そうではない者（＝政治的に非の打ちどころがないとはいえない者）」によっても形成され、担われてきたのである。

ハイマート・ソングを含む終戦後の流行歌の原型がナチ時代に作られていたことは指摘したが、ハイマート映画も「政治的に非の打ちどころがない」とは決していえない過去を背負っていた(29)。この映画はすでにナチス時代から制作されており、その監督の多くが戦後にも活躍の舞台を難なく得ただけではなく、戦後のハイマート映画の多くがナチス期の映画のリメイク版だった。H・デッペがその代表的監督であるが、戦後最大のヒット作となった彼の『シュヴァルツヴァルトの娘』と『原野は緑』も、実はそのようなリメイク版だったのである。また、もっとも人気のあった居住形態もナチズムの担い手であった中間層に典型的なものであった。しかし、このようなナチ時代との精神的・人的な連続性は都市計画の領域においてもっとも明確に指摘できる。

すでに示唆したように、「都市ラントシャフト」や「区分・構成され、弛緩された都市」はナチス期に練り上げられた構想だったが、そのきっかけを与えたのはナチス・ドイツ軍の東方侵攻と連合軍によるドイツ都市への空襲であった。前者は占領地に新たな都市を建設することを可能にし、後者は旧来の都市構造を旧弊もろとも解体したために、建築家と都市計画者には自らの理想を実現する千載一遇の機会が到来したのである。たとえば、「都市ラントシャフト」にかんする綱領的な手引書を四八年に上梓したライヒョーは「これまでの帝国と新しいドイツ東部における都市計画のための原理」と題する四一年の論文(30)のなかで、「東部における私たちの国土開発計画と都市計画の課題のための新しい方針」を示している。その論考によれば、中世における「ドイツ東方植民の最後の偉大な時代」

においては共同体文化の基礎として「生の統一」を理想的な形で保持することができたが、それは「機械の時代」の技術・経済的な考慮を通して失われてしまった。この統一を「新しい世界観と政治の方針を基礎にしてふたたび獲得する」ことは「私たちの義務」であり、それに奉仕する組織理念が「都市ラントシャフト」である。そして、「間近に迫っている新しいドイツ東部の植民地化の時代が、私たちの民族の生においてこれからもずっと重要でありつづける運命にある」のならば、この義務と理念はこの東部にも認められるのだという。

このようにライヒョーは、ナチズムの政治組織と植民地化政策に合致する形で都市計画の理念を展開する一方で、空襲で破壊された都市の瓦礫と廃墟のなかにもそのヴィジョンをもちこんだ。四三年にA・シュペーアは空襲被害を受けた都市を復興させる都市計画を開始し、「復興計画作業幹部」を結成したが、ハンブルクに責任をもつその一員であったK・グッチョーの協力者として、ライヒョーはこの国家プロジェクトにかかわっていたのである。しかし彼は例外的存在ではなく、『区分・構成され、弛緩された都市』の著者やハンザ地区計画の責任者も含めて、戦後の復興計画とその理念にかかわっていた大半の建築家と都市計画者もまた、ナチス期にキャリアを積んでいた。そして、終戦後にこの「褐色」のキャリアが問題とされることはなく、彼らが「零時」の境目をこえて打ち出した都市計画の理念は「戦後の克服」のために受け入れられたのである。(31)

シェルスキーもまた、ナチ党に入党して「第三帝国」でキャリアを積んでいただけではなく、ナチスの権力掌握以前からSAとナチス学生団に加入して政治活動を行っていたという看過しがたい経歴を背負っていた。このような背景を知れば、「平準化された中間層社会」がナチ民族概念を「非ナチ化」した概念であると看破したG・シェーファーのように、このテーゼの褐色性を見抜くことは困難ではない[32]。

しかしドイツ市民の大半もまた、入党、熱狂的支持、投票、集会参加から、経済的恩恵の享受、体制とその犯罪の暗黙の支持、黙認にいたるまで、濃淡の差はあれ「褐色」の過去をもっていた。そして、A・ミッチャーリヒらが主張する「ナチズムの過去の心理的抑圧・否定」のテーゼとは異なり、「褐色」の映画制作者や都市計画者、社会学者だけではなく、この「民族の多数」もまた、その過去を抑圧してもいなければ、否定も、忘却もしていなかった。保守的立場から核心をついたH・リュッペの概念を用いるならば、むしろそこでは「コミュニケーション的沈黙」が行使されていたといえよう。つまり、西ドイツの国家と社会は、ナチズムの否定を基本的な理念としていたにもかかわらず、国民の多数がその理念を支持・黙認していたという矛盾を抱えていた。そのためこの国家と社会がナチズムの過去を饒舌に語ることは、その広範な基盤を構成していた「多数」と敵対することを意味した。したがって、この過去を公的なテーマとして扱うことに控えめな態度は「その過去の主体を民主的な国家に統合することを試みる」機能を果たしたのだとリュッペはいう[33]。

このような議論は過去の「沈黙」を民主的な行為とみなす弁明的な性格を有するが、国民形成の視点から捉え直すならば、この「沈黙」が「民族の多数」から西ドイツ国民を形成していくためにとられた「日々の国民闘争」の戦術であり、五〇年代における国民形成の前提であったことをリュッペの議論は明らかにしてくれる。そして復興期に形成された時間／空間は、かつての「民族の多数」が政治・社会的な責任も問われず、良心の呵責も感じることなく、居心地よく《ゲミュートリッヒ》「国民」でありえた時間／

空間であった。歴史的な過程と変化を免れているがゆえに「過去」の痕跡をもたない非歴史的で、反都市的で、自然主義的なハイマートでは、ナチスがかつて強制収容所に送り込んだユダヤ人やロマ、同性愛者のような都市的存在は「不自然」な「他者」でありつづけ、その共同体から排除された。

ナチズムの人種主義はユダヤ人・ユダヤ教とドイツのナショナリティ・市民権との結びつきを切断したが、武井彩佳(34)が詳述しているように、第三帝国の崩壊ののちに生き残った「ドイツ系ユダヤ人」あるいは「ユダヤ系ドイツ人」も迫害と大量殺戮ののちに自らを「ドイツ」から切り離された民族集団として自覚していった。ホロコースト以後にドイツ人はドイツ系ユダヤ人との接触の機会を失ったが、生存した東欧系ユダヤ人がドイツ国内に流入し、この人々が営む闇市がドイツ人にとって唯一ユダヤ人と接触する機会となった。こうしてユダヤ人とドイツ人双方にとって「ユダヤ」と「ドイツ」は切断されつづけ、ユダヤ人が西ドイツ共同体の構成員となることはなかったのである。しかも、五一年のアメリカ軍の調査によれば、西ドイツ人はユダヤ人を援助が受けられるべき「犠牲者」のリストの下位に位置づけていた。「未亡人・孤児」、「爆撃被害者」、「避難民・被追放者」に九割以上が、「七月二〇日事件への関与で処刑された者の家族」に七三％が援助を受けるべき集団としてリストアップしていたのに対し、「第三帝国と戦争で被害を受けたユダヤ人」にかんしてその数字は六八％にとどまったのである(35)。

表3－2は、ユダヤ人を「他者」として西ドイツの「犠牲者共同体」から排除しようとする傾向を如実にあらわしているだろう。五〇年代半ばまで、ユダヤ人がドイツにいてほしくないと思う西ドイツ人は「未決定」者を除けば過半数をこえていたのである。たしかに時が経つにつれてその数は減少

表3-2　「この国にユダヤ人がいないほうが（ドイツにとって）よいといえますか」

（単位：%）

	1952年	1956年	1958年	1961年	1962年	1963年	1965年
よ　い	37	26	22	16	14	18	19
いいえ	19	24	38	43	49	40	34
未決定	44	50	40	41	37	42	47

出所：Werner Bergmann, Antisemitismus in öffentlichen Konflikten. Kollektives Lernen in der politischen Kultur der Bundesrepublik 1949-1989, Frankfurt am Main, 1997, S. 189.

しているが、この問題にかんする「未決定」の割合の異常な高さは、道徳的水準の高まりによって「よい」と断言できなくなった建前と個人的には変わることのない本音のあいだの葛藤の表現とみなすことができる。この観点でも「犠牲者共同体」はナチス時代を重々しく引きずっていたのであるが(36)、ハイマートはまさに「ユダヤ人がいない（judenfrei）」時間／空間だったのである。そしてこれらの犠牲者の絶滅ではなく、自らのハイマートの消失を嘆いていたF・クヴィンの自己憐憫のハイマート・ソングに人々は共感した。

　このハイマート的な要素は居住空間や都市空間にも取り入れられたが、ライヒヨーの議論に明確にあらわれているように、有機的に構想・構成されたこの復興の空間でも生物学的な人種主義の要素が残存し(37)、「都市ラントシャフト」のなかの「異物」は取り除かれる傾向にあった。かつてはユダヤ人が多く居住していたハンザ地区が過去の痕跡をまったく消し去ったように、ポグロムと空襲によって破壊されたベルリンのシナゴーグの多くも同じような運命をたどっている(38)。空襲で激しい損傷を受けたレフェツォー通りのシナゴーグは五六年に残りの建造物が爆破・撤去されて、遊び場となり、ルッツォー通りのシナゴーグの場所には五〇年代中葉に事務所が建ち、プリンツレーゲンテン通りのシナゴーグは五八年に撤去され、一般盲人協会の住宅に生まれかわった。ファザーネン通りのシナゴーグも五八年までに撤去されたが、ここでは例外的に小規模のユダヤ教区館に全面改築され、内庭に記念碑の壁が設置された。しかし、バイエルン地区のミュンヘン通りのシナゴーグは、ポグロムと戦争で大きな被害を受けず、終戦後に再建が試みられたにもかかわらず、五六年に撤去され、その跡地は運動場として利用された。最後の事例のように存続可能であったシナゴーグまでもが撤去され、その跡地は都市計画の構成要素として利用されて、その過去の痕跡は消し去られたのである。

以上のことから復興期における「過去」の沈黙と抑圧にはその独自の時間/空間が背後に潜んでいたことが理解できよう。そして六〇年代に近づいていくにしたがって、可動性、流動性、軽量性、機能性、合理性などを特色とする居住形態に対する共感の増加が暗示しているように、新たな時間/空間が形成され、同時に「過去の克服」の課題も重視されるようになった。それは新たな西ドイツ国民の形成を意味していたが、その詳しい分析は次章以降に譲ることにして、復興期に形成された国民が植民地主義的性格をもつものであったことを、「遅れている」他者としてのロシア人観を分析しながら、次節で検討してみよう。

2　植民地主義的国民形成――遅れている他者

ナチズムと植民地主義

西ドイツ国家が第三帝国の否定を根拠にした反ナチ国家だけではなく、東ドイツに対抗した反共国家としても建国され、したがって「ナチス時代と戦時中に行われた犯罪に本当に責任・罪のある者」(アデナウアーの所信表明)だけではなく、共産主義者も――ナチスと同様の全体主義者として――この国家の「構成的外部」として設定されたことは、五三年に東ドイツで起きた反ソ蜂起の日が「ドイツ統一の日」として設定され、五六年に共産党が禁止されたことから容易に理解できよう。この国家は共産主義者を排除しながら、「政治的に非の打ちどころのない者」とはいえない褐色の経歴をもった人々も「コミュニケーション的沈黙」で保護しながら政治的共同体に引き入れ、ハイマートをモデルとする社会的共同体を構成していった。この反共主義のゆえに、この国民共同体が自己の確立のためにもっとも重視した「構成的外部」は「ロシア人」であった。そしてこの「他者」の形成はこの共同体の植民主義的性格を浮き彫りにしていったのである。

さて、A・F・D・セゼールは、ナチスのヨーロッパ支配を歴史的犯罪として記憶しながら、アジアとアフリカの植民地支配の犯罪を忘却しようとする西欧人を次のように糾弾した。

彼(=優雅にして人道主義的かつ篤信家の二〇世紀のブルジョア――引用者)がヒトラーを罵倒するのは筋が通らない。結局のところ、彼が赦さないのは、ヒトラーの犯した罪自体、つまり人間に対する罪、人間に対する辱めそれ自体ではなく、白人に対する罪、白人に対する辱めなのであり、それまでアルジェリアのアラブ人、インドの苦力、アフリカのニグロにしか使われなかった植民地主義的なやり方をヨーロッパに適用したことなのである。(39)

ヨーロッパ中心主義的な歴史認識に対するこの発言は、西欧戦後体制のタブーに向けられた挑発でもあるといえよう。なぜなら、ナチズムと植民地主義の歴史的連続性を認めるならば、道義的にもナチス・ドイツに勝利したはずの戦勝国は自らの過去および現在をナチ的であると認めざるをえないからである。ナチズムの否定と西側統合に戦後体制の正当性を求めた西ドイツにとっても、セゼールの言葉は挑発的に響かざるをえない。大半の西欧諸国が実行していた植民地主義をナチスはヨーロッパに適応しただけだとすれば、ナチズムの犯罪だけでなく、西欧的な価値理念そのものも相対化されることになるからである。冷戦下の西欧国家にとって、ナチズムは植民地主義ではなく、共産主義と類似していなければならなかった。

しかし、植民地主義とナチズムとのあいだに構造的な類似性を見いだすことは困難ではない。植民地の経済的収奪、「開拓」と「文明化」を名目とした被植民者の政治・経済・精神・文化・心理的収奪、人種主義に基づく植民者と被植民者の人的・空間的区分および被植民者の権利剥奪と強制移住、性差別主義に基づく被植民者の表象と性的接触の制限、そして大量虐殺あるいはジェノサイド――いずれもがすでに植民地支配のなかで実践されていたことであり、ナチス・ドイツはこれらのことを国家的な規模で実践し、人種的に劣等とみなした民族集団を「工業的」に殺戮した。それゆえにナチズムの犯罪は歴史上「唯一無二」と評価されているわけだが、この歴史的評価はナチズムの犯罪の相対化に抗すると同時に、植民地主義とナチズムの歴史的連続性を否定する言説であるといえよう。

この連続性の問題を考える場合に、この「唯一無二」の歴史的犯罪がヨーロッパ全体であまねく実行されたのではなく、おもに東欧世界を舞台にして、東欧の民族に対して行われたという歴史的事実に着目しなければならない。周知のように絶滅収容所や大規模なゲットーの大半が東欧世界に建設されただけではなく、絶滅政策で殺害されたユダヤ人の大多数が東欧系ユダヤ人――国別の犠牲者は概数でポーランドが三〇〇万人、ソ連が七〇万人であるのに対して、ドイツが一二万人、オランダが一〇万人、フランスが七万五〇〇〇人[40]――であった。また、西側連合国に対するドイツ軍の軍事行動は国際法の規定の枠組みを大きく逸脱するものではなかったが、東部戦線ではドイツ軍は東欧世界の征服をもくろみ、その軍事行動は残虐を極めた。その顕著な例が、一九四一年九月から四四年一月までの九〇〇日間にわたって住民の餓死を目的にくり広げられたレニングラード包囲作戦である。この軍事作戦によって、ソ連の算定で六三万二〇〇〇人、西側の算定では一〇〇万人以上が死亡したとされている[41]。そのため、ヨーロッパにおける第二次世界大戦の死亡者、とくに市民犠牲者の数は桁違いに東欧世界に偏っている。

赤軍の戦争捕虜に対してもドイツ軍はきわめて残虐であった。ドイツ軍による西側兵士の捕虜の扱いはジュネーヴ協定の規則を遵守していたが、「政治委員殺害命令」によって捕虜になった数万人の共産党委員が即座に殺害されただけでなく、赤軍捕虜の総数五七〇万人の約六割（三三〇万人）が劣悪な居住条件のもとで栄養失調および飢餓によって死亡し、あるいは直接的に殺害されたのである。ドイツにおける英米兵捕虜の死亡者はこの捕虜数全体の三・五％に当たる八三四八人であるが、ドイツ占領下のポーランドでは四一年一〇月の九日間だけでその五倍以上の赤軍捕虜が死亡している[42]。

ナチス・ドイツの軍事行動に見られるこのような東西の格差は、ドイツ国内で労働を科せられた外国人労働者に対する扱いにおいても見出される。四四年の秋に七七〇万人の外国人労働者がドイツに投入され、ドイツ経済の従業員の四分の一以上を占めたが、最大の集団は二一〇万人のソ連出身者であり、その半数が女性、約三割が捕虜であった。この労働者はドイツ人を頂点とする人種的なヒエラルヒーに編入されたが、最大集団のソ連出身者がその最下層に位置づけられ、住宅・生活環境、労働条件と賃金、監視と処罰などにおいて西欧人とは明らかに異なる扱いを受けていた(43)。U・ヘルベルトの検閲書簡の分析(44)によれば、当時の西欧の労働者はたしかに屈辱や被差別の感情を抱いていたが、賃金と労働時間でドイツ人労働者と同等の扱いを受け、食糧事情や長期休暇禁止、収容所員の不法行為などに対する不平も戦前のドイツ人労働者のものとほぼ同じ形態と内容であった。しかしソ連出身の労働者の書簡には、長時間労働、劣悪な労働条件や食糧事情、医療環境、有刺鉄線と鉄格子の窓に象徴される居住環境、自由時間の制限や外出禁止のような生命と基本的な自由にかかわる苦情だけでなく、「犬」や「ロシア豚」といった罵言、子供による投石、家主や上役、警察による殴打といった奴隷的扱いに対する憤激も述べられている。また、アメリカ軍の諜報部兵として従軍し、ドイツ人の心理状況を調査したパドーファーは、男手を失ったドイツ人農家で働いていたスラヴ人とフランス人の扱いにかんして「前者の扱いはよくなかったが、フランス人はドイツ女性からよく気に入られていた。厳罰を覚悟しなければならなかったにもかかわらず、性的な接触はありふれたことだった」と報告している。彼によれば、文字通り「奴隷労働」に服した東欧人はサボタージュや抵抗運動を展開したが、フランス人にはそのような行動はほとんど見られなかったという(45)。

植民地主義の本質が西の「文明」世界による東と南の「野蛮・未開」世界の征服と支配、その正当化のための知的・文化的実践にあるとすれば、ナチズムの植民地主義的な性格が東欧世界においてもっとも明確かつ残虐的にあらわれていたとしても、それは偶然ではない。

戦中・終戦時のロシア人体験

では、戦中戦後におけるドイツ人のロシア人体験を見てみよう。第二次世界大戦でナチス・ドイツがモスクワに向かって進軍していくことによって、多くのドイツ兵士が東方の世界を体験することになった。そこで彼らが見たものは、「貧困」と「専制政治」がはびこる「非文明的」な世界であり、そこで体験したノミとシラミはその世界を象徴していた。[46] その世界は兵士の書簡で四一年に次のように表現されている。

文化もなければ、パラダイスもない。よい街路を私たちは見かけたし、風景も悪くないが、その他といえば、どん底、汚物、そしてここを植民地化することが私たち課題になることを示しているような人間たちだ。[47]

人間になるために長く、よき訓練を必要としているのがこの民族だ。ロシア人の性格と本性は近代のものというよりも、むしろずっと中世に属している。[48]

多くの兵士たちにとってロシアとロシア人はプリミティヴな存在であり、この体験を通して彼らは自らの先進性と西欧人との共通性を確認することになる。たとえば、フランス占領を経験したドイツ兵はロシア体験を通して「フランスでは私たちとかなり同じ発展段階と文化水準にある民族とかかわっていた」(49)ことを認識している。しかし、開戦当初の書簡には人種主義に基づいたロシア人への敵愾心は見出されず、むしろ優越感に基づく同情心が次のように表現されている。(50)

ここではとんでもなく悲惨な状況が支配し、人々は二〇年以上にもわたってほとんど考えられないような抑圧のもとに置かれていた。この民族が経験しているような悲惨と苦悩を経験するなら死んだほうがましだと私たち全員が思っている。(51)

ナチスのプロパガンダもこの当時は人種主義的なスローガンを回避していた。対ソ戦争は、ボルシェヴィズムの「ペスト」の予防、この支配からのロシア民族の解放によって正当化されていたからである。もっとも、ロシア人に敵愾心も共感も抱いていなかったドイツ兵がこのような正当化に同意していたとはいいがたいが、このような状況は、ドイツ軍が敗退を重ね、赤軍がベルリンに向かって進軍し始めると転換し始めた。ナチスのプロパガンダは人種主義的なスローガンを用いるようになり、対ソ戦の士気を高めるために「アジア的集団」の野蛮・残虐性を強調していった一方で、(52)ここにいたって一般兵士も対ソ戦争の意味を明確に意識していったのである。赤軍兵によるレイプを目撃したあるドイツ兵は四四年八月に次のような書簡を送っている。

ロシア人は、私たちがもはや連れ去ることができなかった女性たちをレイプし、そのあと陰険にも機関銃で射殺した。ほらな、ヒルデ、私たちが前線に立ち、戦っているのは、そのためだったのだよ。こんなことは故郷で起こってはならない。懇願と救いを求める女と子供の叫びが夜に恐ろしく響いている。(53)

実際に、赤軍がドイツ領土を占領するなかで、約二〇〇万人のドイツ女性がレイプの辱めを受けた。(54) 赤軍のこのようなレイプや、腕時計のような貴重品の略奪を通して、ドイツ兵だけでなく、ドイツ市民もナチスのプロパガンダの「正しさ」を確認してしまったのである。バーバラ・Wは四五年四月の日記に次のように記している。

Gさんのところで砂糖を入手する途中で二人がやってきて、私を家の入り口の中に連れて行った。倒され、スカートを捲り上げられた。気分のいいことではなかったが、まあ、予期していたことだった。(55)

もっとも、この「予期」はナチスのプロパガンダだけに由来していたわけではなかった。ユダヤ人の絶滅政策とは異なり、対ソ戦におけるドイツ軍の残虐行為は帰還した兵士などによって広くドイツ国内に知れわたっていた。つまり、その軍事行為にかんしてドイツ人から同意を得られることをナチスは確信していたわけだが、そのため多くのドイツ人は報復を恐れ、プロパガンダで広められたロシア人の「野蛮・残虐性」は真実味を帯びてしまったのである。パドーファーによれば、ロシア人を

「未開」で、「野蛮」で、「卑劣」だと非難することで、当時のドイツ人は自分の不安と罪意識を振り払っていたのだという。(56)

赤軍によってベルリンは陥落し、ヒトラーは自殺した。そして、ドイツ帝国の東部領土は縮小され、そのドイツ住民と在外ドイツ系住民は、縮小されたドイツ国境内に強制移住させられた。戦時中の西方への避難とこの追放によって一〇〇万人以上のドイツ人が犠牲者となり、生き残った約一二〇〇万の「故郷被追放者」の大半が無一文からの生活を強いられたのである。戦勝四カ国による占領統治期にソ連は「ベルリン封鎖」を断行したが、これに対して西側戦勝国は大規模な空輸作戦を行った。ベルリン市民の頭上に爆弾を降り注いでいた西側連合国はいまやベルリン市民のために食料や燃料、日用品を運び届け、ナチス・ドイツの帝都ベルリンは「自由の最前線」となった。こうして、のちに分裂国家として建国された西ドイツは、ユダヤ人殺害に対して加害者の立場を取らざるをえなかったが、ロシアに対しては被害者を演じることができたのである。

エルベ川沿いにアジアがある。イギリスとフランスの指導下にある経済的・精神的に健全な西欧、ロシアに占領されなかったドイツの西側部分が属する西欧だけが、アジアの精神と権力の突進を押しとどめることができる。(57)

四六年にこのように述べていた政治家が、西ドイツ国家の初代首相に就任することになる。アデナウアーはこの地政学的理解をそののちも一貫して抱きつづけ、反共主義を国是とする国家の外交政策の基軸にすえていた。それは、彼が党首を務めるCDUがSPDを攻撃するために張り出された選挙ポスター（図3-2）にも表現されている。そこでは、ヨーロッパの地図をにらみつけ、手をヨーロッパ征服のために伸ばそうとしている赤軍兵士の姿が描き出されている。その兵士の容貌が示唆しているように、その世界は「アジア」であり、この「アジア」が「文明的」な西欧世界に襲いかかろうとしているのである。「ボルシェヴィズム」をユダヤ人と結びつけ、スラヴ民族の劣等性を強調する人種主義的な言説は消えたが、「アジア」概念を通して戦後にも東欧の「非文明」像は受け継がれていくことになる。(58)

図3-2　CDUの反ロシア選挙ポスター

出所：Hans Bohrmann, (Hg.), Politische Plakate, Dortmund, 1984, S. 450.

捕虜問題

この「アジア」的な「専制政治」のもとに戦後も取り残されたドイツ人がいた。捕虜となった旧ドイツ兵である。総数一一〇〇万人のドイツ人が第二次世界大戦で捕虜となり、その約三二〇万人がソ連で捕虜身分となり、そのうちの約四割の一二〇万人が捕虜期間中に死亡した。西側戦勝国におけるすべての捕虜は一九四八年までに送還されたが、ソ連では「戦争犯罪人」の判決を受けて旧ドイツ兵が拘留期間を引き延ばされ、四九年以降にも約六万人が労働収容所で生活をつづけたのである。[59] 東部戦線で行方不明となった兵士の家族と知人は、彼らが捕虜身分として生存していることに希望を託したため、その存在は当時の多くの西ドイツ人にとって切実な問題であった。五五年五月の段階でも、西ドイツ市民の二七％がロシア戦線で捕虜身分であるか、行方不明である「身内」を、さらに一五％がそのような「知人」をもっており、この四二％のうちの七割以上がその生存を確認できていなかったのである。[60]

「もう数年間も捕虜生活の厳しい運命に耐えているこの数百万人のドイツ人の悲運はとてつもなく痛々しく、ドイツにいるその身内の苦悩はあまりにも深いものである」と四九年の第一回連邦議会の所信表明演説[61]で述べたアデナウアーは、この問題を演説の「とくに深刻で、重要な章」として位置づけ、捕虜の解放と帰郷に尽力することを約束した。関係者団体も様々な取り組みを行い、政府の支援を受けて開催された移動展示会『私たちは警告する』には五三年に数万人が訪れている。この展示会のために作成されたポスターはその年に郵便切手（図3－3）にも転写されたが、二本の有刺鉄線の背後に坊主頭で描かれたその姿は、ドイツ強制収容所の囚人のシンボルそのものであった。

このようなシンボルの転用はグラビア大衆誌などでも展開された。『シュテルン』誌の五〇年二月一二日号には「有刺鉄線の背後の軍隊[62]」と題する記事が十数枚の写真とともに掲載され、「私たちの息子たち、兄弟たち、父親たち」が「国際法に違反し、人道のすべての法に反して、停戦からほぼ五年経った今日でも冷酷な敵によって捕らえられている」と訴えている。一枚目の写真には二体の「労働英雄像」が守衛する収容所の門が写し出され、その下には次の解説が添えられている。

図3-4　『シュテルン』誌の捕虜報道

出所：Stern vom 26.11.1950, S. 7.

図3-3　捕虜解放を求める郵便切手

出所：著者所有。

ソ連のこのプロパガンダを信じるなら、ソ連で捕虜として生きることは特典である。「ソヴィエト社会主義共和国連邦での労働は名誉と栄光のため」と収容所の門に刻まれているのだ。これは、「労働は自由にする」の文字が刻まれたナチ強制収容所の門と同じように、シニカルなサディズム行為である。

同誌の一一月二六日号に掲載された「労働し、くたばり、埋められる」[63]と題する記事では、その題名が「ソ連の戦争捕虜収容所での人生を表す逃げ道のないサイクルである」と説明されている。ソ連に協力した廉で帰国後に地方裁判所に立たされた「同志酷使者（Kameradenschinder）」、労働収容所で「苦役」に服す捕虜たち、「夜には凍てつくステップの風」の寒さに毛布をすっぽりかぶって机にうずくまる監禁処分者などの写真を目にしたあとに、この記事の読者は最終ページの二枚の写真でこの囚人たちの終着点を知ることになる。それは、衰えやつれた坊主頭の捕虜が机に

図3－5　ソ連捕虜下のドイツ人

出所：映画『スターリングラードの医師』より。

這いつくばりながらうつろな目で見つめる「不気味にも中世の死の舞踏の人物に似た」姿と、捕虜たちが「くたばった」同志を乗せた粗末な霊柩車を曳いて、「何十万」という「ロシアの墓丘」、「ロシアの森とステップのなかの墓丘」、「名もなき死者の墓丘」、「人間性を失った体制の犠牲となった人びとの祭壇」へと向かうわびしい光景（図3－4）である。

五五年にすべてのドイツ人捕虜がソ連から帰郷したが、その三年後に捕虜生活の世界を描いた映画『スターリングラードの医師』が公開された。詳しくは後ほど紹介するが、図3－5はそのワンシーンである。そこには、「アジア」の監視人に率いられて、有刺鉄線と監視塔に囲まれた収容所からドイツ人捕虜が強制労働に向かう姿が描き出されている。「強制収容所」もまた「アジア」の世界に属し、ユダヤ人やロシア人ではなく、いまやドイツ人がその犠牲者であった。

この犠牲者を表象する絵画（図3－6）も生み出された。それは、牧師の軍医であったK・ロイバーによって四二年のクリスマスにスターリングラードでロシア地図の裏に描かれ、そこから飛び立つ最後の飛行機で妻に送られたが、彼自身は戦場で死亡している。「帰還兵連盟」によって五〇年代にドイツ捕虜の運命にかんする移動展示会で披露され、「スターリングラードのマドンナ」の名で広く知れ渡ることになったこの絵画では、強制収容所のシンボルは転用されていない。聖母に抱かれた赤子の姿で描き出された捕虜たちの運命は、母国に抱かれることを待つ無力な「犠牲者」として表現されたのである(64)。

この捕虜たちを最終的な「解放」に導いたのが五五年九月におけるアデナウアーのモスクワ訪問であった。ソ連との国交を樹立し、捕虜一万人の解放の約束をソ連首脳部から取りつけたのちに帰国したアデナウアーは、この訪問の第一の課題であったドイツ統一問題では何の成果をあげることができなかったにもかかわらず、連邦議会議長や多くの市民から熱狂的な出迎えを受け、空港を離れたあとも道端の市民から歓声を浴びた。この歓迎劇のクライマックスを演じたのは、四三歳の息子をソ連に囚われていた一人の年老いた女性だった。彼女は空港で警察の封鎖をかいくぐり、帰国の挨拶をしていた首相に歩み寄り、その手を取って感謝の口づけをすることで、帰宅を待ちつづけた母親たちの声を

図3-6　「スターリングラードのマドンナ」
出所：著者撮影。

代弁したのである[65]。やらせ疑惑の声もあったが、このシーンは新聞報道やニュース映画を通じて全国に広まった。このときアデナウアーは「戦争捕虜の父」、そして「ドイツ人の父」になったのである。

この「功績」を西ドイツ人は長らく忘れなかった。訪問の九月に彼の政策の支持率は五九％に上り、二年後の連邦議会選挙で彼の率いる政党は西ドイツ史上唯一、単独過半数を獲得することになった。彼が死亡した翌月（六七年五月）に行われた世論調査[66]でもその「最大の功績」として「ドイツ人戦争捕虜のロシアからの帰郷」が最上位（複数回答可で七五％、六〇歳以上では八〇％）を占め、その地位は七五年一二月の世論調査[67]でも明け渡されていない。

この「功績」を西ドイツ人の記憶に深く刻み込んだのが、最後の捕虜がフリートラントの収容所に到着してくり広げられた再会のドラマであった。「五五年の帰郷者」と題し、「全ドイツの目がこの日、故郷への門が開かれたフリートラントに注がれた」という小見出しがつけられた『シュテルン』誌の五五年一〇月二三日号の記事はその様子を伝えた。再会を喜び抱き合う人々、帰郷した息子を見つめる母親、初めて見る一一歳の娘を抱きしめようとする父親といったドラマが、ここでは写真とともに感動的に紹介されている。贈られた花束を手にした帰郷者を市民が小奇麗なアパートの窓から見つめる写真（図3－7）には、「その都市の住民は大戦争の最後の兵士を花で歓迎している」とのコメントが添えられている。帰還兵を「最後の兵士」として表現するレトリックは、国境警備隊員の制服に身を包んだ戦友と再会した帰還兵の写真の説明にも用いられた。

二人はヒトラーの兵士だったのであり、過酷で、厳しい年月のあいだずっと、ソ連の非人間性と

図3－7　帰還捕虜とその歓迎

出所：Stern vom 23.10. 1955, S. 7.

図3－8　悲嘆する女性

出所：Köluische Rundschau vom 19.10. 1955.

ボルシェヴィキのプロパガンダを拒否し続けた。二人にとって戦争はつづいていたのだ。

　フリートラントの帰郷者も自らを「大戦争の最後の兵士」とよんでいた[68]。捕虜たちは「戦争犯罪人」ではなく、最後まで「ボルシェヴィズム」と戦いつづけた兵士として「凱旋」したのである。ヒトラーによって始められた戦争は、アデナウアーによってこのときに終結し、すでに始まっていた「冷戦」に引き継がれた。

　新聞各紙も写真を添えてその再会のドラマを詳細に報道し、それが悲劇でもあったことも伝えている。たとえば、一〇月一一日付のFRは「帰郷した父親を抱きしめる家族」と「一〇年以上も息子の生存を期待していたが、その望みを絶たれた母親」の二つの対照的な姿の写真を掲載している[69]。同日付のFAZ[70]でも、帰郷兵を市民が熱狂し歓迎している写真と同時に、「待ちつづけた者と会え

た者と会えなかった者」の「幸福と悲嘆」の写真が並べられている。一〇月一九日付の『ケルン・ルントシャウ』紙(71)は、絶望のまなざしで「愛する人」の写真を高く掲げる女性の写真（図3−8）を掲載し、彼女の悲嘆は「私たちの悲嘆」であることを要求しているのだと訴えている。悲嘆は積み上げられて共同体の運命となるのであり、「彼女の悲嘆を私たちの重荷として引き受けるときに、彼女の写真は私たちの写真となる」のだという。この日は西ドイツ全体がこの「幸福と悲嘆」を共有する国民的記念日となった。

『ヴェルト』紙上のコラム「帰郷なき民族(72)」でH・ツェーラーは、このような体験の共有と共感から政治的な結論を引き出している。彼によれば、幾度も体制が転換したドイツ近代史では、それぞれの時代が以前の時代を悪者に仕立てあげたため、「歴史なく現在の瞬間を生きる」ことが求められた。しかし帰郷という「偉大な歴史的瞬間」によって、「歴史に失望し、日常の物質的な課題のために息つく暇のない個々人はこの瞬間の中に突然、自分が個別なのではなく、一つの民族に属し、自らが民族であること」を思い出し、この人々のなかに「民族の歴史がまさに荒々しく姿をあらわした。」すなわち、個人と家族の空間に帰郷した旧ドイツ兵たちは、分裂したドイツ民族が歴史と政治の空間において自分自身に帰郷すること、すなわち再統一を待ちわびていることを思い出させたのだという。

アデナウアーのモスクワ訪問報道

前述のFAZの記事(73)は、帰還兵の目に様々な思いを読み取っているが、「初めてカラフルなボールをつかもうとする子供のおずおずとした好奇心」もその一つであった。すなわち、「クロムメッキさ

図3－9　「ロシアの銃剣の奇蹟」

出所：SZ vom 10./11. 9. 1955.

れたバスに驚き、車種名を問いかけ、テレビをいぶかしげに眺める」帰還兵たちが、かつてとは異なる「経済の奇蹟」の国に帰郷し、新しい「ウェイ・オブ・ライフ」を学ばなければならない苦労がここでは予期されているのである。一〇年以上の歳月を経て西ドイツに帰ってきた者とそこに留まっていた者とのあいだにできたこのタイム・ラグを、ドイツ首脳のモスクワ訪問は西ドイツとロシアの市民生活のあいだにも確認することになる。

このモスクワ訪問はアデナウアーの地政学的な理解を変えることはなかった。帰国した彼は、閣僚と関係者にソ連の経済状態を「終戦後のドイツと同じ状況」と評価し、ロシア人の野蛮さについて語っていたという(74)。この訪問には約八〇人の特派員も随行し、首脳会談とその成果を伝えると同時に、ロシアの市民生活にかんする情報を西ドイツにもたらすことになった。この報道陣をまず印象づけたのはモスクワの空港における歓迎セレモニーであった。ドイツ代表団は二機のルフトハンザのスーパー・コンステレイション機を使用したが、着陸後にその一機のタラップから降りたアデナウアーはブルガーニン首相らソ連首脳陣の出迎えを受け、両首相はモスクワ駐屯軍の一一五人の儀仗隊とともに空港を行進した。そのあとアデナウアーらは、特別列車によって持ち込んでいた二台のベンツのリムジンに乗り込んでホテルに向かった。豊かさを取り戻した国家の元首は、ヒトラーが爆撃機で征服しようとしたモスクワに最新式旅客機で降り立ち、ベルリンを制圧した国家の元首によってうやうやしく出迎えられ、自前の高級車で立ち去っていったのである。その様子はニュース映画で西ドイツに伝えられたが、それを写真入りで大きく報じたSZは、(75)その歴史的な意味を「ロシアの銃剣の奇蹟」と題するカリカチュア（図3-9）で表現している。銃剣を突きつけられて惨めに降伏した「一九四五年の兵卒」から一〇年を経て、儀杖隊に挨拶をするタキシード姿に変わった「一九五五年の首相」は、「経済の奇蹟」の最中にあった西ドイツ人の心理的な自画像であり、それはロシアを背景にして描かれたのである。

アデナウアーと同様に、随行したドイツのジャーナリストも社会主義経済の発展が見かけのものであることを「見破った」。G・ツェラー(76)は「巨大建築、文化建造物の出費、光り輝く立派な町並み」といった「ぴかぴかに磨かれたファッサード」の背後に貧困を発見している。そこは「崩れかけ、朽ちた教会、わびしい裏庭、死刑囚の独房のような陋屋、歩いて通ることがほとんどできない横道」の世界だという。このような記事は西ドイツ人にとって単なる事実確認にすぎなかったかもしれない。当時の世論調査によれば、西ドイツ人の一％だけがモスクワ市民が西の大都市市民よりも「幸福」であるとみなしており、四二％がその逆の判断を下していたのである。(77)とくに女性にとってモスクワは「幸福」ではないように見えていた。多くのジャーナリストが女性の労働する姿に注目したが、ツェラーも「時代遅れの作業着でセメントを混ぜ、レンガを運び、土台を掘り、アスファルトの道路に白線を引いているやせこけた女性」を見出し、さらにモスクワ女性のファッション・センスの欠如に驚いている。「女性たちは帽子の粋な被り方をほとんど、きめ細かい化粧をまったくわかっていない。……自分の女らしさを確かめてみようという誘惑に駆られることがほとんどないのだ。」[78]『シュテルン』記者も、赤の広場前で撮影された写真を実際に掲載しながら、そのセンスの時代遅れを感じ取った。「この人たちの栄養事情はよいが、衣服は西からの訪問者にはみすぼらしい印象を与える。この衣服は二〇年ほど前に私たちの風俗であったファッションを思い起こさせる。[79]」その年の一〇月に『シュテルン』誌[80]は、パリで客演したロシアの女性バレー団員が、「党の路線にまったく忠実な衣服」を着て、クリスチャン・ディオールのモード・ショーを見学した記事を載せている。彼女たちは「資本主義者のモード王のメルヘン帝国」に魅了され、そのために付添いの党幹部はこのショーから退場したという。この記事は、東西を分け隔てている「鉄のカーテン」がモードの世界にも存在していることを指摘し、それを「シルクのカーテン」とよんだ。イデオロギー対立、文明と野蛮の相違、経済と生活様式の格差に加えて、ファッションの先進度も、西ドイツ人が「東」を他者として「西」に帰属するための「カーテン」を編み上げていったのである。

『スターリングラードの医師』におけるロシア

「カーテン」の向こう側にいたドイツ人を描いた前述の映画『スターリングラードの医師』は、ロシア観を通した西ドイツ人の自己形成の問題を考察するうえで、興味深い史料である。まずはそのストーリーを紹介してみよう。

この映画はフリートラントにおける再会ドラマの実写映像からはじまり、場面はすぐさま四三年のスターリングラードの野戦病院へと移る。主人公のベーラーは脳外科を専門とする元ヴュルツブルク大学教授であり、傷痍兵の手術を行っていた。そこに「アジア」顔の赤軍兵が押し入り、銃を突きつけて戦友の手術を彼に強要する。スターリングラード戦は終わり、彼は捕虜の一人として収容所生活を送ることになる。それから数年が過ぎ、四九年の捕虜収容所。ベーラーは、教え子でもあったゼルノウとともに収容所病院で働いている。彼はその冷静な判断力と利他的な行動から、捕虜たちの実質的な指導者になっていた。一方、この収容所は「アジア」顔の所長によって率いられ、病院は女医のカザリンスカヤ大尉が統括していた。入院患者数の割合を定めた党の命令に忠実であった彼女は、労働不能な患者にも「労働可能」を言い渡し、ベッドから追い立てていた。そのような無慈悲な態度のためにゼルノウは彼女とつねに衝突していた。ある日、捕虜の一人であるシュルタイスが作業中に盲腸の痛みを感じ、病院に運ばれるが、ロシア人の管区医が不在のため、ベーラーは禁止されていた手術を自ら実行することになる。しかし、この手術の事実と、縫い糸が盗んだタオルから使用されたことが司令部に知られ、捕虜全員が食料制限の罰を受けた。これに憤激した捕虜たちはストライキを提案するが、仲間のグロッセがこの事実を司令官のマルコフ中尉に密告し、その夜に四人の首謀者が逮捕されてしまう。捕虜たちは訪問団の視察を利用してその釈放を訴え、成功した。しかしグロッセが密告者であることを突き止めた捕虜たちは彼にリンチを加え、死亡させてしまった。実行犯が判明しないために、マルコフは予定されていた捕虜の一部の解放を取りやめ、手紙の受け渡しを延期した。そこで所長は管区医のクレシンを通してベーラーに提案をした。彼の医学的実績を知っていたクレシンは、脳に障害が生じた所長の息子の手術を要求していたが、ベーラーはそれが仲間への背信行為になりかねないと拒否していた。クレシンは密告者殺害の件を不問に付すことを条件に、ベーラーに再考を願い出たのである。それに応じたベーラーは長時間にわたる困難な脳の腫瘍摘出手術を成功させた。こうして一部の捕虜の解放が実現され、残された仲間が手を振るなか、彼らを乗せたトラックが故郷へと走り去っていく。

この映画は、ドイツ人がロシア人と直接的に接触をもった状況を設定し、それを物語にすることによって、西ドイツ人の自己確認を行っている。この映画の恋愛と性にまつわる問題にかんしてはすでに拙稿[81]で指摘したので、次の三つの観点からこの映画を読み取ってみよう。

①共同体

カザリンスカヤとマルコフにはスラヴ系の顔立ちをした役者が起用されているが、多くの看守は「アジア」系、しかもモンゴル系によって占められている。また、「アジア」系の所長の息子はスラヴ系の容姿をもつ。このようにして、収容所によって表象されたソ連の共同体は多人種であるだけでなく、人種が混交された世界として描かれている。そしてその世界は中央集権的に統制され、個人の自由の余地は限られている。司令官たちはかつてドイツ兵が口にしていた言葉を元ドイツ兵に浴びせている――「命令は命令だ」。

一方、その世界にいる捕虜たちの共同体は、同じ人種から構成された「犠牲者共同体」である。そこには利己的理由で背信行為を犯すものはいるが、ナチスや戦争犯罪人のような加害者は存在しない。彼らはヒトラーが始めた戦争のために、スターリンが支配する国で捕虜となった二重の犠牲者である。それを象徴しているのがベーラーである。彼は兵士ではなく、医師としてスターリングラードにやってきたのであり、当時彼が握っていたのは銃ではなく、メスだった。そして、この共同体は司令部の恣意と不条理に対して死を覚悟しても団結し、「売国奴」には死の制裁を科す連帯共同体である。それは冷戦下の西ドイツ国家が理想とするミニ「国民共同体」でもあった。

②専門技術

ロシア人は銃と有刺鉄線によって捕虜の共同体を支配したが、この支配に対して主人公のベーラーが手にしていた武器は医師としての専門技術であった。この技術のゆえに彼は捕虜だけでなく、司令部からも尊敬され、最終的には捕虜の一部を解放することができた。ベーラーは「私は医者だ」とくり返し口にしているが、彼は医学のスペシャリストとして捕虜たちの生命を守ることを使命としており、彼が司令部と闘ったのはその使命のためであって、イデオロギーやナショナリズムのためではない。こうして、本来は価値中立的である専門技術が価値を有することになった。スペシャリストとしての使命に基づくベーラーの人道性が、イデオロギーとナショナリズムに基づく収容所体制の非人道性を際立たせ、どちらの側に文明と野蛮が属しているのかを見せつけることになったからである。そして、専門技術によって収容所所長の息子を救い、所長からは感謝の、管区医からは尊敬の念を伝えられたベーラーの姿（図3－10）は、そのような専門技術によって「復興」と「経済の奇蹟」を成し遂げつつあった西ドイツ人のナショナルな矜持をくすぐったのである。軍事力ではたしかに敗北したかもしれないが、技術力ではドイツは勝利した。

③「戦争犠牲者」像

この映画はソ連の残虐性を訴えることで、ナチス・ドイツの侵略戦争を正当化する好戦的な映画では決してない。たとえば、司令部の待遇に怒るゼルノウに主人公のベーラーは、自分たちは招かれてここにいるのではなく、「私たちがやってきた」ことを忘れてはならないと諭している。また、カザリンスカヤはゼルノウに「あなたたちがロシアの半分をめちゃくちゃにしたのだ」とドイツ人の戦争犯罪を激しく訴え、「あなたたちによって餓死させられた」という医師の写真を突きつけている。彼女の捕虜に対する無慈悲な態度と憎悪が、そのロシア的性格というよりも、むしろドイツ人の戦争犯罪に由来していることが、この映画では示唆されているのである。そして映画の最後の部分で、帰郷したベーラー――彼の娘は空襲で死亡したことが映画で語られている――は廃墟となったホテルの写真を凝視し、創設された西ドイツ連邦軍の鼓笛隊が奏でる行進曲に憂慮と批判の視線を向けている。つづくラストシーンでは、その顔と各国の軍隊の行進と兵器が二重写しにされているのである（図3-11）。

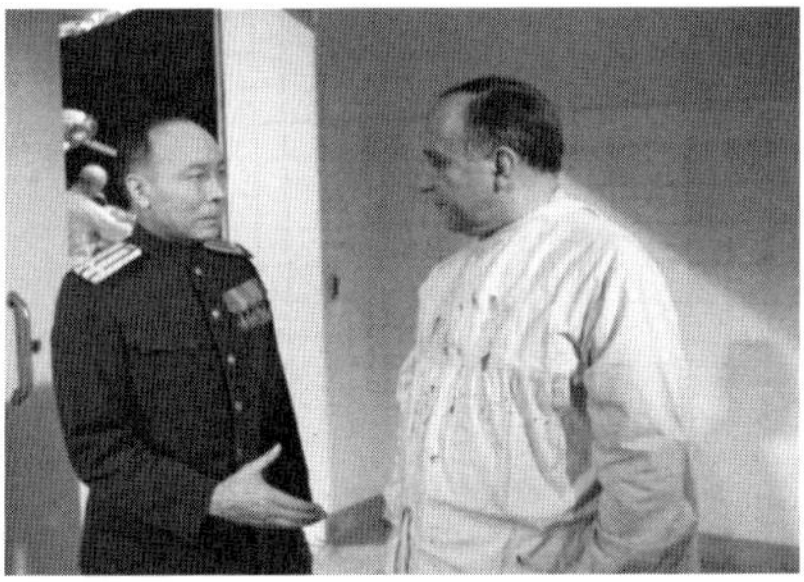

図3-10　ドイツ人医師への感謝と和解

出所：映画『スターリングラードの医師』より。

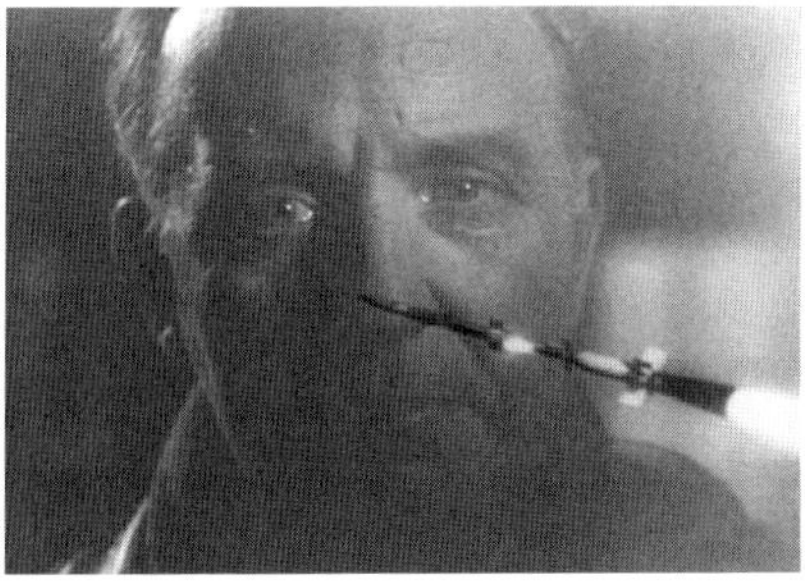

図3-11　反戦と平和主義のメッセージ

出所：映画『スターリングラードの医師』より。

その意味でこの映画は反戦と平和主義のメッセージを内包している。しかし同時にドイツとソ連の収容所における「犯罪」が「戦争犯罪」やミリタリズムの範疇で理解されることによって、ナチズムの犯罪は共産主義の「犯罪」によって相対化されただけではなく、主体のあいまいな「戦争」の犯罪に還元されてしまっている。そして、ドイツ人は平和主義者のベーラーに自己同一化することによって、自らを戦争犯罪の犠牲者として認識し、その犯罪の責任者を他者化することができた。全体主義論だけでなく、平和主義もまた、植民地主義的な過去の忘却とその犯罪の相対化に手を貸すことができたといえよう。

ロシア人観と植民地主義的国民

以上のような実体験や報道、映画を通して形成されたドイツ人のロシア人像をまとめてみよう。五五年まで徐々に帰郷していた旧捕虜は、ロシア事情の情報源としてメディアに重宝されたが、帰還兵のR・ヴァインマンはFAZに五二年に次のように書いている。

ロシア人と長くかかわった人は誰でも、ロシア人が非常にお人よしであること、しかし手のひらをかえしたようにとてつもなく残虐になりえるということを確認するだろう。この点でロシア人は、急激に変化するロシアの自然に似ている。(82)

このような描写が戦後の西ドイツ人の典型的なロシア人像となった。つまり、「自然」のように自らの感情を統制できない幼児性をもった“unberechenbar”（気まぐれな／何をしでかすか分からない）国民としての「ロシア人」である。

もっとも、ロシアからの帰郷者だけが「ロシア人」の情報をもっていたわけではない。赤軍の進攻と占領だけではなく、それ以前に外国人労働者の導入によって、国内にとどまっていた者もロシア人とすでに接触をもっていたのである。前述したように、四四年の秋にドイツ産業の従業員の四人に一人が外国人労働者であったが、そのほぼ三割がソ連出身者で占められていたのであるから、ロシア人との接触は決して小数のものに限られていたわけではなかった。しかも、この安価で、非熟練の労働力の導入によって、ドイツ人労働者の社会的地位は上昇することになった。[83]人種主義的なヒエラルヒー構造は日常生活においても実現されていたのである。そしてその記憶もまた、典型的な「ロシア人」像を確認するものであった。

八〇年代のオーラル・ヒストリー調査[84]によれば、たしかに他のドイツ人によるこの労働者への冷遇や虐待を記憶しているが、自らは加害者や搾取者ではなく、食料などを「恵んで」やった援助者やパトロンとして、この「かわいそう」な労働者との接触を回顧している。しかし、その体験の記憶の大半を占めていたのは、敗戦後に解放されたこの労働者たちの「略奪」行為であった。終戦当時にこの行為が深刻な社会問題となり、ドイツ人がそれに抗議し、占領軍に苦情を訴えて対処を要求していたことは、アメリカ諜報部兵やジャーナリストの報告が明らかにしている。パドーファーによれば、「ドイツの農民や中産階級の人々の口からは『東の人びと』に対する不平が激しく吐き出され、鶏を盗んだとか、家屋を略奪したとか、『支配人種』に対して失礼な行いをしたなど」と非難し、その声を占領軍は鵜呑みにしていたという。[85]しかし彼も指摘しているように、ドイツ人も略奪行為者の一部、あるいは主体だったようである。アメリカ諜報部のD・レーナーは次のように報告している。

外国人労働者が広範にわたって略奪していることはたしかである——それはいたるところで現れ

たお祭り気分の随伴現象である。男たちはワイン貯蔵室に、女たちは衣料品店に向かい、ともに途上で手に入れたあらゆる食料品を持ち帰っている。略奪の規模はかなり誇張されて伝えられている。というのも、外国人のせいにされている略奪の大部分は実際にはドイツ人によって行われているからである。どの都市でも、破壊された他人の住居や商店から手に入れた略奪品でいっぱいになった買い物かごをもったドイツ人の男女を破壊された地区で見ることができる。[86]

ジャーナリストのバーク - ホワイトは貨物列車に群がる「すべての国籍」の人々のなかから、「どうせこれは全部ドイツ人が盗んだものよ」と外国人労働者が「略奪行為」を正当化する声を聞き、そこに「多くの真実」を確認した。「この列車の多くの繊維製品にはフランスとベルギーのラベルがついていた」のである。[87] パドーファーは「略奪者」を三者に区分し、次のように指摘している。

アメリカ人はアルコール、そして武器やカメラ、双眼鏡、貴金属、銀製品のような持ち運べる記念品を奪っていった。ドイツ人は、店に買えるものが何もないので、手に入れることのできるものはすべてを奪っていった。外国人労働者は食料と衣服だけを奪っていった。生命と生活に必要なもののだけを奪ったのに、この労働者たちがもっとも非難されている。[88]

つまり、ドイツ人はアメリカ人と自らの「略奪」の事実と記憶を消し去り、外国人労働者を「略奪者」に仕立て上げることによって、この労働者に対する自由の制限、刑罰、搾取などの過去を忘れ、あるいはその過去を相殺し、自らを「犠牲者」として記憶したといえよう。一九二〇年生まれのある市民は当時を「やつらは『いまや俺たちがおまえたちに仕返しをする番だ』と言った。やつらはこのことを実行した。たしかにすぐにではなかったが、時が過ぎるにつれてやつらはますます厚かましくなった」[89]と振り返っている。「やつら」に対する罪悪感をまったく欠いたこのような記憶において、ドイツ人はいわば飼い犬に手を噛まれた主人であり、外国人労働者の「略奪」とは――先のヴァインマンの表現を用いるならば――「お人よし」だったロシア人が突如「残虐」になった行為であった。

終戦時の進攻と占領の記憶も、「気まぐれ／何をしでかすか分からない」このロシア人像に合致していた。ベルリンで終戦を体験した市民によれば、ロシア人は「フン族のように残忍で、子供のように人懐こかった。この人たちが何を考えているのかさっぱり分からなかった。平然と人を殺し、女性をレイプできたが、子供にチョコレートを贈り、子ウサギ小屋の前で笑い、感心しながらしゃがんでいるのであった」[90]という。モスクワ滞在をすでに経験していたベルリンの女性は、ロシア語が「人間の言葉――プーシキンやトルストイの豊かに組み合わされた旋律的な言葉」として理解できる彼女とは異なり、他の人たちはその言葉を「がさつな動物の声、残忍な叫び」として聞き、「そこにいるのは人間なんかではまったくなくて、単なる野蛮人、単なる家畜である」と信じ込んでいたと、終戦の日々につづられたその日記のなかで記している。しかし彼女にとってもロシア人は「私たちよりも低い発展段階にあり、民族として年少で、始祖に近い」存在であった。ドイツを占領したロシア人は、かつてのゲルマン民族がローマを征服し、「香りを漂わせ、髪をカールにし、手足にマニキュアをつけた被征服ローマ女性に襲いかかった」ときと同じように振舞っていたのだという[91]。彼女は自らがロ

表3-3　ロシアによる脅威の実感の有無

（単位：%）

	52年	54年	56年	58年	64年	65年	66年	68年	69年	71年
は　い	66	64	45	51	39	50	38	54	32	28
いいえ	15	21	27	27	37	27	37	32	55	46

出所：Allensbacher Jahrbuch I, S. 371, Allensbacher Jahrbuch IV, S. 456, Allensbacher Jahrbuch VI, S. 573. より作成。

シア兵によるレイプ被害者であった。

このようなロシア人像は五八年の世論調査[92]によっても確認されることができる。すなわち、「おとなしい、無欲」と「気まぐれな／何をしでかすか分からない」がもっとも「典型的」なロシア人の国民性としてあげられ（ともに五六%、複数回答可）、そのあとに「容赦ない、残忍」（四六%）、「強情、頑固」（四一%）、「洗練されていない」（unkultiviert）（四〇%）、「暴飲」（三八%）が続いているのである。「おとなしい」のに、「残忍」へと豹変する「洗練されていない」ロシア人の「何をしでかすか分からない」脅威に、西ドイツ人の多くは怯えた。表3-3が示しているように、国際情勢によって大きく変動しているものの、「私たちはロシアによって脅かされている」と感じた西ドイツ市民は五〇年代に、部分的にはその後も、過半数をこえていたのである。

ドイツには東欧の国民を「未開」とみなす長い伝統があり、この東欧世界に対してドイツ人は「文明」的な国民を自負することができ、その世界に対して植民地主義的な政治・経済・文化的実践をくり返してきた。しかし、反ナポレオン戦争によって国民意識を覚醒させ、対仏戦争によって統一を成し遂げたドイツ人が国民を形成していくうえで主要な「他者」＝「構成的外部」であったのは、西欧の国民、とくにフランス国民であった。これらの国民に対してドイツ人は、とくに民族主義運動が台頭していく一八九〇年代以降に、「文化」的な国民として形成されていった。この「構成的外部」を転換させたのが、ナチス・ドイツの対ソ戦争、正確にはドイツ軍の敗退と赤軍の進攻である。西ドイツが西側陣営に帰属し、ヨーロッパ統合が進展していくなかで、西ドイツ国民を形成するために、東欧の国民、とくにロシア国民が主要な「他者」として形成されていったのである。その際、五〇年代における「復興」と「経済の奇蹟」によって西ドイツは、空襲と地上戦、敗戦、占領によってプリミティヴな状態まで陥った生活水準を「文明」の水準にまで引き上げることに成功し、東欧世界にふたたび植民地主義的な眼差しを注ぐことができた。この眼差しはその世界をもはや軍事力で征圧しようとはしなかったが、経済力やファッション・センスなどを新たな武器として、その世界の経済・政治・文化的な「後進性」と「野蛮」で「幼児」な国民性を確認し、地政学的な前線をまたもや設け、再軍備を実行した。こうして西ドイツ国民は、植民地主義的な主体として形成されていったのである。

植民地主義的な眼差しは東欧世界におけるナチス・ドイツの残虐性を激化させたが、戦後におけるまなざしはその残虐性を東欧世界に転嫁した。東欧世界における自らの残忍な過去を記憶の片隅に置き、その世界の過去と現在の残忍性を強調することで、西ドイツ国民は「犠牲者共同体」を作り上げていったのである。「文明化」の名のもとに実行された政治・経済・精神・文化・心理的な収奪の「野蛮」行為を被植民者の「野蛮」性によって正当化し、歴史的に忘却することが植民地主義の主要な要素であるとすれば、この国民共同体はまさしく植民地主義的であったといえよう。

注

（1） Allensbacher Jahrbuch I, S. 117.

（2） Allensbacher Jahrbuch II, S. 128.

（3） Allensbacher Jahrbuch I, S. 22.

（4） Allensbacher Jahrbuch II, S. 11.

（5） Ibid., 365. Allensbacher Jahrbuch I, S. 352.

（6） 西ドイツ史における未来観と「不安」にかんしては，Axel Schildt, >German Angst<. Überlegungen zur Mentalitätsgeschichte der Bundesrepublik, in : Daniela Münkel / Jutta Schwartzkopf (Hg.), Geschichte als Experiment. Studien zu Politik, Kultur und Alltag im 19. und 20. Jahrhundert, Frankfurt am Main / New York, 2004.

（7） Vgl., Hans Braun, Das Streben nach >Sicherheit< in den 50er Jahren. Soziale und politische Ursachen und Erscheinungsweisen, in : Archiv für Sozialgeschichte, 18, 1978.

（8） Rolf Fröhner / Maria von Stackelberg / Wolfgang Eser, Familie und Ehe. Probleme in den deutschen Familien der Gegenwart, Bielefeld, 1956, S. 439f.「無回答」を除いた数字を示した。

（9） Ibid., S. 324f.

（10） Michael von Engelhardt, Lebensgeschichte und Gesellschaftsgeschichte. Biographieverläufe von Heimatvertriebenen des Zweiten Weltkrieg, München, 2001. Michael von Engelhardt, Generation und historisch- biologische Erfahrung. Die Bewältigung von Flucht und Vertreibung im Generationsvergleich, in : Dierk Hoffmann / Marita Krauss / Michael Schwartz (Hg.), Vertriebene in Deutschland. Interdisziplinäre Ergebnisse und Forschungsperspektiven, München, 2000.

(11) Albrecht Lehmann, Erzählstruktur und Lebenslauf. Autobiographische Untersuchungen, Frankfurt am Main / New York, 1983, S. 165.

(12) Ibid., S. 171f.

(13) Vgl., Everhard Holtmann, Neues Heim in neuer Heimat. Flüchtlingswohnungsbau und westdeutsche Aufbaukultur der beginnenden fünfziger Jahre, in: Axel Schildt / Arnold Sywottek (Hg.), Massenwohnung und Eigenheim. Wohnungsbau und Wohnen in der Großstadt seit dem Ersten Weltkrieg, Frankfurt am Main / New York, 1988.

(14) Fröhner / Stackelberg / Eser, Familie und Ehe, S. 296f.

(15) Morris Janowitz, Soziale Schichtung und Mobilität in Westdeutschland, in: Kölner Zeitschrift für Soziologie und Sozialpsychologie, H. 10, 1958, S. 23.

(16) Karl Martin Bolte, Sozialer Aufstieg und Abstieg. Eine Untersuchung über Berufsprestige und Berufsmobilität, Stuttgart, 1959, S. 139.

(17) Gerhard Baumert, Deutsche Familien nach dem Kriege, Darmstadt, 1954, S. 159.

(18) Renate Haak, Untersuchungen zur Frage der Berufswahl vaterverwaister Mädchen aus unvollständigen Mutter-Tochterfamilien, in: Kölner Zeitschrift für Soziologie und Sozialpsychologie, H. 7, 1955.

(19) Karl Valentin Müller, Heimatvertriebene Jugend. Eine soziologische Studie zum Problem der Sozialtüchtigkeit des Nachwuchses der heimatvertriebenen Bevölkerung, Würzburg, 1956, S. 134ff.

(20) Von Engelhardt, Lebensgeschichte und Gesellschaftsgeschichte, S. 207.

(21) Helmut Schelsky, Wandlungen der deutschen Familien in der Gegenwart. Darstellung und Deutung einer empirisch-soziologischen Tatbestandsaufnahme, Stuttgart, 1955, S. 218. Helmut Schelsky, Die Bedeutung des Schichtsbegriffs für die Analyse der gegenwärtigen Gesellschaft, in: ders., Auf der Suche

nach Wirklichkeit. Gesammelte Aufsätze, Düsseldorf / Köln, 1965, S. 332. Vgl., Hans Braun, Helmut Schelskys Konzept der >nivellierten Mittelstandsgesellschaft< und die Bundesrepublik der 50er Jahre, in : Archiv für Sozialgeschichte 19, 1989. Axel Schildt, >Massengesellschaft< und >Nivellierte Mittelschicht<. Zeitgenössische Deutungen der westdeutschen Gesellschaft im Wiederbau der 1950er Jahre, in : Karl Christian Führer u. a. (Hg.), Eliten im Wandel, Münster, 2003.

(22) Helmut Schelsky, Die Flüchtlingsfamilie, in : Kölner Zeitschrift für Soziologie und Sozialpsychologie, H. 3. 1950/51.

(23) Josef Mooser, Arbeiter, Angestellte und Frauen in der „nivellierten Mittelstandgesellschaft". Thesen, in : Schildt / Sywottek, (Hg.), Modernisierung im Wiederaufbau, S. 363.

(24) Vgl., Hansjürgen Daheim, Die Vorstellungen vom Mittelstand in : Kölner Zeitschrift für Soziologie und Sozialpsychologie, H. 12, 1960.

(25) Ibid., S. 268.

(26) Vgl., Harald Bodenschatz, Antworten West-Berlins auf die Stalinallee, in : Helmut Engel / Wolfgang Ribbe (Hg.), Karl-Marx-Allee-Magistrale in Berlin. Die Wandlung der sozialistischen Prachtstraße zur Hauptstraße des Berliner Ostens, Berlin, 1996 より引用。

(27) 被追放者に関するこのような語りや、記憶と忘却については、Albrecht Lehmann, Im Fremden ungewollt zuhause. Flüchtlinge und Vertriebene in Westdeutschland 1945-1990, München, 1991. を参照。

(28) Klaus Stüwe (Hg.), Die großen Regierungserklärungen der deutschen Bundeskanzler von Adenauer bis Schröder, Opladen, 2002, S. 42f.

(29) 映画界の連続性にかんしては、Hans-Peter Kochenrath, Kontinuität im deutschen Film, in : Wilfried von Bredow / Rolf Zurek (Hg.), Film und Gesellschaft in Deutschland. Dokumente und Materialien, Hamburg,

1975. Klaus Kreimeier, Der westdeutsche Film in den fünfziger Jahren. in: Dieter Bänsch (Hg.), Die fünfziger Jahre. Beiträge zu Politik und Kultur, Tübingen, 1985.

(30) Hans Reichow, Grundsätzliches zum Städtebau im Altreich und im neuen deutschen Osten, in: Raumforschung und Raumordnung, H. 3-4, 1941. さらに次も参照; Wilhelm Wortmann, Der Gedanke der Stadtlandschaft, in: Raumforschung und Raumordnung, H. 1, 1941.

(31) ナチス期から復興期にかけての建築家と都市計画者の「キャリア」とその構想にかんしては以下を参照。Werner Durth / Niels Gutschow, Vom Architekturraum zur Stadtlandschaft. Wandlungen städtebaulicher Leitbilder unter dem Eindruck des Luftkrieges 1942–1945, in: Schildt / Sywottek (Hg.), Massenwohnung und Eigenheim. Werner Durth, Architektur und Stadtplanung im Dritten Reich, in: Michael Prinz / Rainer Zitelmann, Nationalsozialismus und Modernisierung, Darmstadt, 1991. Werner Durth, Deutsche Architekten. Biographische Verflechtungen 1900–1970, München, 1992. Werner Durth / Niels Gutschow, Träume in Trümmern. Stadtplanung 1940–1950, München, 1993.

(32) Gerhard Schäfer, Soziologie als politische Tatphilosophie. Helmut Scherskys Leipziger Jahre (1931–1938), in: Das Argument H. 222, 1997. Gerhard Schäfer, Die nivellierte Mittelstandsgesellschaft – Strategien der Soziologie in den 50er Jahren, in: Georg Bollenbeck / Gerhard Kaiser (Hg.), Die janusköpfigen 50er Jahre. Kulturelle Moderne und bildungsbürgerliche Semantik III. Wiesbaden, 2000.

(33) Hermann Lübbe, Der Nationalsozialismus im deutschen Nachkriegsbewußtsein, in: Historische Zeitschrift, 236, 1983.

(34) 武井彩佳『戦後ドイツのユダヤ人』白水社、二〇〇五年。

(35) Anna J. Merritt / Richard L. Merritt, Public Opinion in Semisovereign Germany. The HICOG Surveys, 1949–1955, Urbana, Chicago 1980, S. 147.

(36) Vgl. Werner Bergmann, Sind die Deutschen antisemitisch?: Meinungsumfragen von 1946–1987 in der Bundesrepublik Deutschland, in: Werner Bergmann / Rainer Erb (Hg.), Antisemitismus in der politischen Kultur nach 1945, Opladen, 1990.

(37) Vgl. Wolfgang Voigt, Von der eugenischen Gartenstadt zum Wiederaufbau aus volksbiologischer Sicht, in: Stadtbauwelt, H. 92, 1986.

(38) 以下にかんしては拙稿「ナチズムを、そして二〇世紀を記憶するということ」川越修／矢野久編『ナチズムのなかの二〇世紀』柏書房、二〇〇二年、二八三頁を参照。

(39) エメ・セゼール（砂野幸稔訳）『帰郷ノート――植民地主義ノート』平凡社、二〇〇四年、一三八頁。

(40) ラウル・ヒルバーグ（望田幸男／原田一美／井上茂子訳）『ヨーロッパ・ユダヤ人の絶滅』柏書房、一九九七年、四〇九頁。

(41) Vgl. Hamburger Institut für Sozialforschung (Hg.), Verbrechen der Wehrmacht. Dimensionen des Vernichtungskrieges 1941–1944, 2. durchgesehene und erg. Aufl., Hamburg, 2002, S. 308.

(42) Ibid., S. 118, 207. Christian Streit, Die Behandlung der sowjetischen Kriegsgefangenen und völkerrechtliche Probleme des Krieges gegen die Sowjetunion, in: Gerd R. Ueberschär / Wolfram Wette (Hg.), Unternehmen Barbarossa, Paderborn, 1984.

(43) Ulrich Herbert, Arbeiterschaft im "Dritten Reich", in: Geschichte und Gesellschaft, H. 3. 1989, S. 350f, Ulrich Herbert, Fremdarbeiter. Politik und Praxis des "Ausländer-Einsatzes" in der Kriegswirtschaft des Dritten Reiches, Berlin 1985, S. 353f.

(44) Ulrich Herbert, Fremdarbeiter, S. 286ff.

(45) Saul K. Padover, Experiment in Germany. The Story an American Intelligence Officer, New York, 1946, P. 8, 344-5. このことを同じ諜報兵だったダニエル・レーナーも確認している。Ulrich Borsdorf / Lutz

Niethammer, (Hg.), Zwischen Befreiung und Besatzung: Analysen des US-Geheimdienstes über Positionen und Strukturen deutscher Politik 1945, Wuppertal, 1976, S. 32.

（46）Albrecht Lehmann, Krieg - Urlaub - Gastarbeiter. Zur Erfahrung > des Ausländers < in der Lebensgeschichte von Hamburger Arbeitern, in: Archiv für Sozialgeschichte, 14, 1984, S. 461. Hans Joachim Schröder, Die gestohlenen Jahre. Erzählgeschichten und Geschichtserzählung in Interview: Der Zweite Weltkrieg aus der Sicht ehemaliger Manschaftssoldaten, Tübingen, 1992, S. 433f.

（47）Thilo Stenzel, Das Rußlandbild des 'kleinen Mannes,' München, 1998, S. 75.

（48）Lehmann, Krieg, S. 462.

（49）Stenzel, S. 62.

（50）Vgl., Peter P. Knoch, Das Bild des russischen Feindes, in: Wolfram Wette und Gerd R. Ueberschär, (Hg.), Stalingrad: Mythos und Wirklichkeit einer Schlacht, Frankfurt am Main, 1992.

（51）Stenzel, S. 75.

（52）Gebbels-Reden, Bd. 2: 1939–1945, hg., Helmut Heiber, Düsseldorf, 1971, S. 429–446. Vgl., Wolfram Wette, Das Russlandbild in NS-Propaganda, in: Wolfram Wette und Gerd R. Ueberschär, (Hg.), Stalingrad.

（53）Steinzel, S. 90.

（54）Norman M. Naimark, Die Russen in Deutschland. Die sowjetische Besatzungszone 1945 bis 1949, Berlin, 1997.

（55）Regina Mühlhauser, Vergewaltigungen in Deutschland 1945. Nationaler Opferdiskurs und individualles Erinnern betroffener Frauen, in: Klaus Naumann (Hg.), Nachkrieg in Deutschland, Hamburg, 2001, S. 389.

（56）Padover, Experiment, S. 112. 拙稿「敗北の『抱きしめ』方——ドイツと日本」『立命館大学言語文化研究』一九巻一号（二〇〇七年九月）、一七六頁。

(57) Gottfried Niedhart / Normen Altmann, Zwischen Beurteilung und Verurteilung : Die Sowjetunion im Urteil Konrad Adenauers, in : Josef Foschepoth, (Hg.), Adenauer und die Deutsche Frage, 2. Aufl., Göttingen, 1990, S. 102.

(58) Arnold Sywottek, Die Sowjetunion aus westdeutscher Sicht seit 1945, in : Gottfried Niedhart (Hg.), Der Westen und die Sowjetunion, Paderborn, 1983.

(59) Vgl., Albrecht Lehmann, Die Kriegsgefangenen, in : APuZ B7-8 / 1995.

(60) Allensbacher Jahrbuch II, S. 209.

(61) Klaus Stüwe (Hg.), Die großen Regierungserklärungen, S. 43.

(62) “Armee hinter Stacheldraht”, in : Stern vom 12. 2. 1950, S. 7-11. 最後の引用文は7頁。

(63) “Arbeiten - verrecken - verscharrt werden”, in : Stern vom 26. 11. 1950, 5-7.

(64) Martin Kruse (Hg.), Die Stalingrad-Madonna. Das Werk Kurt Reuberts als Dokument der Versöhnung. 3. Aufl., Hannover, 1996. を参照。一九八三年からヴィルヘルム皇帝記念教会で公開されている。

(65) Sie war es, die dem Bundeskanzler dankt. Frau Margarette Schumacher brauchte auf dem Flugplatz Wahn die Empfindungen vieler Mütter zum Ausdruck, in : Kölnische Rundschau vom 17. 9. 1955, S. 7.

(66) Allensbacher Jahrbuch IV, S. 187-191.

(67) Allensbacher Jahrbuch VI, S. 60.

(68) Jan Molitor, Die letzten Soldaten des Großen Krieges, in : Zeit vom 13. 10. 1955.

(69) FR vom 11. 10. 1955.

(70) FAZ vom 11. 10. 1955.

(71) An den Strassen der Heimkehr : Diskussion um ein zeitnahes Bild, in : Kölnische Rundschau vom 19. 10. 1955.

(72) Hans Zehrer, Volk ohne Heimkehr, in: Die Welt vom 15. 10. 1955.
(73) FAZ vom 11. 10. 1955.
(74) Josef Foschepoth, Adenauers Moskaureise 1955, in: APuZ B22 / 1986.
(75) SZ vom 12. 9. 1955.
(76) Guido Zöller, Die Eroberung von Moskau. Was sich während der deutschen Konferenz abspielte, in: Rheinischer Merkur, 16.9.1955, S. 14-16.
(77) Allensbacher Jahrbuch II, S. 370.
(78) Guido Zöller, S. 16.
(79) "Sdrastwuitje sagte der Kanzler", in: Stern vom 18. 9. 1955.
(80) "Der seidene Vorhang", in: Stern vom 30. 10. 1955.
(81) 拙稿「敗北の『抱きしめ』方――ドイツと日本」一八四〜一八五頁。さらに、拙稿「占領・植民地化・セクシャリティ」西川長夫／高橋秀寿編『グローバリゼーションと植民地主義』人文書院、二〇〇九年。
(82) R. Weinmann, "Russland, wie ich es gesehen habe," FAZ vom 8. 3. 1952.
(83) Herbert, Arbeiterschaft im "Dritten Reich", S. 352, Herbert, Fremdarbeiter, S. 357f.
(84) Ulrich Herbert, Apartheit nebenan. Erinnerungen an die Fremdarbeiter im Ruhrgebiet, in: Lutz Niethammer (Hg.), „Die Jahre weiß man nicht, wo man die heute hinsetzen soll," Berlin / Bonn, 1983.
(85) Padorver, S. 346f.
(86) Borsdorf / Niethammer, (Hg.), Zwischen Befreiung und Besatzung, S. 31f.
(87) Margaret Bourke-White, Deutschland, April 1945, München, 1979, S. 85f.
(88) Padorver, S. 347.
(89) Harald Welzer, Der Holocaust im deutschen Familiengedächtnis, in: Volkhard Knigge / Nobert Frei

(Hg.), Verbrechen erinnern. Die Auseinandersetzung mit Holocaust und Völkermord, München, 2002, S. 351.

（90） Naimark, Die Russen in Deutschland, S. 107f. より引用。

（91） Anonyma, Eine Frau in Berlin, Frankfurt am Main, 2003, S. 90.（山本浩司訳『ベルリン終戦日記——ある女性の日記』白水社、二〇〇八年、一一〇頁。）

（92） Allensbacher Jahrbuch III S. 560.

第4章　若者文化の時間／空間

1　復興期の「異端児」——ハルプシュタルケ

ロックン・ロールとハルプシュタルケの登場

きめの粗い分類であることは重々承知しながら、表4－1で第一次世界大戦以後に生まれた年齢集団をAからFの六つの世代に区分してみた。

Aがナチス期以前に社会化された世代であるとすれば、Bはナチズムの思想的影響をまともに受けたヒトラー・ユーゲント世代といえよう。Cは第三帝国で社会化されながら、敗戦によるこの帝国の崩壊が決定的な歴史的体験としてその人格に深く刻まれることになる世代である。この世代は、政治的なユートピアに幻滅し、私的な領域に活動を集中させ、戦後復興を成し遂げた非政治的な「懐疑的世代」としてH・シェルスキーから高く評価されたが、現在では西ドイツの国家と社会の変革に果たしてきた役割が評価されて、「四五年世代」ともよばれている。(1)これに対してD以降の世代は戦後に

表4-1　世代と歴史的事件

（単位：歳）

歴史的事件／世代・生まれ	A 15年	B 20年	C 30年	D 35年	E 40年	F 45年
ナチス権力獲得（33年）	18	13	3	—	—	—
開戦（39年）	24	19	9	4	—	—
終戦（45年）	30	25	15	10	5	0
通貨改革（48年）	33	28	18	13	8	3
ハルプシュタルケ現象（56年）	41	36	26	21	16	11
ティーンエイジャー現象（60年）	45	40	30	25	20	15
学生運動（68年）	53	48	38	33	28	23

A：世界恐慌からナチ権力獲得に青少年期、戦争を成人として体験、Eの親世代

B：世界恐慌からナチ権力獲得を記憶、ナチス期に青少年期、戦争を青年・成人で体験、Fの親世代

C：記憶の開始がナチス期、戦時期に成長、終戦（直後）に青少年期で、若者文化形成期に成人

D：記憶の開始が戦時期、終戦に子供期、復興期と若者文化の胎動期に青少年期から青年期へ

E：記憶の開始が終戦（直後）、復興期に子供期から青少年期へ、若者文化の担い手世代

F：終戦（直後）の記憶なき世代、記憶の開始が復興期、既成のものとして若者文化を経験。

出所：この分類にかんしては以下を参照。Ulrich Herbert, Generationenfolge in der deutschen Geschichte des 20. Jahrhunderts, in: Jürgen Reulecke (Hg.), unter Mitarbeit von Elisabeth Müller-Luckner, Generationalität und Lebensgeschichte im 20. Jahrhundert, München, 2003. Ulf Preuss-Lausitz, Vom gepanzerten zum sinnstiftenden Körper, in: Ulf Preuss-Lausitz, u. a., Kriegskinder, Konsumkinder, Krisenkinder. Zur Sozialisationsgeschichte seit dem Zweiten Weltkrieg, Weinheim / Basel, 1995. Kasper Maase, „Gemeinkultur“. Zur Durchsetzung nachbürgerlicher Kulturverhältnisse in Westdeutschland 1945 bis 1970, in: Georg Bollenbeck / Gerhard Kaiser (Hg.), Die januskopfiger 50er Jahre, Wiesbaden, 2000. Detlef Siegfried, „Trau keinen über 30“? Kosens und Konflikt der Generationen in der Bundesrepublik der langen sechziger Jahre, in: APuZ B45 / 2003.

なって社会化されており、EとFはナチス時代の記憶さえもっていない。Cが青少年期と青年期を戦争と戦後の混乱のなかで過ごし、大人とは異なる生活スタイルを形成する前提条件を欠いていた「青年期なき青年」の世代であるのに対して、DとEは後述する若者文化形成の中心的な担い手である。この世代は復興期の体験を親世代と共有しているのに対して、復興後に社会化されたFはその体験をもたず、若者文化を既存のものとして継承した。このF世代は六八年の学生運動の中核を担うことになったため、のちに「六八年世代」とよばれることになる。五〇年代末から声高になってきた「過去の克服」を求める叫びは、AからCの世代に属する批判的な社会層の自己反省であると同時に、この勢力がDとEの世代に差し出したメッセージであったということができよう。

これとは異なるメッセージをDとEの世代に送っていた歌手が、先に紹介したハイマート・シンガーのF・クヴィンであった。穏やかに身体を左右に揺り動かす伝統的な流行歌のリズムとテンポでハイマートの精神的な情景を歌うクヴィンの音楽が最初に社会的に認められたのは、最初のヒット曲『望郷』が年間売上第一位を記録した五六年のことであり、それ以来、彼の歌はヒット・チャートの上位を走りつづけることになる。ところが、この五六年に年間売上の第二位を獲得したヒット曲は、クヴィンの音楽とはまったく性格を異にするアメリカ産の音楽であった。それはバックビートの軽快なリズムで身体に躍動感を与えるB・ヘイリーの全世界的なヒット曲『ロック・アラウンド・ザ・クロック』であり、この曲によって「ロックン・ロール」は西ドイツへ華々しく上陸したのである。その後もE・プレスリーのような英語圏の歌手だけではなく、独製ロックン・ローラーによって、この音楽ジャンルは西ドイツのヒット・チャートを席巻していくことになる。こうしてクヴィンは、西ドイツの音楽市場でロックン・ロールと競い合い、その波に対する防波堤の役割を担うことになった。六二年に年間売上の二位を記録する『若者よ、すぐに帰っておいで』では「若者」にハイマートへの帰還がよびかけられている。

若者よ、すぐに帰っておいで／すぐに家に帰っておいで／若者よ、もう行かないでおくれ／もう出て行かないでおくれ／心配しているのさ／おまえのことを／明日のことを考えておくれ／私のことを考えておくれ

„Das war mal wieder 'n gelungener Abend!"

図４－１「今日も見事な夕べだった」

出所：Die Zeit vom 31.10.1958.

ところが、このよびかけを無視してロックン・ロールに熱狂し、ハイマートの世界から離脱して社会問題を引き起こしているとみなされた「若者」集団がこの当時大きな社会現象となった。ドイツ諸都市で五六年から五七年にかけて若者集団による暴動が頻発したのである。ゴミ箱や交通標識、電車の窓ガラス、電話ボックスなどの公共物や、バイクや乗用車など私有物の破壊、交通妨害、バイクの暴走から、一般市民への罵倒や警官への挑発、空き瓶やガス銃による暴行などに至る暴力行為を展開したこの暴動には当時の青少年の五～一〇％が参加したといわれている。その規模は様々であったが、五六年一一月の九日から一四日にかけ

てゲルゼンキルヒェンで起きた暴動が最大級であったといわれている。[2] ロックン・ロールのコンサートや映画が暴動のきっかけとすることが多く、ゲルゼンキルヒェンの場合もアメリカ映画『ロック・アラウンド・ザ・クロック（独題は“Außer Rand und Band”＝羽目をはずして）』の上映がきっかけとなった。[3]

このような集団に付けられた呼称が「ハルプシュタルケ（Halbstarke）」[4] だった。本来は「強がり」や「チンピラ」といった否定的な意味をもつこの概念は、この社会現象によって市民権を得ることになったのである。『ツァイト』紙に掲載された「今日も見事な夕べだった」（図４‐１）と題するカリカチュア[5] は、「ハルプシュタルケ」概念に内包されているイメージ――快楽を求めて無意味に暴力行為に走る若者――を端的に表現しているといえよう。

この概念はかつて世紀転換後のプロレタリア若者集団の呼称として用いられていたが、実際にこの時期の暴動に参加した若者も二〇歳以下の男性が中心で、職業上では労働者や手工業見習いの割合が高かった。[6] しかし、アメリカ産のロックン・ロールの影響を受け、M・ブランド主演の『乱暴者』やJ・ディーン主演の『理由なき反抗』のようなハリウッド映画に映し出されたジーンズやTシャツ、革ジャン、オールバック、バイク暴走といった行動スタイルが借用されていた点で、五〇年代の「ハルプシュタルケ」は祖父母世代のそれとは大きく異なっていた。ハルプシュタルケ集団の文化的なアイデンティティは、労働者階級のサブカルチャーというよりも、むしろアメリカの影響を受けた大衆文化に基づいていたのである。そして、メディアや教育学者が注目したのもまさにこのような大衆文化が青少年に与えた影響であった。このような勢力にとってアメリカ型の大衆文化は、享楽を追求し、精神性と道徳・倫理性を欠いたキッチュな物質的文化にほかならず、「浅薄さ、娯楽中毒、投げやり、悪趣味、深刻に精神病質な犯罪癖」（F・シュレーダー）[7]を特徴とするハルプシュタルケを生み出す元凶とみなされた。この文化が若者に受け入れられ、悪しき影響を及ぼしえた原因をめぐって当時、議論が活発にくり広げられたのである。

ハルプシュタルケ論の展開

多くの同時代人はその原因を家族の崩壊に見出した。戦争のために多くの家族が一時的あるいは永続的に父親を失い、母親が家計を支えたため、家庭教育が疎かになり、そのような家庭からハルプシュタルケが排出されていると考えられたのである。しかし、たとえ父親が大黒柱となっていたとしても、親はエネルギーを物質的な家族生活の向上のために注ぎ、成功と享楽を追求して、子供のための時間を確保しなかったために、若者は「近代生活のジャングルのなかに放置され、満たされないまま」になり、場合によっては「甘やかされたおばあちゃん子」になってしまったのだという。[8]こうしてハルプシュタルケは、ナチズムと戦争の犠牲者というよりも、戦後の「経済の奇蹟」の豊かさがもたらした社会・文化的な産物としてイメージされることになった。

同時代人にとって本来問題だったのは、父親そのものの喪失というよりも、父親がかつて持っていた権威、それを裏づけていた模範、そこに内包されていた規範と価値の喪失であった。[9]拘束力をもつ道徳的規範はいまでは自明性を失い、若者は方向づけを失ったのだという。『ツァイト』紙に論評したS・ロートは、「ハルプシュタルケ（強がり）」は「ガンツシュタルケ（まったく強い者）」になろうと権威を求めているのだが、「ガンツシュヴァッヒェ（まったく弱い者）」しか見出していないと指摘して、若者のオリエンテーション喪失にこの現象の本質を見ている。(10) H・クルートも、若者は一人前になることで大人と「同等の価値」を有することをめざしているが、大人はそのような拘束力のある「価値」を若者に提示して、「Vorleben（生き方の模範を示す）」ことができずに、「Vorreden（口先でごまかして信じさせている）」と指摘している。(11) ハルプシュタルケ論を上梓したC・ボンディーはこうした状況を次のように表現した。

一世代前にはまだ反論の余地がなく効力をもった価値と確信の多くが今日の青少年には説得力を失い、拘束性を失った。職業人としての体面、多くの国民的・宗教的な確信や道徳規則は若者にとって単なる中身のない言葉としてあらわれている。この規範は多くの大人にとっても拘束力をもたない。(12)

終戦後の人々にとって物質的な困窮からの脱出が生きる目的であったが、物質的に満たされているハルプシュタルケは行動の目的と生の意味を失い、快楽や暴力が自己目的化していることも問題とされた。(13) たとえば、SZ紙の評論のなかでK・アルンシュペンガーは、ハルプシュタルケを行動に駆り立てているのは「破壊欲、乱暴狼藉の快感、殴りかかる喜び」であり、この人々は退屈していて、「自分が何をすべきなのか分かっていない」と指摘している。(14) ハルプシュタルケの精神分析を試みたH・H・ムヒョーも「生は刺激を呈することなく、意味がない！　ここでは生は生成と成熟の過程とはならず、刺激の強い刹那の体験が追求されている」と、このような若者に「ニヒリズムの基本感情」を発見した[15]。目的も意味も方向性も見出されないハルプシュタルケの暴動に、政治性やイデオロギー性、社会性が確認されることはなかった。ＦＡＺ紙でＷ・ローテはこの暴動を「反社会分子の蜂起」と名づけている[16]。

ムヒョーはさらに、Ｎ・エリアスの提示した「文明化」概念に依拠しながら、文明化の流れに逆行する「退化」、「野生化」、「脱文明化」の徴候をハルプシュタルケ現象に読みとった。文明化された社会では、激情を爆発させるような「本能活動の短絡的な充足」や、「瞬間の純然たる衝動から生を具体化すること」は許されず、過去の原因と未来の結果を考慮に入れた「長期的視野」が求められているが、その意味でハルプシュタルケは刹那的な存在であり、「未開人」(Die Primitive) なのだという[17]。Ａ・ブーゼマンも青年教育の雑誌のなかで「野生化」概念を用いて「内面的な抑制の崩壊」と「文化の瓦解」を警告している[18]。

この未開性はとくにロックン・ロールの音楽的特質とその身体表現において確認されている。当時、この音楽はジャズと区別されず、実際に「ジャズ」の名称でよばれることが多く、ロックン・ロールが本来は黒人音楽であることが強調された。『シュピーゲル』誌によれば、黒人音楽は白人の流行歌市場にとって無尽蔵の貯水槽であり、この音楽が白人の音楽に加工されることでロックン・ロールは成立したのだという[19]。また同誌は、「激しく、躍動的で、衝撃的なほどリズムが強烈である」プレスリーの音楽が感傷的な流行歌音楽に対して反乱していると同時に、社会秩序一般に対する若者の反乱も象徴していることを認めたうえで、この反乱が「音楽的にも、美的センスにおいてもいかがわしい

図４−２　ロックン・ロールの身体表現

出所：Der Spiegel vom 12. 12. 1956, S. 54.

手段」によって遂行されていることを問題視した。プレスリーは「叫び、うめき、シクシクと涙声を出し、ごぼごぼと音を立て、喘いでいる」一方で、「ロックン・ロール音楽の耳障りなリズムに合わせて蛇行と振動」を行っている彼の下半身は「有能なストリッパーの身振り」に似ているのだという。[20]またそのダンスを、「コミュニケーション手段が理解できそうにもない未開人の怪しげな部族の儀式」に譬えたアメリカのジャーナリストの文章を紹介して、「未開」地域の民族舞踊を思い起こさせるような三枚の写真（図４−２）を掲載している。

「ファナティズム——私たちの時代の根源的悪」という小見出しがつけられた『ツァイト』紙の論評がロックン・ロール・ファンの「半狂乱」に見出したのも、「中世の宗教的な鞭打苦行と舞踏病者の振舞い」であった。反宗教的な時代におけるこのような行為は、現象的には宗教的な要素を残しているが、その内実は「まったくのプリミティヴ（未開・低俗）な水準に低下している」のだという。[21]また、ロックン・ロール批判の急先鋒の一人であるＦ・シュレーダーは、この音楽が「忘我」や「恍惚」を若者にもたらす作用を強調しているが、この境地は大衆文化とそれに影響された若者の由々しき特質としての受動性——ボンディーの言葉を借りれば「大衆に身を沈め、同じ年齢の集団と結びついて個人的な責任から逃れて、漠然とした不満を取り除く」[22]態度——の極端な状態と理解された。そもそもシュレーダーにとってロックン・ロールは音楽ではなく、「音とリズムに転換された醜悪の哲学」であった。政治への無関心、文化に対する無頓着、エゴイズム、「娯楽欲の充足しか価値を認めない浅はかさの極み」がこの「哲学」の成功を示しており、それによって「私たちの国民のもっとも優れた何千もの若者」が犠牲になったのだという。[23]

こうしてハルプシュタルケ問題の解決は焦眉となった。ロックン・ロールを「流行性舞踏病」とみなした『ツァイト』紙の論評では、この「疫病」にふさわしい措置である「隔離」がハルプシュタルケへの対策として推奨され、[24]ブレーメンの日刊紙の読者の声は教師による体罰と刑法による処罰の強化と同時に、労働奉仕と兵役義務という規律化措置を要求している。[25]しかし一方で、父親とその権威の喪失、それに由来するニヒリズムにハルプシュタルケ現象の原因を求めたW・ディルクスは、「兵舎はこの問題に対する矯正手段でもなければ、良薬でもない」と結論づけ、[26]バイエルン州議会では青年心理学者がこの問題の構造的性格を理解し、家族の保護・育成や青少年育成の改善といった抜本的な問題解決を提案している。[27]ミュンヘン市の公開討論会では、大人の側から都市の規律強化を求める声が発せられた一方で、青少年側からは青少年ホームとダンス・ホールの建築が要求されている。[28]ムヒョーが第一に要求したことは、青少年の「向きを変えること」、すなわち公共物の破壊や交通妨害、一般市民への罵倒といったハルプシュタルケの悪行のエネルギーを、破壊物の復元や青少年行動の監視への参加、老人ホームなどでの労働といった「共同体に役立つような意味ある活動に転換させること」であった。青少年に全体への奉仕をこれまで以上によびかけ、長期の「民族奉仕」を義務化する必要を彼は訴えたが、そうしてのみ「一般意思、民主的な意識、国家への思い（Staatsgesinnung）」が形成されるからであり、ハルプシュタルケ問題は「このような個人の行動を構成していく一般意思が表明される制度を私たちがもてば、おのずと解決される」のだという[29]。

人種主義的世界観の連続性

以上から理解できるように、ハルプシュタルケは国民共同体のなかの「異端児」であり、この共同体にとっての脅威であった。この現象の原因をどこに求めるかによって、その対応策は異なったが、この非国民的存在をこの共同体から社会的・物理的に排除すること、あるいは規律化によって国民としての資格を備えた構成員へと教化し、西ドイツの国民共同体に統合することが、この問題の共通課題となったのである。まさにここでは「日々の国民闘争」が展開されていたといえよう。そしてこの闘争で表象されたハルプシュタルケの非国民像には、国民共同体が求めていた国民像が投影されていた。そしてこの国民像が明らかにしているのは、西ドイツと第三帝国との類似・連続性である。

第二次世界大戦中にプロレタリア街の青少年を中心にして「エーデルヴァイス海賊団」のような青少年集団が結成され、ナチス社会に対して日常的な抵抗をくり返したが、ナチスはこの集団に「反社会分子」の烙印を押し、その一部はゲシュタポから迫害され、強制収容所への収容や公開の絞首刑に処せられている。これまでの検討から理解できるように、戦後のハルプシュタルケもやはり「反社会分子」とみなされた。その意味で、戦後社会は国民共同体の帰属に関してナチス社会と類似した線引きを行っていたのである。そしてハルプシュタルケはナチズムの崩壊以後に――国民国家が崩壊・分解し、ナショナリズムが否定され、国民意識が希薄化して、オリエンテーションと生の意味が失われ、外国文化が流入し、私的な物質的欲望だけが追求されてから――生み出された戦後社会の申し子として認識された。こうして、第三帝国はハルプシュタルケのような存在を許容せず、この問題を解決できていた模範として戦後社会には映っていたのである。そのために、この社会で実施された青少年対策――厳罰化、兵役義務、「民族奉仕」――がハルプシュタルケ問題の解決のためにも提唱されることになった。

当時のハルプシュタルケ観、とくにその音楽とみなされたロックン・ロール観にはナチ時代の人種主義も色濃く反映していた。ロックン・ロールとは異人種の堕落した非ドイツ的な音楽であり、その身体表現も異人種に由来する「プリミティヴ（＝原始的、未開、低俗）」なものであるという人種的なステロタイプに基づいて、この音楽とダンスはイメージされていたのである。このような人種的偏見に抗して身体表現に挑んだ若者はまだ少数派であった。この当時、ロックン・ロールのダンスは「ブギウギ」や「ジルバ」として分類されていたが、一五～二四歳の若者を対象にした調査によれば、このダンスをもっとも好む若者は五五年に五％にすぎず、約三割にとってこのダンスはもっとも嫌悪すべきものであった。これに対して社交ダンス系のワルツ（二九％）やタンゴ（二七％）、フォックス―トロット（一二％）がマジョリティからもっとも愛好されたダンスだった[30]。この二つのタイプのダンスの構造的な相違にここで注目してみよう。いくつかのパターンと規則によって統制されており、男性のリードに基づき男女が歩調と呼吸を合わせ、規則的リズムに正確に適合しながら背筋を伸ばして舞う社交ダンスは、規律化された集団的な身体を前提とし、家父長主義的なジェンダー規範をもっとも反映したダンスであるといえる。その意味でこのタイプのダンスは、中産階級がヘゲモニーを握り、人種主義によって正当化されていた市民的な社会秩序にもっとも適合した身体表現である。そのため、男女が手を取り合って互いの動きに同調する必要がなく、いわば「平等」かつ「個人主義的」に身体をずっと自由、放埒に表現したロックン・ロールのダンスは、無規律で、「プリミティヴ」であるとみなされただけではなく、抑制されない（とくに女性の過剰な）性欲や男性の弱体化を可視化し[31]、「反社会分子」の脆弱で、ゆがんだ身体を表現しているようにも映り、社会秩序にとって脅威となったのである。このように、戦後社会が求めた国民像のなかに私たちはナチズムの人種主義的世界観を確認することができよう。しかし、ナチズムと「平準化された中間層社会」がともに中間層を社会的基盤としていたことを考えれば、このことはそもそも何ら不思議なことではない。

暴動の数と規模は五八年以後に縮小していった。しかし、生の意味を失って非ドイツ的なアメリカ型の大衆文化に「忘我」し、瞬間の衝動を生きる刹那的なライフ・スタイルを追求する若者の蔑称として「ハルプシュタルケ」概念はその後も存続した。刹那的であるために国民との歴史的なつながりを失い、方向性を失っているためにメディアなどから影響を受けやすい浅薄な存在として、反ユダヤ主義事件の首謀者にもこの呼称は使われた。ハルプシュタルケに象徴された「いまどき」の若者は、ハイマートへの帰還を求められただけではなく、「過去の克服」が施されるべき対象にもなったのである。

しかし、これで「日々の国民闘争」に決着がついたわけではなかった。六〇年代が進むにつれて、

「克服」の対象は徐々に逆転していった。すなわちハルプシュタルケよりもむしろ、ハイマート的な時間／空間が「克服」されるべき対象になっていったからである。復興期の国民共同体の「異端児」だったハルプシュタルケは、やがて「先駆者」として歴史的評価が下されていく。もちろんハルプシュタルケ自体ではなく、国民共同体が変化していったからである。その変化を具体的に見てみよう。

2　若者文化のヘゲモニー

大衆消費社会と若者文化

第1節で詳述したハルプシュタルケが大きな社会問題となっていた頃に、「意味ある文化行動のための教育」と題する論文のなかでP・ハイマンは社会構造の大きな変化に注目し、その歴史的意義を説いた。技術革命とそれに伴う労働時間の短縮によっていまや大衆が余暇において文化活動に参加することができるようになり、これまでエリートにしか許されていなかったこの可能性はまったく新しい問題を引き起こしているのだという。それは、「労働空間」とならんで、人間形成の非常に高い潜在力をもった領域として「生活空間」が生み出され、人間の自己実現の重点が「労働」から「余暇」へと移ってきたことにある。この「生活空間」を手にしたものの、うまく駆使できていない大衆に対して、伝統的な文化財、革命的な芸術実践、映画やラジオ、テレビの分野における技術的・芸術的な大量生産といった三つの文化財が提供されており、「生活空間」の文化的な質がいまや重要な人類学・文化政策・教育学的な課題となっているのだという[32]。

ここで問題とされていることは、生産活動と消費活動の有機的統合をめざした大量生産・大量消費のフォーディズム的な社会システムの発展によってもたらされた新しい歴史的状況であるといえよう。職場で感じる無力感をその外部で攻撃的な行動をとることで埋め合わせているといったハルプシュタルケ論[33]が当時の新聞紙上に見られたが、その意味でこの問題は、「労働空間」では社会的価値の低い下層の若年層が「生活空間」では文化活動の余地を手に入れ、それを大衆消費文化によって満たそうとした現象として解釈されたといえよう。ハイマンと同様に、大半の同時代人は大衆消費文化の質をまったく疑問視したが、この新しいタイプの若年層は――労働領域に基づく階級的なサブカルチャーに頼ることなく――自らの新しいライフ・スタイルを誇示し、それは若者全体の傾向を象徴しているかのようにメディアで盛んに取り上げられ、大衆消費文化とその担い手としてこの消費者の社会的価値が高められたことはたしかである。実際にハルプシュタルケの社会的意義を積極的に認める見解も出されていた。たとえばH・ゲールケは、時代は変化していくのだから、新しいことを受容する能力をもつ若者が以前とは異なるのは当然であり、「若い人びとがリズミカルなブギを旋律の美しいワルツより好んでいる」ことを大人が理解できないのは、新しいことへの感受性を失っているからだと教育誌で述べている。ワルツもかつては不道徳だったのではないかと問いながら、彼は時代の変化に適合した進取の気性をハルプシュタルケに見出したのである[34]。

もちろん、このような側面を過大評価することはできない。五六年一〇月の『ツァイト』紙上では、客観的なデータに基づいて冷静に若者を分析し、暴動参加者の行動から受けた若者のイメージを修正することが試みられている。それによれば、若者は反抗的であるというよりも、権威主義的心情を強すぎるほど抱いており、労働・職業、上司に対しても好意的な態度を取っている。「ブギウギ」よりも「ワルツ」がずっと好まれ、若者は言われているほど冷笑的でも、物質的でもなく、娯楽に対する欲求も以前の世代と大きく異なっているわけではないのだという(35)。実際に、ハルプシュタルケの暴動は社会的に孤立し、その潮は五八年には完全に退いていった。しかし、その年に独製ロックン・ローラーのペーター・クラウスが『フラ・ベイビー』、『一七歳で』、『シュガー・ベイビー』のヒット曲によって音楽市場においてF・クヴィンと肩を並べ、若者文化の偶像として登場したのである。

シュガー、シュガー・ベイビー／オー、シュガー、シュガー・ベイビー／ウーン、僕の大事な人になっておくれ／シュガー、シュガー・ベイビー／オー、シュガー、シュガー・ベイビー／ウーン、だから僕は君のそばにいるよ／……／そして僕にはっきりしていることは一つ／君がいなくちゃ／僕はもうどうしようもなくなっちゃうってことさ／マイ・シュガー・ベイビー

翌年にはプレスリーのスタイルを模倣した歌手のT・ヘロルドが『フラ・ロック』、六〇年には『ムーンライト』をヒットさせている。六二年にクヴィンが「帰っておいで」と若者にハイマートへの帰還を呼びかけるヒット曲にP・クラウスは『スウィーティ』のヒット曲で返答したのである。英語を多用しながら、軽快なリズムとダンスとともに恋愛と青春の賛歌をうたい上げたこれらのシンガーで注目されたのは音楽だけではない。とくにP・クラウス、そして女性では、『ダイアナ』や『アイ・ラブ・ユー・ベイビィ』のヒットで知られるC・フローベスが流行をリードするアイドルと

表4－2　サブカルチャーへの帰属感

（単位：％）

	ティーンエイジャー		「ハルプシュタルケ」		ロックン・ロール支持者	
出生年(56年時点の年齢)	男	女	男	女	男	女
30～33年(23～26歳)	15	39	6	3	18	11
34～36年(20～22歳)	21	42	9	—	13	21
37～39年(17～19歳)	24	58	14	3	28	22

出所：Jürgen Zinnecker, Jugendkultur 1940-1985, Opladen, 1987, S. 162.

しても登場し、「ベイビー」や「セクシィ」、「ラブ」のようなボキャブラリーを用い、ジーンズやサテンのブルゾン、ペチコートを着こなし、エルヴィス・カットやポニーテールのような髪型で、J・ディーンに似せた投げやりなポーズをとった。

私には模範なんかいないけど、エルヴィス・プレスリーとペーター・クラウスに熱中している。二人の衣装と無頓着な態度に感心しているわ。私個人では大人に分からせることができないことを二人は音楽のなかで具現してくれるの。だってエルヴィスとペーターは私たちと同じ年齢で、私たちを理解しているのだから。(36)

六四年に刊行された未成年の女子の意識調査のなかで吐露されたこの発言から理解できるように、多くの若者がこの文化とアイドルを媒介にして、親世代との相違を確認し、異なるライフ・スタイルを追求した。その担い手は、五〇年代半ばのハルプシュタルケと区別されて、「ティーンエイジャー」(37)とよばれることになる。この文化がどれくらいの若者を惹きつけ、どれほど浸透していたのかを知ることは困難である。しかし、八四年時点での回想によるものではあるが、ハルプシュタルケ暴動が起きた五六年当

図4-3　服飾品店の広告

出所：Ruth Münster, Geld in Nietenhosen. Jugendliche als Verbraucher, Stuttgart, 1961, S. 145.

時に一七歳から二六歳であった成人を対象にしてこの文化への帰属感を調査した結果（表4-2参照）でその傾向を私たちは確認することができよう。ハルプシュタルケが男性中心の少数派集団であるのに対して、ティーンエイジャー文化の担い手の重点は女性に移り、五五年時点で二〇歳以下であった女性の半数以上、男性の四分の一がティーンエイジャーへの帰属を実感していたのである。

六一年に刊行されたR・ミュンスターの『ジーパンのなかのカネ——消費者としての青少年』のなかで紹介されている服飾品店の広告（図4-3）では、ティーンエイジャー文化のファッションを身にまとった二人の若い女性とバイクに乗った男女が描かれ、「スマート、カジュアル、軽快…」のイメージで若年層を魅了しようとしている。また、ミュンヘンの老舗デパートの広告（図4-4）には「若者は独自のスタイルをもっている」がキャッチコピーとして使われている。この独自のスタイルは衣服や芸術、音楽、キャリアの志向性において見られるのだと書かれ、「デパートとショー・ウィンドーにこのテーマを掲げたのは、私たちが若者を愛し、その望みを理解している」からなのだという。フォーディズムが成熟していくなかで、消費文化の前衛集団としての若者が形成されつつあったのである。

もちろん世代間の差異を前提とするこの文化は、ハルプシュタルケ現象ほどではないにしろ、やはり大人世代の反発を招いた。四〇年生まれのルール地方のある女性の八〇年代の回顧は、慣習を破るファッションに対する親世代の抵抗感の激しさを伝えている。

そして私はズボンを履きたいと思ったが、許されなかった。髪型でも自由にはならなかった。見習いをしていたときに、……髪を切って、パーマをかけて帰宅すると、母は私をさんざん打ちのめした。[38]

図4－4　デパートの広告

出所：Münster, Geld in Nietenhosen, S. 148.

この親世代はこのようなスタイルを身につけた若者に対して頻繁に「ハルプシュタルケ」の蔑称を投げつけた。そしてたしかに、この文化はハルプシュタルケ現象の要素を身体表現やファッション・スタイル（たとえばロックン・ロールのダンスやジーンズ）において引き継いでいる。しかし、「ハルプシュタルケ」と指差された若者の大半もその呼称に反感を覚えていたのである。たとえば一五歳の職業学校生は、似合っていると思う服を着ている自分を「ハルプシュタルケ」よばわりする大人をその意味をまったく分かっていない「バカ」とよんだが、彼にとってハルプシュタルケとは「青少年犯罪者」あるいは「人にしつこくからむ若者」なのであった[39]。それゆえに、これらの若者から受容されたティーンエイジャー文化からはハルプシュタルケがもっていた暴力性やジェンダー規範への抵触といった過激な要素は払拭されていた。P・クラウスとC・フローベスのアイドル・コンビは、性的なイメージを拭い取った清純な男女を演出することで既存の市民社会とジェンダーの規範を新たな形で順守した。また、過激な歌手とみなされていたプレスリーとT・ヘロルドが西ドイツで成功したヒット作は、『ラブ・ミー・テンダー』や『ムーンライト』といったバラード系の曲だったのである。先に紹介した広告（図4－3）ではバイクはもはや暴走の手段ではなく、ファッションの一部となっている。このような現象は、若者文化の商業化を典型的に表しているといえよう。

それゆえに、表4－2の統計が示しているように、そのスタイルは女性と中産階級の子弟も含めた広範な若年層から支持を得ることができた。換言すれば、文化市場は若者文化の飼い馴らしと同時に、その拡大にも成功したのである。勤勉かつ堅実に「国鉄」に勤めるような外的権威に服従した精神と肉体をもつドイツ人的な男性ではなく、投げやりなポーズをとるアメリカ型のプレーボーイにあこがれる女性の心情を歌ったアイドル歌手のギッテの『私はカウボーイを夫にしたい』は、その歌詞のユニークさのゆえに六三年に年間売上第四位のヒット曲となった。親世代とは異なるライフ・スタイルと価値観を表現することで新たな商品価値を生み出そうとするポジティヴなベクトルと、この試みが商品市場のシステムの限度をこえ、商品の拡大を阻害するような要素を排除しようとするネガティヴなベクトルが交差した均衡点において、この曲は――ほかのヒット曲と同様に――成立している。

「カウボーイ」を求める「私」は、親の価値観に合う男性を拒否するが、既存の結婚制度の枠内で妻となることを夢見て、そこに幸福を見出そうとしているのである。

私はカウボーイを夫にしたい／私はカウボーイを夫にしたい／鉄砲を撃つからじゃないの／だってカウボーイはキスがとっても上手だって知っているからなの／私はカウボーイを夫にしたい／ママは言うの、お前に夫が必要な時が来るって／いますぐだっていいって／すぐに隣の人を選びなさいって／その人は国鉄に勤めているから／そこで私は叫んだわ、いや、いや、いや、いや、いやよ／その人とだったら人生がもう楽しくなくなっちゃう

若者文化と世代

こうして大衆消費文化を媒介することによって、階級の境界線を横断して若者が自らのライフ・スタイルを展開する若者文化がドイツ史上はじめて成立することになった。しかし、世代間の対立を強調しすぎることに私たちは注意しなければならない。たとえば、六〇年に公表されたH・ベルトラインの若者研究は、世代紛争が数十年前にもっていた重要性は今日では失われたと断言している。かつて存在した権威主義的な「曹長オヤジ」はもはや存在せず、新旧世代はいがみ合うことなく共生しているのだという。(40) そもそも「ティーンエイジャー」の購買力は親に大きく依存しているのであって、親世代の理解なしにこの若者文化は成立しえないともいえよう。さらに、V・G・ブルッヒャーの六四年に行われた一五〜二五歳の若者の調査でも、若者の大半は余暇を家族と過ごしているだけではな

く、余暇時間の増加はむしろ家族の絆を強めており[41]、「現在の時代には二〇世紀の以前の時期に見出されるように世代間の緊張が高まっていく誘因はあまり存在しない」という結果が導き出されている[42]。ブルッヒャーは若者と大人の関心のあいだに根本的な相違ではなく、「継ぎ目のほとんどない移行」を見出し、若者が大人の模範に従い、大人になろうと精進している姿を確認している[43]。五六年一〇月に『ツァイト』紙が指摘したことが、八年後にここでも確認されている。

それから三年後に刊行されたT・カストナーの研究はブリュッヒャーの結論に異を唱えた。彼は両親が「多くの重要な点で私を理解していない」と感じているハイティーンの学童が三割をこえ、父親を「模範」としている男性の割合は四割を下回っていることを指摘し[44]、大人社会の行動はアウトサイダーだけではなく、圧倒的多数からも厳しく批判されていると断言している[45]。その根拠として引用されているのが次のような発言である。

なぜ大人は若者を理解するつもりがないのだろうか。一九二〇年代に私たちの祖父は祖母とチャールストンを踊り、大半の私たちの親世代は「ハイル・ヒトラー！」を叫んでいた。私たちはまさに流行歌やビート音楽を好んでいるのだ。（実科学校生、一四歳）[46]

残念ながら大人たちは、時代は変わってしまい、科学は進歩し、私たちは今日、世にいうところの豊かさの時代に生きているのだとは思っていない。もしかしたら大人たちは、戦時期に当たってしまったためにそのような青年期を過ごすことができなかったことを妬んでいるだけなのかもしれ

ない。大人たちは自分たちの古いやり方と慣習にこだわりつづけている。（職業学校生、一八歳）[47]

この二つの発言から大人世代に対する三つの立場が導き出されよう。前者の発言は〈A　若者はつねに新しいものを追求するものであるが、大人たちはそんな自分の過去を忘れている〉ことに大人の無理解の原因を求めているが、後者の発言ではその原因は〈B　大人たちは自分たちとは異なる青年期を送った（あるいは青年期そのものを経験できなかった）〉ことと同時に、〈C　時代は変化し、いまの時代はかつてとは異なっているが、大人はかつての時代の価値観や慣習に固執している〉ことに求められている。

Aの立場は、現在の大人はその青年期に自分たちと同じように新しい風潮のなかで親世代と対立したことを前提にして、親世代のかつてと同じ行動を自分たちにも許容すべきことを要求している。「大半の大人は私たちにとことん理解がない。自分もかつては若かったことを忘れている。大人はいま生きているこの時代に徐々に慣れていかなければならないのだと思う[48]」という職業学校生（一五歳）の発言はその典型であろう。

これに対してBとCの立場では青年期が世代間で根本的に異なっていることが問題になっている。Bにおいては、この相違は歴史的状況の差異として等価であり、そのために違いを認識することで相互理解が求められている。「当時の青少年は今日とはまったく異なっていた。だから大半の親たちの子供たちへの理解は本来あるべきものにはなっていない」（中等学校生、一五歳）[49]や、「若者は以前の世代といつも異なっているのだから、大人たちが私たちの理解に努めているように、私たちも大人を理

表 4 - 3　階層帰属の自己評価

（単位：％）

	現在の親の査定	現在の自分の査定	将来の自分の予測
上　層	2	1	4
上流の中間層	21	11	40
中下流の中間層	62	66	46
下　層	15	18	7

出所：Elisabeth Pfeil, Die 23 Jährigen. Eine Generationenuntersuchung am Geburtenjahrgang 1941, Tübingen, 1968, S. 275f.

解することを試みるべきだ。……こうして大人が子供を『ハルプシュタルケ』とだけみなし、子供が『頭のかたい』大人を見るだけではなく、経験をもった大人と理想主義と熱意をもった若者のどちらも存在しなければならないことを双方が認識することになる」（高等学校生、一六歳）[50]といった発言はBの立場を代弁していえよう。

一方、Cにおいては歴史的状況の差異に時間的な価値の優劣がつけられている。すなわち、時代は変化するだけではなく進歩すること、その進歩に若者は大人より適応能力をもつことを前提にして、時代の最先端を走る若者にむしろ大人が迎合すべきであると要求されている。そのために「大人たちは時間が止まっていて、すべてを自分の青年時代と同じようでなければならないと思っている。……（ファッションよりも家庭に目を向けろと言っているが）これは時代に合っていない」（中等学校生、一七歳）[51]と主張され、「父は五二歳で、時代は変化してしまい、人間も変わったということに折り合いをつけることができないでいる。だからダンスにいったり、男の子と交際したりするときに、私にはとても厳しい」（中等学校生、一六歳）[52]という不満が噴出し、相互理解は遮断されている。

このCの立場は、若者の楽観的な未来観に裏打ちされている。図3-1で示したように、六〇年代から七〇年代前半は西ドイツ史上もっとも未来が楽観的に展望された時期であったが、とくに若者は自らの将来にかんして楽観的だった。六四年の時点で二三歳の青年層の意識を調査したE・プファイルは、被験者に現在の親と本人の社会階級を査定させ、将来の自分の社会階層を予測させた結果を表4－3のように整理している。現在の親を中・下流の中間層に属しているとみなしている六二％という数字は「平準化された中間層社会」を具体的に表現しているといえよう。シェルスキーが上・中間層と下層の社会経済的な下降と上昇の結果として理解したこの社会は、腹部に肉が溜まった中年太りの体形をしていたが、いまや社会全体が上昇していくことで、足が引き締まり、胸に向かって肉が押し上げられた筋肉質の体形になっていくと予想されていたのである。六〇年代なか頃の西ドイツ社会は親よりも上位の社会階層に至ることを多数の若者に約束しており、いわば「膨れ上がった中間層社会」が若者の未来予想図に描かれていた。

ブルッヒャーの研究もまた、一〇年後の経済状況が親よりも悪いだろうと答えた若者は四％にすぎず、「よりよい」と「ほぼ同じ」の割合がそれぞれ四割であったことを指摘している。とくに若い労働者が経済状況の改善に楽観的で、一〇年のうちに自営業者や自由業の中間層と同じ経済状態にいたると予測しているが、その結果として親の職業上の威信も低下していることを彼は指摘している。[53]このような楽観的な未来観がCの立場を促していったことは容易に想像できよう。

音楽界で「事件」が生じ、それに伴ってライフ・スタイルが変革されることで、Cの立場はさらに助長することになった。ビート・ミュージックの到来である。[54]六三〜六四年の『シー・ラブズ・ユー』と『抱きしめたい』のヒット以来、ビートルズが次々に西ドイツ音楽市場を席巻し、翌年にはローリング・ストーンズも『ラスト・タイム』と『サティスファクション』で西ドイツ上陸を果たした。ロックン・ロールに対してドイツはある程度の抵抗力をもっていたが、六〇年代なか頃からイギリスから押し寄せてきたこの音楽の波に、ドイツのヒット・チャートは押し流されていった。西ドイツで六八年に週間トップ・ワンを獲得した一七曲のうち、ドイツ製の歌詞で歌われていたのはオランダ生まれの少年のハインティエとムード音楽歌手のロイ・ブラックの曲だけで、ほかは外国産の曲か、そのドイツ語のカバー曲だったのである。[55] たしかにドイツ人のロック・バンドも存在していたが、めったにヒットすることはなく、ラトルズのヒット曲『ザ・ウィッチ』のように多くが英語で歌われていた。

二一歳までの青少年を対象にしている六〇年代半ばのＥＭＮＩＤの世論調査によれば、「音楽鑑賞」が余暇の過ごし方のトップを占めていたが、そのほぼ八割が「流行歌とダンス音楽」を愛好しており、ダンスの分野でも「ワルツ」（三五％）、「タンゴのような社交ダンス」（三五％）とならんで、「ブギウギのような新しいダンス」（三四％）や「ツイスト」（四六％）といった身体表現にも好みが示されている。[56] 調査方法が異なるために単純な比較には注意が必要であるが、五〇年代なか頃に「危険」とみなされていた音楽とダンスに対する抵抗感の壁はかなり押し下げられたといえよう。ビート・ミュージックはその壁を悠々と乗り越えたのである。カストナーによる一三〜一七歳の学童を対象にしたアンケート調査では、「ビート・ミュージックに熱狂している」割合は半数をこえていた。この「熱狂」は学年が上がるにつれて冷める傾向にあるが、三二％がビート・ミュージックのバンドを「すてき」（toll）と感じ、一六％が「いかれている」（bewundern）と答えた。[57] ラジオ・ルクセンブルクのリスナー調査でも、一九歳以下のリスナーはラジオで聴きたい音楽ジャンルの五つのなかに八三％が

「ビート」を選択している。「ドイツの流行歌」にも五七％が関心を示しているが、二〇～三九歳の場合にその割合は七〇％であり、「ビート」は統計項目から外れている[58]。たしかに年齢だけではなく、教育水準も上がるにつれて離反する傾向にあったが、ビート・ミュージックがまさに青少年の音楽であったことが理解できよう。

ベルリンで「六八年」のAPO（議会外反対派）運動に参加したジャーナリストのR・ビーリングは『革命の涙』のなかでこの音楽が青少年に与えた影響を回顧している。ビートルズ熱狂は世代のテーマになり、ロックン・ロールにつづくこの第二の波は「プロレタリア・ゲットーの防波堤」を崩した。つまり、この音楽を聴き、男子は髪をのばし、女子はミニ・スカートをはくことが「階級をまたがる青年ミリューへの帰属のしるし、大人世界の価値と規範の否定のしるし」となったのである。彼はそこに日々くり返された青少年たちの「独立宣言」を見出している。若者の批判・挑発・示威的行為は、「六八年」の街頭行動が起こるずっと以前に、すでにライフ・スタイル上で実践されていたのだという[59]。

文化の「小児病」化

このような若者が主体となった「六八年」運動のドイツにおける歴史的意義およびその「神話」にかんしては、すでに日本語で優れた研究[60]が刊行されているので、詳述はここでは控えたい。むしろここで問題にしてみたいのは、社会革命や文化革命としての評価を受けている「六八年」を可能にした社会的背景である。このことを考察するヒントとして先ほど紹介したR・ビーリングの文章を引用してみよう。

若々しさは理想に高められ、この理想に敬意を表しようとしない人はすべて、若くないという印象をもたれることになった。大人であることが端に追いやられているように感じられている。つまり、もはや仲間入りするために大人になることではなく、参加しつづけるためにできるだけ長く若いままでいることが重要となったのである。四〇歳の人はまだ二〇歳代半ばであるかのような印象をもたれようと望み、老齢は恥となり、若さは追求するに値するものとみなされた。時代の頂点にとどまろうとする者に老けこむことを許さない社会において、永遠の青年が理想となった[61]。

図4-5　若者スタイルのヘゲモニー

出所：Der Spiegel vom 1. 12. 1968, S. 76.

このような現象をヘア・スタイル[62]の問題で考えてみよう。ビーリングの先の表現を借りれば、長髪は「大人世界の価値と規範の否定のしるし」であったが、やはりその評価は年齢によってきっぱりと分かれていた。七二年の『シュピーゲル』誌の調査によれば、男性の長髪を一六～三〇歳の青年層の六一％が賛同していたのに対して、五〇～六五歳の年齢層では七五％が拒否していた[63]。このヘア・スタイルに対する大人世代の風当たりは強く、六六年には国鉄労働者が長髪を理由に解雇されている。

しかし、大都市を拠点とするこのスタイルは高学歴の若年層から徐々に広まり、教育水準と社会階層、地域、そして年齢の垣根を徐々にこえていった。このような長髪の普及を『シュピーゲル』誌は七一年に「おっかなびっくりの同化現象」として紹介している。当初はポップ・スターやアイドルによってテレビ画面に登場した長髪は、お茶の間のテレビ・スターやサッカーのトップ・スターだけではなく、ノルトライン・ヴェストファーレン州の科学大臣のJ・ラウ（のちに連邦大統領）までもがモードとして取り入れるようになり、「ドイツの几帳面さの伝統的な牙城であった官僚職業」でさえ、「きっちり分け目を入れた短髪」だけを許可することができなくなり、連邦軍も「女性的な印象を与える髪型」の禁止を撤廃した[64]。老けこむことを許さない社会は若さの象徴を受け入れていったのである。

同様の現象は商品市場においても見られた。六〇年代初めに「若者は独自のスタイルをもっている」をキャッチコピーとする広告があらわれたが、いまやそのスタイルがヘゲモニーを握り、全体のトレンドを先導することになったのである。図4－5は六九年の『シュピーゲル』誌に紹介された当時の広告であるが、そこには若者が「消費模範」として登場し、そこからは長いあいだ好まれていた「白髪の男性」や「歳をとった女性」は消えつつあり、せいぜい「穏やかに微笑むおじいさん」や「コミカルなおばさん」などの脇役として使われるだけになった。このことは「老人と病人がますます押しのけられている今日の社会を如実に映し出している」のだという[65]。

青年期が延長され、若者が「大人への志向性」を弱め、独自の「部分文化」を形成して、それがすべての生活領域を包括するまで自立していった事象を分析した社会学者のF・H・テンブルックは、長髪や広告に見られた現象を「全体文化の小児病」とよんでいる。交際や娯楽、読み物、余暇、道徳、言語、慣習は青少年の傾向を帯びていき、大人は年齢に自分を合わせず、それぞれの年齢の段階に課題があるという感覚を失い、「若者を理解し、若者と歩みを合わせ、若者に同調するよう努力することが正常になっている」のだという。[66]

四九〜五一年生まれの四人組の「トーン・シュタイン・シェルベン[67]」は、たしかに商業的に成功することはなく、また自らそれを拒否していたが、ドイツ語で当時の若者世代の心情を歌い、それゆえにメディアから注目されたロック・バンドであった。七〇年にシングル・レコード『おまえをぶち壊すものをぶち壊せ』でデビューした翌年に公表されたファースト・アルバムの第一曲目のタイトルは『俺はうちの年寄りみたいにはならないぞ』であった。

家でまたがみがみ言われるなら、ずらかるのが一番いい／そして俺は月曜の朝にもう金曜の晩を待っている／でもうちの年寄りは言うんだ、お前は働かないといけない、私のようにせっせとね／でも俺はうちの年寄りみたいにはならないぞ／やめっちまいたい、金なんかクソ喰らえだ／これから何も変わらないようなら、そんな世の中なんて見限ってやる

ここに「六八年」を可能にした社会的背景を見ることができよう。つまり、成熟していったフォーディズム社会のなかで未来の担い手として進歩的存在となった若者とその文化は（商品）価値を高め、優越した社会的立場を獲得し、いまやその存在と文化が社会と文化の全体を規定するまでに至ったことで、「六八年」は「おまえたちをぶち壊して」いる「現在」を弾劾して、「ぶち壊そう」と声を上げ

郵便はがき

料金受取人払郵便

山科局承認

1695

差出有効期間
平成31年11月
30日まで

6 0 7 - 8 7 9 0

（受　取　人）
京都市山科区
日ノ岡堤谷町1番地

ミネルヴァ書房
読者アンケート係 行

◆ 以下のアンケートにお答え下さい。

お求めの
書店名＿＿＿＿＿＿＿＿市区町村＿＿＿＿＿＿＿＿＿＿＿＿＿＿書店

＊ この本をどのようにしてお知りになりましたか？ 以下の中から選び、3つまで○をお付け下さい。

A.広告（　　　　）を見て　B.店頭で見て　C.知人･友人の薦め
D.著者ファン　E.図書館で借りて　F.教科書として
G.ミネルヴァ書房図書目録　H.ミネルヴァ通信
I.書評（　　　　）をみて　J.講演会など　K.テレビ･ラジオ
L.出版ダイジェスト　M.これから出る本　N.他の本を読んで
O.DM　P.ホームページ（　　　　　　　　）をみて
Q.書店の案内で　R.その他（　　　　　　　　）

書 名 お買上の本のタイトルをご記入下さい。

◆上記の本に関するご感想、またはご意見・ご希望などをお書き下さい。
文章を採用させていただいた方には図書カードを贈呈いたします。

◆よく読む分野（ご専門）について、3つまで○をお付け下さい。

1. 哲学・思想　2. 世界史　3. 日本史　4. 政治・法律
5. 経済　6. 経営　7. 心理　8. 教育　9. 保育　10. 社会福祉
11. 社会　12. 自然科学　13. 文学・言語　14. 評論・評伝
15. 児童書　16. 資格・実用　17. その他（　　　）

〒
ご住所

Tel　（　　）

お名前《ふりがな》　年齢　歳　性別　男・女

ご職業・学校名
（所属・専門）

Eメール

ミネルヴァ書房ホームページ　http://www.minervashobo.co.jp/
＊新刊案内（DM）不要の方は × を付けて下さい。 □

ることができたのである。またここにおいて「世代」概念が階級・階層と同等の価値を有する、あるいは重要性において階級・階層に取って代わる社会・文化的なカテゴリーとして生成され、「六八年世代」に強力な政治的武器を提供することになるのである。

注

（1）Helmut Schelsky, Die skeptische Generation. Eine Soziologie der deutschen Jugend, Düsseldorf, 1957. Dirk Moses, Die 45er – Eine Generation zwischen Faschismus und Demokratie, in: Neue Sammlung, H. 1, 2000. 拙稿「『六八年』——ドイツ現代史の転換点か、神話か?」『ゲシヒテ』第四号、二〇一一年を参照。

（2）この暴動にかんしては、Günther Kaiser, Randalierende Jugend. Eine soziologische und kriminologische Studie über die sogenannten „Halbstarken", Heidelberg, 1959, S. 24ff.

（3）Ibid., S. 29.

（4）この現象にかんしては Thomas Grotum, Die Halbstarken. Zur Geschichte einer Jugendkultur der 50er Jahre, Frankfurt am Main／New York, 1994. Kaspar Maase, BRAVO Amerika. Erkundungen zur Jugendkultur der Bundesrepublik in den fünfziger Jahren, Hamburg, 1992. Hans-Jürgen von Wensierski, „Die anderen nannten uns Halbstarke" – Jugendsubkultur in den 50er Jahren, in: Heinz-Hermann Krüger (Hg.), „Die Elvis-Tolle, die hatte ich mir unauffällig wachsen lassen". Lebensgeschichte und jugendliche Alltagskultur in den fünfziger Jahren, Opladen, 1985, S. 104–128. Heinz-Hermann Krüger, >Es war wie ein Rausch, wenn alle Gas gaben< Die >Halbstarken der 50er Jahre, in: Willi Bucher／Klaus Pohl (Hg.), Schock und Schöpfung. Jugendästhetik im 20. Jahrhundert, Darmstadt／Neuwied, 1985.

(5) Konzertante Schlägerei. Rock'n Roll–Tumulte in der Hamburger Ernst–Merck–Halle – Das Rezept des Paracelsus, in: Die Zeit vom 31. 10. 1958.

(6) Curt Bondy, Jugendliche stören die Ordnung. Berucht und Stellungnahme zu den Halbstarkenkrawallen, München, 1957, S. 52ff.

(7) Friedl Schröder, Gefahr und Not der Halbstarken, in: Allgemeine deutsche Lehrerzeitung H. 17, 1956, S. 327.

(8) Hans Heinrich Muchow, Zur Psychologie und Pädagogik der Halbstarken I, II, III, in: Unsere Jugend 1956, H. 9–11, S. 444. Friedl Schröder, Gefahr und Not der Halbstarken, S. 326. A. Jope, Betr. Bundestagsdebatte wegen der „Halbstarken", in: Allgemeine Deutsche Lehrerzeitung H, 17, 1956, S. 330.

(9) Bondy, Jugendliche stören die Ordnung, S. 80f.

(10) Stephan Roth, Die ratlosen Ganzschwachen, in: Die Zeit vom 11. 4. 1957, S. 25.

(11) Heinz Kluth, Die „Halbstarken" — Legende oder Wirklichkeit, in: deutsche Jugend, H. 11, 1956, S. 500.

(12) Bondy, Jugendliche stören die Ordnung, S. 80.

(13) Vgl., Neumeister, Die Jugend ist nicht kriminell, in: FAZ vom 14. 11. 1956.

(14) Klaus Arnspenger, ...denn sie wissen nicht, was sie tun sollen. Eine internationale Zeiterscheinung: Die Halbstarken. SZ – Gespräch mit Erziehern und Pädagogen, in: SZ vom 30. 6. / 1. 7. 1956.

(15) Muchow, Zur Psychologie und Pädagogik der Halbstarmen, S. 448.

(16) Wolfgang Rothe, Aufstand der Asozialen? Notitzen zu einem Problem der Zukunft, in: FAZ vom 8. 9. 1956.

(17) Muchow, Zur Psychologie und Pädagogik der Halbstarmen, S. 446.

(18) Adolf Busemann, Verwildung und Verrohung, in: Unsere Jugend H. 4, 1956, S. 162f.

(19) Der Über-Rhythmus, in: Der Spiegel vom 26. 9. 1956, S. 54.

(20) Elvis, the Pelvis, in: Der Spiegel vom 12. 12. 1956, S. 54ff.

(21) Walter Abendroth, Das große Kopfschütteln über die Jugend. Der moderne Aberglaube der Film- und Jazzfans, in: Die Zeit vom 27. 9. 1956.

(22) Bondy, Jugendliche stören die Ordnung, S. 91.

(23) Schröder, Gefahr und Not der Halbstarken, 327f. Günther Kaiser, Die Kriminalität der sogenannten Halbstarken in: Unsere Jugend H. 7, 1957, S. 308f.

(24) Konzertante Schlägerei, S. 11.

(25) Diktatur der Halbstarken?, in: Die Zeit vom 24. 5. 1956.

(26) Walter Dirks, Unreife, in: Frankfurter Hefte, H. 10, 1956, S. 680ff.

(27) K. Köbelin, Fehler der Jugend und Schuld der Eltern, in: SZ vom 23. 1. 1957.

(28) Weg von der Straße – aber wohin? Diskussion des Jugendformus: Gibt es Halbstarke? Konferenzen in allen Stadtvierteln, in: SZ vom 17. 9. 1956.

(29) Muchow, Zur Psychologie und Pädagogik der Halbstarken, S. 488f.

(30) Rolf Fröhner, unter Mitarbeit von Wolfgang Eser und Karl-Friedrich Flockenhaus, Wie stark sind die Halbstarken? Beruf und Berufsnot, politische, kulturelle und seelische Probleme der deutschen Jugend im Bundesgebiet und in Westberlin, Bielefeld, 1956, S. 267ff.

(31) Uta G. Poiger, Jazz, rock, and rebels. Cold war politics and American culture in a divided Germany, Berkeley, 2000 の第4章、さらにジョージ・L・モッセ（佐藤卓巳／佐藤八寿子訳）『ナショナリズムとセクシャリティ』柏書房、一九九六年も参照。

(32) Peter Heimann, Erziehung zu einem sinnvollen Kulturverhalten (1957), in: Hermann Giesecke (Hg.),

Freizeit und Konsumerziehung, Göttingen, 1968.

(33) Harry Pross, Die Flucht in die Bande, Moped-Jugend und die Frage der Autorität, in : FAZ vom 29. 9. 1956.

(34) Horst Gehrke, Zum Problem der Halbstarken, in : Die berufsbildende Schule 1956, H. 8 / 9, S. 536f.

(35) R. Strobel, Wie ist die deutsche Jugend ?, in : Die Zeit vom 18. 10. 1956.

(36) Edith Göbel, Mädchen zwischen 14 und 18, Berlin / Darmstadt / Dortmund 1964, S. 217.

(37) この文化にかんしては Poiger, Jazz, rock, and rebels, Maase, BRAVO Amerika. を参照。

(38) Christine Bartram / Heinz-Hermann Krüger, Vom Backfisch zum Teenager - Mädchensozialisation in den 50er Jahren, in : Heinz-Hermann Krüger (Hg.), „Die Elvis-Tolle", S. 92.

(39) Hermann Bertlein, Das Selbstverständnis der Jugend Heute. Eine empirische Untersuchung über ihre geistigen Probleme, ihre Leitbilder und ihr Verhältnis zu den Erwachsenen, Berlin / Hannover / Darmstadt, 1960, S. 268f. Göbel, Mädchen zwischen 14 und 18, S. 316ff.

(40) Bertlein, Das Selbstverständnis, S. 261.

(41) Viggo Graf Blücher, Die Generation der Unbefangenen. Zur Soziologie der jungen Menschen heute, Düsseldorf - Köln, 1966, S. 114ff.

(42) Ibid., S. 120.

(43) Ibid., S. 247.

(44) Thilo Castner, Schüler im Autoritätskonflikt. Eine empirische Untersuchung zu der Frage >Was halten Schüler von der älteren Generation ? < Darmstadt, 1969, S. 62f.

(45) Ibid., S. 45.

(46) Ibid., S. 36.

(47) Ibid., S. 40.
(48) Göbel, Mädchen zwischen 14 und 18, S. 313.
(49) Ibid., S. 275.
(50) Ibid., S. 283.
(51) Ibid., S. 308.
(52) Ibid., S. 360.
(53) Blücher, Die Generation der Unbefangenen, S. 375f.
(54) Vgl., Peter Zimmermann, Aufwachsen mit Rockmusik – Rockgeschichte und Sozialisation, in : Ulf Preuss-Lausitz, u. a., Kriegskinder, Konsumkinder, Krisenkinder. Zur Sozialisationsgeschichte seit dem Zweiten Weltkrieg, Weinheim / Basel, 1995.
(55) Günter Ehnert (Hg.), Hit Bilanz. Deutsche Chart Singles 1956-1981. Hamburg, 1983, S. 427.
(56) Walter Blücher, Jugend, Bildung und Freizeit. Dritte Untersuchung zur Situation der Deutschen Jugend im Bundesgebiet, durchgeführt vom EMNID-Institut für Sozialforschung, im Auftrage des Jugendwerks der Deutschen Shell, 1966, S. 130, 135, 150.
(57) Castner, Schüler im Autoritätskonflikt, S. 90ff.
(58) Norbert Linke, Der Kontakt zwischen Hörer und Massenmedien, in : Siegmund Helms (Hg.), Schlager in Deutschland. Beiträge zur Analyse der Popularmusik und des Musikmarktes, Wiesbaden, 1972.
(59) Rainer Bieling, Die Tränen der Revolution : die 68er zwanzig Jahre danach, Berlin, 1988, 29. 六〇年代における音楽と若者の社会・政治行動にかんしては，Detlef Siegfried, Vom Teenager zur Pop-Revolution. Politisierungstendenzen in der westdeutschen Jugendkultur 1959 bis 1968, in : Axel Schildt / Detlef Siegfried / Karl Christian Lammers (Hg.), Dynamische Zeiten. Die 60er Jahre in den beiden deutschen

Gesellschaften, Hamburg, 2000.「ライフ・スタイル革命」「文化革命」にかんしては、Christoph Kleßmann, 1968 – Studentenrevolte oder Kulturrevolution?, in: Manfred Hettling (Hg.), Revolution in Deutschland? 1789–1989, Göttingen, 1991. Detlef Siegfried, „1968“ — eine Kulturrevolution? in: ders. Sound der Revolte. Studien zur Kulturrevolution um 1968, München, 2008.

(60) 井関正久『ドイツを変えた68年運動』白水社、二〇〇五年。西田慎『ドイツ・エコロジー政党の誕生——「六八年運動」から緑の党へ』昭和堂、二〇一〇年。野田昌吾「『一九六八年』研究序説：『一九六八年』の政治社会的インパクトの国際比較研究のための覚え書き」『大阪市立大学法学雑誌』第五七巻第一号、二〇一〇年。翻訳ではノルベルト・フライ（下村由一訳）『1968年——反乱のグローバリズム』みすず書房、二〇一二年。さらに『ゲシヒテ』第四号（二〇一一年三月）の特集「ドイツ史のなかの『68年』——ドイツ現代史学会第33回大会シンポジウム」の井関正久「東ドイツにおける『1968年』の意義」、田中晶子「『1968年』のアメリカニズム」、水戸部由枝「『68年運動』と『性の解放』」を参照。「神話」にかんしては『ゲシヒテ』の拙稿「『68年』——ドイツ現代史の転換点か、神話か?」を参照。

(61) Bieling, Die Tränen der Revolution., 35f.

(62) Vgl., Detlef Siegfried, Time Is on My Side. Konsum und Politik in der westdeutschen Jugendkultur der 60er Jahre, Göttingen, 2., durchgesehene Aufl. 2008, S. 388–398.

(63) Der Spiegel vom 3. 7. 1972, S. 120f.

(64) Der Spiegel vom 26. 4. 1971, S. 202.

(65) Der Spiegel vom 1. 12. 1969, S. 76f.

(66) Friedrich H. Tenbruck, Moderne Jugend als soziale Gruppe (1962), in: Ludwig von Friedeburg (Hg.), Jugend in der modernen Gesellschaft, Köln / Berlin, 1965, S. 87–98.

(67) Vgl., Kai Sichtermann / Jens Johler / Christian Stahl, Keine Macht für Niemand. Die Geschichte der Ton

Stein Scherben, Berlin, 2000. Siegfried, Time Is on My Side, 701-705.

第5章　高度経済成長期の時間／空間

1　ハイマート時間／空間の変容

都市空間

若者文化のヘゲモニーによってフォーディズム的社会が成熟していくと同時に、「ハイマート」に表象された時間／空間も変容を遂げ始めていった。この節ではその変容を、新たな都市計画を生み出していった都市の再評価、そして「ハイマート映画」の衰退とこの映画に対するオルターナティヴな映画の制作を具体的に検討していくことで、読み取ってみよう。

すでに第2章第2節で、居住空間の美的志向に関して変化が生じたことを指摘した。五〇年代に西ドイツ市民の多数は保守的な田舎風の居住空間を好み、都市的なモダニズム空間を回避して、そこに失われた過去を回復し、堅実な生活とライフ・サイクルを取り戻そうとする復興期の心情を反映させていていたが、五〇年代末から上昇志向をもつ若い高学歴層を中心にしてモダニズムの空間志向が強まっていった。一方で私たちは、反都市の思想に基づいていた都市計画においてもっと明確な転換点を見出すことができる。六〇年六月にアウグスブルクで開催された第一一回ドイツ都市大会は「私たちの都市の革新」(1)を課題として提示し、復興と都市の拡大ではなく、旧来の都市計画からの転換をそこで問題としたのである。

この大会で基調講演を行った経済学者のE・ザーリンは「都会性」(Urbanität)の理念を歴史的に再評価する試みを行っている。彼によれば、都会性は都市そのものの特徴を示す概念ではなく、実際に都会性なき都市は何世紀にもわたって存在してきた。むしろこの概念には、都市自治に積極的に関与・寄与し、美と美徳を追求する洗練された教養ある市民の精神・政治的な自由と民主主義の理念が表現されている。この都会性の意義を意識していた代表的な都市市民が古代ギリシャのアテネ市民、とくにペリクレスであり、その対極にあったのが美と精神の感覚を失った田舎的で、無骨で、無教養なスパルタ市民であった。この都市性の理念は古代ローマにおいて受け継がれてきたが、キリスト教世界では肉体と精神と知力が高度に洗練された形で統一されることが困難であったために廃れ、ようやく一八世紀になってフランス革命で第三身分が権力を掌握したフランスにおいて再発見されたのだという。ドイツでは閉鎖的な「礼儀正しさ」の理念が「都会性」よりも重視されたものの、第一次世界大戦の時期から多くの都市で独自の都会性が栄えていった。これに終止符を打ったのが一九三三年のナチスの権力掌握であった。「この犯罪者はドイツ民族から永遠に都会性を奪った。……一九三三年はドイツの都会性の終焉を意味し」、「中身のない表面が残り、そのなかに戦争で爆弾が落ち、中身のない壁が破壊された」のだという。こうしてドイツの都会性の伝統は最終的に断ち切られたが、今日の大衆社会は「古典的な都会性や人道主義的な都会性とは異なる形態を必要としている」と判断して、ザーリンはそこに新たな課題を見た。つまり、それまでの都市計画の理念が「密度の軽減」をめざしていたのに対して、ザーリンはむしろ都市の「空洞化」を回避して、「中核」を強化することを焦眉とみなし、新たな歴史的条件に見合った「都会性」の理念に基づいて、都市を「匿名の大衆の塊からふたたび生き生きとした有機体に」変えることを提唱したのである。(2)

ザーリンの基調講演の翌日にハノーファーの都市建築監督官のR・ヒレブレヒトは第一部会で、反都市キャンペーンのスローガンである「密度軽減」（Entballung）に対して「稠密化」（Ballung）を再評価する「調整化された計画」と題する報告を行っている。(3) この「稠密化」概念は量的な問題ではなく、むしろ質的なメルクマールによって定義されるべきだと唱えたヒレブレヒトは、「密度軽減化」に基づく反都市的な都市計画構想では、もはや都市の問題はもはや解決しえないことを次のように訴えている。

近代的な工業社会へと急激に発展したためにいま現実に都市に迫っている危険は、削減や制限といった量的な措置、つまり「密度軽減化」を行ったとしてもさほど回避されない。……（「煙突の拡散」といった）安易な手段では、現在の生活の要請に都市を適合させ、近代的な工業社会に適合した新しい環境形態を個々に形成し、都市を総体的に革新し、都市概念を現在と未来の状況に見合ったタイプのものにもっと有意義に発展させていくといった課題に対処することはできない。(4)

このように「都会性」概念がもち出されることによって、「都市（Stadt）」vs「農村（Land）」の対立軸に沿って評価されてきたこれまでの都市計画に新しい座標軸が据えられ、「都会性」の理念に基づく新たな都市形成とライフ・スタイルが提唱された。さらに、ナチスを「都会性」の理念をドイツ人から永遠に奪った「犯罪者」とみなすことで、都市計画に関しても「過去の克服」が課題として据えられたのである。社会学者のH・P・バールトも建築雑誌の『建築世界』誌上で「ロマン主義的な大都市批判」を批判し、都市化によって健全な過去の秩序構造が破壊されたことにではなく、かつて存在していた都会的生活の多くの傾向を失ったことを解決すべき都市問題の出発点にして、「大都市の再都会化」を同じ年の六〇年に要求しているが[5]、それはザーリンの講演とヒレブレヒトの報告と同じように、この時期に都市批判と都市計画の視座が変化していったことを表現していたといえよう。すなわち、都市化という近代化の現象に問題の根源を見て、都市のなかに村落やハイマートといった非都市的原理を持ち込むことで都市問題を解決しようと試みる視座は、「都会性」という都市の理念そのものの喪失に都市問題の本質を見て、この理念を再興することにその問題を解決する糸口を見出そうとする視座へと転換していったのである。ここにおいて私たちは、都市批判と都市計画の理念と実践が、自然と伝統に基づく閉鎖的・静態的な文化論的なものから、活動的で、洗練された都会的・民主的な都市社会の構築をめざす開放的・動態的な文明論的なものへと変化していく転換点を確認できるであろう。

この転換を実証している現象として、戦後ドイツ人がナチス時代の記憶を抑圧してきたことを告発してベストセラーになる『追悼することの不能』を六七年に著したA・ミッチャーリヒがその二年前に『私たちの都市の荒涼』[6]を上梓し、それが二〇万部以上の売り上げを記録したことがあげられる。この著作のなかでミッチャーリヒは、戦争で破壊されたドイツの都市が復興によって都市計画における悪弊を正すチャンスを逃したことを告発した。本来ヨーロッパの都市は、責任ある啓蒙された都市市民に支えられ、民主的に構成された政治的主体であったのだが、機能的な分離と増殖を特徴とする現在の都市は物質的な悲惨さを克服したとしても、かつてもっていた労働と生活が統合された都市空間を失い、その市民に精神的な荒廃をもたらしているのだという。このようにミッチャーリヒは都会性の喪失に現在の都市問題を見て、その回復に希望を託しているのである。

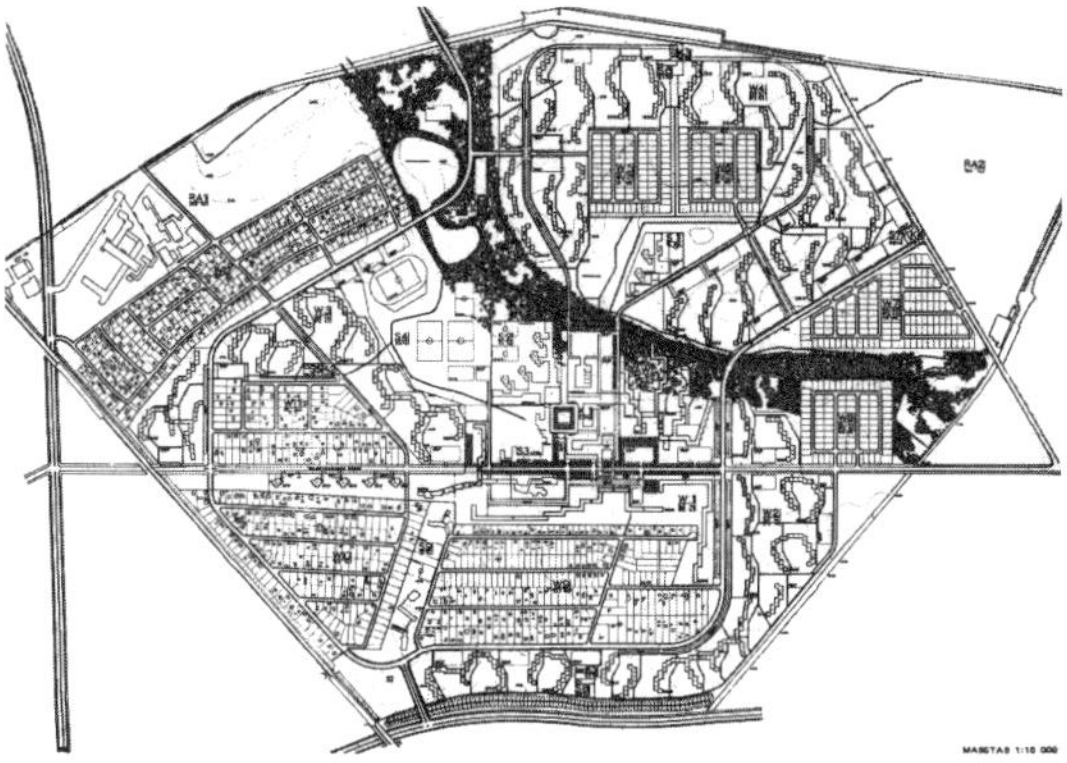

図5-1①　メルキッシュ地区の設計画

出所：Alexander Wilde, Das Märkische Viertel, Berlin, S. 42.

ベルリン・メルキッシュ地区

実践面でこの転換点を実証している事例の一つを私たちは、ベルリンのライニッケンドルフ区の郊外に建築された集合住宅地のメルキッシュ地区とそれに対する批判に見出すことができる[7]。この地区のプロジェクトは五〇年代中頃に開始されたが、六〇年代に四〇歳を迎える前衛的な若手建築家によってその構想（図5-1①参照）は六二年に公表された。単なる「ベッドタウン」ではなく、

図5-1② メルキッシュ地区の空撮写真

出所：Wilde, Das Märkische Viertel, S. 82.

活気あふれる生活に満ちた魅力ある都会的な建造物を作り上げることを目的に据えた彼らは、約一万三〇〇〇世帯のための七階から一六階建の大小様々な高層アパート、ショッピング・センター、幼稚園、学校、教会、スポーツ施設、リクリエーションと余暇のための公園などを備えた区域に三万八〇〇〇人の住民が生活する集合団地計画を打ち立てたのである。その後この計画は拡大し、最終的に一万六〇〇〇世帯が居を構えることになり、こうしてメルキッシュ地区の都市計画は旧来の住宅団地の規模をこえて、大都市のなかの小都市といった様相を帯びる空間を形成することになった。「連関と稠密化」をモットーとしたこの都市計画は、規模拡大、合理性、集積、集結などの原理を用いることで、建築の規模を高さと面積において拡大させ、様々な機能を備えたセンター領域へと居住区を調整すると同時に、建築体も相互に関連づけ、建築形態と住民集団を混合させることで、建築的にも社会的にも均質性を回避することを試みている。こうして、多様で、異なる建築物から合理的に構成された巨大で、複雑な都市景観（図5-1②参照）が誕生し、六〇年代の景観を表象=代表することになる。

ベルリンの壁が建設される前に行われたハンザ地区の建築博覧会

には東ドイツからも多くの見物客が訪れたが、この巨大な建築複合体は結果としてベルリンの壁に隣接する地区に建造されることになり、文字どおり壁越しに西ドイツの建築プロジェクトを東側の人々が知ることのできる「展示会場」となった。ここを「第二のハンザ地区」にすることを行政側も明確に意識しており、その意味でメルキッシュ地区は新しい西ドイツを表象=代表する空間として建築されたのである。そしてこのプロジェクトは当初、高い評価を受けた。そこに居住した住民は、比較的劣悪な住宅事情を抱えた地区の出身者が多かったために、遠隔暖房、温水供給、システム・キッチン、トイレから分離された浴室、ダスト・シュート、エレベーターなどの快適な近代的設備を備えたこの新しい住居に満足した。たしかにFAZ紙のような保守的な新聞からは「もちろんずっと開放的で、建築敷地も広々としているが、根本的には三〇年代の安っぽい労働者居住区を思い起こさせる」集合住宅、「重量感、図式的なもの、それどころか堅城のような威圧感を強調する模範」といった評価が下されたものの[8]、このプロジェクトに対する批判はさほど強いものではなかった。むしろ、建築の完了までの予定期間の半分が過ぎた六七年に建築雑誌『建築界』が行った「中間報告」では完成に向けて希望が語られており[9]、同年一〇月一九日の『ベルリン新聞』はその完成に「ヨーロッパの西側半分の都市計画者にとって希望の曙光」を見たのである[10]。

しかし、六八年頃からメルキッシュ地区のプロジェクトに対する風当たりは強くなっていく。託児所や医療施設などの不足と不備、低所得者層の割合の高さとそれによる重々しい家賃負担などをめぐって、この地区の住民によって六八年にはじめて抗議集会が開かれ、この抗議運動に資本主義批判を行う学生運動も介入してきたのである。さらに、この話題を取り上げたメディアはもっと包括的なメルキッシュ地区批判を展開していった。六八年九月九日号の『シュピーゲル』誌はメルキッシュ地区を「陰鬱なコンクリートのファッサード」をもつ「石の砂漠」、「反社会分子住宅建築の模範」、「コンクリート建築のもっとも陰鬱な腫物の一つ」と表現して、[11]「防空壕や矯正施設、ホームレス収容施設、ミニ・シカゴ――ここはこう呼ばれている」、「すべてが死んでいて、空虚だ」、「灰色の地獄」、「ここに来た一年間で神経がやられた」といったメルキッシュ地区住民の発言を紹介している。[12]同誌の六九年二月三日号は表紙に「未来の建て方が間違っている／ドイツにおける居住」というタイトルのついた特集を組み、そこに六枚の集合住宅の写真を載せ、その下に「一九六九年のドイツの住宅建築『晩に帰宅するたびに、自分がこの兵舎に引っ越してきた日をいまいましく思い出す』」という解説をつけている。その写真の最初で、もっとも大きく写し出されていたのがメルキッシュ地区であった。つまりこの地区はいまや、「コンクリートの灰色のアパートの狭い独房に押し込められ、アパートの並びのわびしい単調さに取り囲まれて」いる西ドイツの「荒涼とした郊外のゲットー」を表象＝代表することになり、その意味で「ドイツの住宅計画者のまちがった措置を示す標本」[13]となったのである。六九年一月二〇日のFR紙もこの地区を「硬直して画一性と荒涼たる単調さ」の模範例として取りあげ、[14]『ツァイト』紙の七〇年一二月一一日号はこの「一五億マルクのプロジェクト」を「ドイツ都市計画における最大のスキャンダルの一つ」[15]と、七一年四月九日号は「社会的にはもちろん呆れかえるほど出来の悪い戦後期の最後の巨大な記念碑」[16]とよんだ。

前述のFAZのメルキッシュ地区への批判は反都市的な保守的観点から行われたが、これらの批判はどちらかというと左翼・革新系のメディアから発せられている。ここではメルキッシュ地区は典型的な都市空間であるからではなく、インフラの不整備や低所得者や児童・青少年の割合の異常な高さなど、都市として問題を抱えていて、「都会性」の基準を満たしていないゆえに批判されている。あるいは、その合理性が反民主主義や官僚主義の意味で抑圧的であり、その意味で都会的な洗練さと理念を欠いていることが問題にされているのである。たとえば、七〇年五月二九日号の『ツァイト』紙は「都市計画は秘術なのか？」と題する記事を載せ、都市計画を行政と専門家に委ねるのではなく、住民がその計画に情報、展示、対話、討論、参画などによって積極的に関与し、それによって住民にとって心地よく、都市中心部へのアクセスが容易で、子供や歩行者に優しい都市空間を実現しているスイスの都市バーデンの民主的実践を取り上げて、ほかの「都市の建築現場の囲いは非常に巧妙に隠された民主主義の境界線である――その背後で独裁が始まっている」と警告している。バーデンでは市民の参画によって都市計画上の欠陥が見逃されることなく、改善されていくが、「上からの計画」ではそのような欠陥は放置され、その結果は「西ベルリンのメルキッシュ地区のように破滅的である」のだという[17]。このように市民の民主的な参加という「都会性」の欠如に都市問題の本質が見出されており、その「破滅的」な結果を表象＝代表していたのがメルキッシュ地区だったのである。

ニュー・ジャーマン・シネマ

すでに前章で分析したように、五〇年代末にロックン・ロールが流行し、これにハイマート・ソングが対抗することで世代間の闘争が音楽市場でくり広げられ、大衆音楽界において大きな変化が生じた。映画界も六〇年代に「ニュー・ジャーマン・シネマ」をめぐって転機を迎えることになるが、まずは映画界におけるこの転換を直接的に引き起こしたその危機的状況を説明しておこう。

先述したように、四七年から六〇年にかけて西ドイツで制作された映画の二割がハイマート映画であった。五六年には映画市場におけるこのジャンルの割合は三分の一以上に達していたのだが、それ以後は減少をつづけ、五九年と六〇年には一割台を割り込んでいったのである[18]。しかし、落ち込んだのはハイマート映画の割合だけではない。五六年と五七年に西ドイツ映画界は年間八億人以上の観客を獲得できたが、これは総数で約六五〇〇も存在していた映画館に一人が年間一五回以上も足を踏み入れていたことを意味する。ところが、六一年から七〇年までの一〇年間に観客動員数は三分の一以下にまで減少し、映画館の数もほぼ半減してしまった。平均すると毎日一軒ずつ西ドイツの映画館がつぶれていったことになる[19]。

六〇年にはすでに西ドイツの四分の一の世帯がテレビを所有しており、テレビの普及が映画産業の衰退の原因とみなされたが、問題はもっと複雑であった。テレビの視聴時間と映画館への来館の頻度はむしろ相関関係にあり、三〇歳以下の若年層は固定客として映画館に足を比較的運んでいた一方で、年齢とともに来館の頻度は減少していったからである[20]。つまり映画が大衆文化から若者文化に変化していくこの現象は、ハイマート映画や王妃の恋愛物語である『シシー』三部作のような娯楽映画に魅了されて、五〇年代の映画興行を支えていた観客層が映画館に足を運ばなくなったことを意味した。さらに、若年層にとって魅力ある映画の制作が西ドイツ映画界にとって死活問題となったのである。さらに、西ドイツの映画市場でドイツ映画の占める割合も五〇年代末から減少しており、六〇年代末になってようやく回復してきたことが図5－2から理解できよう。六五年の西ドイツにおける観客動員数によ

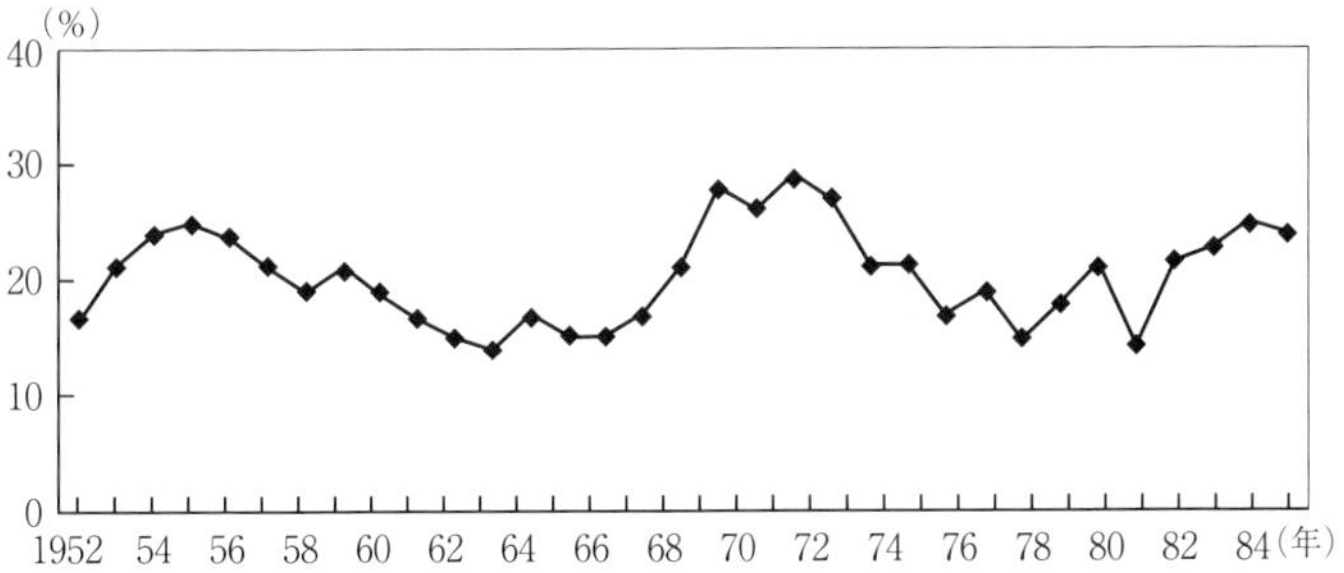

図5－2　ドイツ映画市場におけるドイツ映画の割合

出所：Klaus Sigl / Werner Schneider / Ingo Tornow, Jede Menge Kohle? Kunst und Kommevz auf dem deutschen Filmmarkt der Nachkriegszeit, München, 1985, S125-158. より算出。

るベストテンに入っていたドイツ映画は三本だけだったのである。(21) このような危機的な状況が迫りつつあるなかで、「オーバーハウゼン宣言」(22) が六二年の第八回西ドイツ短編映画祭の期間中に二六人の映画人によって公表された。

因習的なドイツ映画が崩壊したことによって、私たちが拒否してきた精神的態度がついに経済的基盤を失うことになった。それによって、新しい映画が生存できるチャンスが出てきた。／……この新しい映画に必要なのは新しい自由である。映画業界の慣行となっている因習からの自由である。興行上の出資者の影響からの自由である。利益集団による後見からの自由である。／私たちはニュー・ジャーマン・シネマ（der neue deutsche Film）の制作が精神的・形式的・経済的な面でどのようなものであるのか、具体的なイメージを描いている。私たちは経済的なリスクも共同で負う覚悟である。／古い映画は死んだ。私たちは新しい映画を信ずる。(23)

五〇年代にハイマート映画や戦争映画を制作した監督の大半――たとえば『原野は緑』のH・デッペ（一八九七年生）、『08／15』のP・マイ（一九〇九年生）――がナチス時代にキャリアを積んできた世代であるのに対して、ここに署名した人々の中心は、A・クルーゲ（三二年生）、E・ライツ（三二年生）、P・シャモニ（三四年生）のように、戦後になって映画制作にかかわることになる当時まだ四〇歳以下の若手映画人であった。この集団はメディアによって「オーバーハウゼン・グループ」とよばれ、そこにはV・シュレーンドルフ（三九年生）、U・シャモニ（三九年生）、W・ヘルツォーク（四二年生）、R・W・ファスビンダー（四五年生）、W・ヴェンダース（四五年生）など、のちのドイツ映画界を主導するメンバーが集うことになる。「ニュー・ジャーマン・シネマ」の担い手がここに形成された。

「オーバーハウゼン宣言」がすぐさま作品として成果をもたらすことはなく、U・シャモニの『エス』、シュレーンドルフの『テルレスの青春』、P・シャモニの『狐の禁猟期』、クルーゲの『昨日からの別れ』などの注目作品が公開された一九六六年が、実質的に「ニュー・ジャーマン・シネマ」の誕生の年となった。『テルレスの青春』はカンヌ国際映画祭で国際批評賞を、『狐の禁猟期』はベルリン映画祭で銀熊賞を、『昨日からの別れ』はヴェネチア映画祭で銀獅子賞や国際カトリック映画事務局賞などを受賞している。これらの作品は「はじめて国際的なレベルでカムバックした」ドイツ映画として評価され、西ドイツを表象＝代表することになったのである。西ドイツを「映画の野蛮人国」にした五〇年代の映画の質を嘆き、外国映画に市場を席捲された現状を憂えた『シュピーゲル』誌はこのような現象に喝采を送り、クルーゲの『昨日からの別れ』を「一九三三年以来の最高の映画」と讃える批評を紹介している。(24)「オーバーハウゼン宣言」の中心的人物であるクルーゲによって制作され、すでに題名がこの宣言を象徴していたこの映画は「ニュー・ジャーマン・シネマ」のまさに記念碑的な作品となった。当時の『ツァイト』紙も『昨日からの別れ』が「ゴダールの映画がフランス的で、パゾリーニの映画がイタリア的で、スコリモフスキの映画がポーランド的であるのと同じようにドイツ的」であり、国際的な関心をよぶことが期待できる「国民的な現象」であると評価している。(25)では、この「国民的現象」は、復興期の映画が描き出した「ハイマートの時間／空間」に代わる「ドイツ的」な時間／空間をスクリーンにどのように映し出したのだろうか。

A・クルーゲ『昨日からの別れ』

『昨日からの別れ』の主人公は東ドイツのライプツィッヒ生まれの二二歳のユダヤ人女性、アニータ・G。ナチス期に祖父母は迫害を受け、戦後に両親は没収された工場に戻り、アニータ自身は電話交換手として働いていたが、「突然に不安を感じて」西ドイツへ五七年に移住してきた。この過去は西ドイツの裁判所の被告席で彼女自身の口から語られている。彼女がその席に座らなければならなかったのは、夏だったのに「凍えていた」という理由でカーディガンを盗んだためであり、彼女は有罪判決を受け、監獄に入る。しかし保護観察に刑は軽減され、アニータは保護司の下で生活することになるが、そこから逃走して、雇われたレコード店の店長の愛人となり、注文用紙を偽造して毛皮を購入する。しかし店長の妻がその関係を疑うと、アニータは厄介払いされてしまう。彼女はホテルのメイドとして働き始めるが、窃盗を疑われて解雇され、家賃の滞納で部屋も追い出されてしまう。両手にトランクをもって都会をさまようアニータは居酒屋で若い男と知り合い、一夜を過ごす。そこで彼女は大学の講義に出て、教養を身につけることを思い立ち、実行する。やがて、ホテルから夜逃げした彼女は政府高官のピヒョータと出逢い、既婚者の彼と愛人関係を結びながら、彼から教養を学びとっていく。しかし一方で彼女は窃盗などの罪を重ねて手配書に載り、さらに自分の妊娠を知る。彼女に手を負えなくなったピヒョータは一〇〇マルクを握らせて、彼女にノルトライン・ヴェストファーレンに行くことを勧め、そこで二人は別れた。彼女は都会を放浪しつづけるが、ついに警察に出頭し、入獄したアニータはそこで子供を産む。裁判の調書作成のために刑務所職員の質問に答えるシーンのあと、アニータのクローズアップが写し出されて、この映画は終わる。

このように都会を舞台に展開されるストーリーを一瞥しただけでも、『昨日からの別れ』がハイマート映画の対極に位置づけられる映画であることが理解できるであろう。まず、ナチスの迫害とかかわっていたユダヤ人女性を主人公に据えることは、歴史的な痕跡を画面に映すことを意識的に回避していたハイマート映画にとってまったくありえない設定である。ただ、ナチス時代と東ドイツ時代の彼女の過去は『昨日からの別れ』のなかに直接的に登場することはなく、その過去自体がこの映画の主題であるわけでもない。アニータ自身もその経験が「何らかの形で現在と、あなたの現在の状況とかかわっているのですか」という裁判官の問いに「いいえ」と答えていて、裁判所のシーンの後にこの過去はまったく語られていない。また物語全体のなかで、彼女がユダヤ人であるがゆえに優遇されることも、冷遇されることもない。

しかし、この映画はコラージュの技法が使用されて、絵本の挿絵、クリスマスの街を描いた絵画、オペラのシーン、錫のおもちゃの兵隊の動画、餌を食べる子ウサギの映像などが挿入されているが、彼女の過去にまつわる写真――アニータの幼少時代の家族写真やその当時の豪華な邸宅と住居の写真、制服を着た国防軍将校とその妻たちのパーティーに参加する彼女の両親の写真など――や、ドイツの過去を暗示する写真――胸をはだけたまま首を吊られたパルチザン女性の写真、荒れたユダヤ人墓地など――も使用されている。ユダヤ人墓地の墓石に彫られたウサギの数枚の写真も写し出されるが、情事のあとのアニータと男がラジオから流れる演奏にしたがって国歌を口ずさむなかでそれは挿入されている。また保護司や白バイとパトカーにアニータが追いかけられている映像、さらには子供を射殺しようとしている落下傘部隊兵を背後からアニータが射殺し、そのあとにSAがあらわれて、彼女は追いかけられ、転倒したところを捕まえられる映像も、彼女の夢あるいは幻想として挿入されている。したがって、西ドイツ社会の一端を描いたこの映画にはその過去が埋め込まれており、ドイツの過去と彼女の行動のあいだにある関係を意識せずに鑑賞することを、この映画は観客に許さない。では、どのような関係なのだろうか。

アニータ　突然、不安を感じて、西へ行きました。
裁判官　どんな不安なのですか。何かの出来事に由来しているのですか。
アニータ　過去の出来事に由来しています。
裁判官　えーぇ、一九四三年と四四年の例の出来事のことを言っているのですか。信じられませんなあ。人生経験から考えて、このことが若い人に後々まで影響を及ぼすことはないものですよ。

アニータ　安心していられないと感じていました。

裁判官　それではおそらくあなたは、西での生活のほうがチャンスは大きいと察していたのではないですか。

アニータ　はい、そうでした。

これは、最初の裁判のシーンで裁判官から西に移住した理由を聞かれて、アニータが受け答えする場面である。アニータが東ドイツを離れるときに感じ、裁判官が理解することのなかった過去に由来するこの「不安」――これ以外に、反社会的とみなされる行動に彼女を駆り立てる内因を私たちはこの映画から見出すことはできない。だとすると、西ドイツ社会はこの不安を理解せず、経済的要因にその問題を還元していたということになる。

ハイマート映画では主人公や「楽隊屋」が田園や丘陵、山岳を放浪するシーンと、都会人がそのような放浪によって都市で受けた精神的負担を解消し、心身を浄化させるという筋書きが頻出する。一方、『昨日からの別れ』のアニータは居場所を見出すことができずに、転々と都市をわたり歩いていく。その意味で『昨日からの別れ』は都会の放浪記であるといえよう。とくに、政府高官のピヒョータから見捨てられたあとに、彼女は廃屋に寝泊まりし、屋外で着替えをし、川の水で手足と顔を洗いながら、重たいトランクを手にして、うら寂しい都会の情景のなかを、あるいは喧噪の雑沓のなかを放浪する六分間のシーン（図5‐3）は、この映画のもっとも印象的な部分である。そして「放浪」

の行き着く先は警察署と刑務所であった。この映画は、ハイマート映画のように「リアル」な都市から逃避して、ハイマートに居場所を求めていくのではなく、都市の現実を突きつけていくリアリズム映画である。

したがって『昨日からの別れ』はハイマート映画と同様に都市生活を賛美せず、むしろ批判的なまなざしを都市の景観に向けているが、それがハイマート映画とはまったく異なる観点からであることはいうまでもない。都市計画の転換の際に紹介した対立軸の変化はここでも有益であろう。すなわち、

図5-3　都市の放浪

出所：映画『昨日からの別れ』より。

ハイマート映画が「農村・田園的（Ländlich）」なものと「都市的（städtisch）」なものを対立軸に据えて、前者を基準にして後者を批判しているのに対して、『昨日からの別れ』はその評価基準を「都会性（Urbanität）」に代えることで都市生活を描いているのである。アニータがさまよう雑踏、車の往来の激しい道路、家屋の解体現場と工事現場、レストラン、ホテル、廃屋、監獄などの空間も、彼女が出会った裁判官、保護司、レコード店店長、ホテル経営者、大学教員、政府高官、刑務所職員などの人々も、彼女にとって性的・物質的にまとわりつき、あるいは突き放す無味乾燥な存在であるだけで、彼女と洗練された「都会的」関係を結ぶことはない。

彼女が出逢ったこれらの人々の大半は西ドイツの国家・社会体制の担い手である。その多くは権威として、反社会的な行動をとる彼女をその体制に適合させ、統合させることを職務とし、あるいはその役割を自ら引き受けている。そしてアニータ自身も適合の意志をもっているだけではなく、権威にあこがれ、教育を受け、教養を身につけることで社会に統合されることを試みる。しかし、その試みは結果としてことごとく挫折していく。『昨日からの別れ』はこの挫折を並列的につなぎ合わせていくという物語構造をもち、そこにはクライマックスも、ハッピーエンドも、悲劇的結末もない。したがって、誤解が解けて、最終的に適正な居場所とパートナーを見つけていくハイマート映画の『シュヴァルツヴァルトの娘』や、あるべき別の社会を実現するために、ヒトラーという現実の社会の中心人物の暗殺を試み、悲劇的な最期を迎えるシュタウフェンベルクの英雄物語の『七月二〇日』（五五年）だけではなく、類似したテーマを扱っているイギリス映画『長距離ランナーの孤独』（六二年）とも異なる物語構造をこの映画はもっている。少年院に収容された主人公が順応を強要する体制に不満を抱き、長距離走大会で走ることを意図的に止めるという行為によって、その体制への統合に抵抗するというクライマックスを『長距離ランナーの孤独』はもっているが、抵抗なきヒロインが主人公である『昨日からの別れ』にはそのような物語上の起伏は存在しないからである。末尾のシーンで調書の作成のためにアニータと刑務所職員と次のようなやり取りをしている。

職　員　あなたは国民学校に通いましたか？
アニータ　はい、高等学校もです。
職　員　そうですか、高等学校もですね。では卒業はしましたか？
アニータ　はい。
職　員　大学入学資格は取りましたか？
アニータ　はい。
職　員　職業訓練を受けましたか？
アニータ　はい。速記タイピストと看護師と電話交換手のための職業訓練を受けました。
職　員　へぇ、いいじゃないですか。だったら、これからうまく社会とつながっていく可能性はかなり大きいですね。

被追放者も含めた住民の大多数を統合することに成功したことで、安定した支持基盤と国家としての正当性を獲得した西ドイツ体制にとって、適合の意志をもち、その条件が整っていれば社会統合に

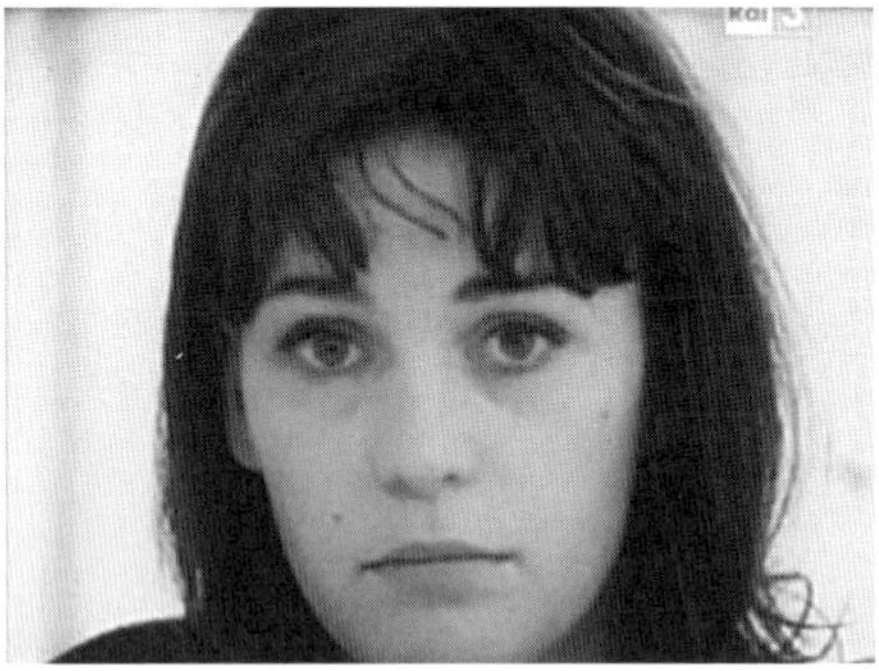

図5－4　ラストシーン

出所：映画『昨日からの別れ』より。

成功することは自明の前提であり、それにもかかわらず反社会的な行動をとり、社会統合に成功できないアニータは異質で、無気味な存在である。逆に言えば、この体制の正当性は、ユダヤ人の出自とそれゆえの歴史的体験をもつアニータを通して検証され、その彼女がアウトサイダーでありつづけたことでその正当性は疑問視されている。ラストシーンでアニータはカメラ目線を通して観客を凝視している（図5－4）が、そこで観客はアニータが自分たちの社会と体制を写し出している鏡であることを知る。

　このような物語構造だけではなく、『昨日からの別れ』はハイマート映画ともっと根本的に異なる構造的特質を有している。すでに分析したように、アンダーソンが指摘した国民的想像力、すなわち一生涯のうちに知り合えるはずもない人々が同じ国民として同じ社会空間のなかで関係性を有していることを鳥瞰することによって生じる想像力が、ハイマート映画では模範的に作動している。つまり、登場人物たちは誤解によって人間関係をこじらせているのだが、物語全体を俯瞰する超越的な視点をもった観客は、その人間集団が〈誤解の共同体〉に生きていることを知り、それが〈和解の共同体〉というナショナルな「想像の共同体」に移り代っていくプロセスを鑑賞する。そのためにハイマート映画では、人間の肩の位置に設定された「標準」ショットでカメラが人間の歩行速度でパンするショットが多用され、いわば地に足のついた視線を通して物語が展開されている。

　これに対してE・ライツがカメラを担当した『昨日からの別れ』では、ハイ・アングルとロー・アングルが用いられているだけではなく、カメラはアニータとともに揺れ動くこともあり、ときにはアニータのまわりを回転していく。また、ファースト・モーションとスロー・モーションもしばしば使用されており、こうして視線とそのスピードは多元化され、観客は多様で、不安定な視線のもとで物語を追求する。さらには、カメラは主人公のアニータにまとわりつき、視線はアニータとともに動いていく。だから、彼女が不在の場面で物語はほとんど展開していない。すなわち観客はアニータの知りえない事実を知ることはなく、その意味でハイマート映画がもっていた超越的な視点はここでは不在である。この映画の観客はアニータの帰属する共同体を鳥瞰することなく、アニータとともに共同体を徘徊していく。誤解されている事実もそのまま社会的現実となるのであり、観客はハイマートとは異なる国民共同体の社会的現実を体験し、最後にその現実を写し出すアニータと見つめ合うことになる。社会的現実から逃避して、ハイマートに投影された理想の共同体を追い求めるのではなく、社会的現実を直視し、西ドイツの現実の共同体を批判的に見つめるように、そのまなざしは語りかけているのである。ハイマート映画とそれをモデルにした国民共同体に対する痛烈な「日々の国民闘争」がここで展開されていたのである。

2 革新勢力の時間／空間――原子力と計画

「第二次産業革命」論と原子力政策

『昨日からの別れ』が公開される前年に政界でも「昨日からの別れ」が語られ、転換点を作り出そうとする試みが行われた。六五年一一月に行われた政府声明のなかでL・W・エアハルト首相は「戦後の終わり」を宣言したのである。たしかにナチス時代における政治の結果が西ドイツの全世代にとって大きな負担になっているが、終戦から二〇年が経過し、西ドイツ住民のすでに半数が戦後の記憶しかもたない現在において、戦争と戦後が現在の政治における基点であってはならないとエアハルトは訴えた。「その基点は私たちの後ろにあるのではなく、前にあるのです。戦後は終わりました。」(26)

すでにその九年前に、日本では経済白書に書かれた「もはや戦後ではない」の言葉が流行語となったが、西ドイツでは「戦後格差」のハンディを避難民が負っている現実、そして何よりも国家の東西分断の現実という「後ろ」に「基点」のある政治的課題が未解決のまま、そのような宣言を口にすることは容易ではなかった。(27)そのため、この所信表明は「パラパラとした拍手でしか」中断されなかった(28)し、その言葉が日本ほど人口に膾炙することもなかったのである。しかし野党であったSPDはすでに五〇年代後半から「基点」を「前」に、すなわち未来に置く基本政策をまとめ始めることで早くも転換を図っていた。五六年のミュンヘン党大会で展開された「第二次産業革命」論は、この転換を成し遂げることによって一〇年後に政権を担うことになるSPDの基本政策を規定していた歴史観がそこに示されていたという点で、さらに、他党よりも積極的に推進していったSPDの原子力エネルギー政策をその歴史観は正当化していたという点でも興味深い。この大会で「第二次産業革命」決議と「原子力計画」が採択されたが、そこではC・シュミットとL・ブラントの報告が重要な役割を果たし、その報告を基礎にしたパンフレット――カルロ・シュミット『人間と技術――第二次産業革命の時代における社会・文化問題』[29]とレオ・ブラント『第二次産業革命』[30]――も出版された。二人の報告に基づくパンフレットと党大会の決議をこれから分析することで、高度経済成長期の時間／空間を読み取ってみよう。

二人のパンフレットで披歴されているのは、技術革新とそれに伴う生産関係の変化に歴史の進歩の原動力を見て、それに適合する社会関係の構築を課題とするSPDの歴史観である。それによれば、第二次産業革命は原子力エネルギー、オートメーション化、電子頭脳が生産関係に取り入れられることによって生じつつあるが、この技術は今日の生産過程だけではなく、「私たちの社会秩序、私たちの政治的な生活形態、それどころか人間の存在自体の形態を中核において変革する」[31]革命的な潜在力をもっている。第一次産業革命は蒸気機関の発明によって石炭と鉄が水と木材を追い出し、大量生産が可能になった。しかし石炭の上に位置する国だけが「歴史を決定する国家」になり、ほかの国家と国民は産業の発展度が低いままだった。そのために国民間で貧富の格差が生じ、「技術の進歩で勝っていたいくつかの工業国」によって全大陸に植民地支配がもたらされた[32]。ところが、原子力エネルギーはこのような「進歩の所在地拘束性」を打ち破る可能性を秘めている。このエネルギーを活用すれば、三万五〇〇〇トンの石炭を必要とする一億キロワットの電力はわずか三五キログラムの濃縮ウランで生み出されることができ、第一次産業革命では自然条件に恵まれていなかったために停滞した国もこのエネルギーによって工業化が達成できるからである。こうして「白人」ではない国民も産業技術を使用することが可能になり、「工業の発達は全大陸をほとんど一夜にして近代的な世界強国に変え、世界史に目覚めさせることができる呪文」となるのだという[33]。

さらに、原子力という新しいエネルギーがオートメーション化という新しい技術と同時期に出現したことが「いま始まっている新しい時代のもっとも顕著なメルクマール[34]」であると「第二次産業革命」論は主張している。このオートメーション化の特徴は機械だけではなく、機械の統御と管理もその対象となることにあるという。すなわち、工場でオートメーション化された機械が稼働するだけではなく、工場自体が全体として一つの自動機械になる。第一次産業革命では人間の筋力が機械に代わったが、第二次産業革命では機械が人間の頭脳の役割も果たし、生産過程が機械によって統御・管理されるのである[35]。これによって費用が節約され、生産過程が加速するだけではなく、労働力も節約され、社会階層は大きく再編成されざるをえない。こうして労働貴族であった熟練専門労働者は重要性を失い、多くの産業で労働力は解雇されていく[36]。したがって、原子力によって人類は破滅されかねないように、「この新しい時代は人間をロボットに格下げし、テクノクラートの冷酷な暴力支配に従属させ、人間の自由の最後の残りは技術的な完璧さの犠牲に」なりかねないという暗い未来像を「第二次産業革命」論は隠し立てしていない。このように悲観的なユートピアが広がる不安な時代をこの革命期の人間は生きるのだという[37]。

したがって、このようなテクノクラートの独裁の危険に対して、人間の尊厳と自由の優位を打ち立てるために民主主義と人道主義が要求されていると同時に、人間が単なる運命の客体になることなく、「自分の幸福と不幸の鍛冶屋」になることが求められている[38]。そのために、第二次産業革命の過程への積極的な介入によって悪弊を回避し、この過程を人間の幸福のために利用する方法が提起されている。それが「計画」である。新しい時代の流れのための水路を作るという役割を担うことになったこの計画の目的は、この流れが古い水車小屋を押し流さないようにすることではなく、「私たち自身が望んでいるリズムで新しい水車小屋を動かす力を私たちに与える」ことにある。具体的には、消費財と生産財の需要の算出、生活水準の上昇の措置、職業教育や研究・教育施設の促進、大量失業に対処するための公共事業、購買力の維持と向上のための措置などが計画に組み込まれていくことが要求されているのである[39]。

（原子力エネルギー、オートメーション化、電子頭脳という）この新しい力が解き放たれることで地球上すべての生命の絶滅と、全人類のためのまだ予測されない繁栄がもたらされることが可能になった。はじめて貧困と飢餓がこの地上から追い払われることが可能になった。／……この新しい秩序の決定的なメルクマールが、自由のなかでの計画、人類の自由のための計画である。／計画は個人と諸国民の責任意識をもった協力を必要とする。計画は譲渡不能の人権と民主的な自決の承認にかかっている。科学的な認識と万人の繁栄のための政治的な決定はこの計画において結びついていなければならない[40]。

このように党大会の決議には、C・シュミットとL・ブラントの主張は全面的に受け入れられた。そしてこの大会で採択された「原子力計画」では、原子力が「個人や利益団体の独占的地位を強化するためではなく、生活の改善と労働条件の負担軽減、文化的な生活の充実化のために」利用されることが強く要求されている。[41] L・ブラントはその歴史観に基づいて、ドイツ人が原子力の技術発展において遅れを取れば「未発達の国民の状態に零落し」かねないことを危惧したが、[42]「原子力計画」にもその危機感が色濃く反映されている。ナチズムによる原子力研究者の追放と連合軍による原子力研究の禁止によってドイツは「二〇年間にわたって原子力技術の領域で時間を浪費してしまった」のだという。そのため「原子力計画」では原子力研究とそれにかんする職業教育の必要性が熱心に説かれ、「熟慮された大規模な計画においてのみ、これ以上の時間をロスすることなく、猛スピードで前進していった世界のレベルに達することが試みられうる」と提言されている。[43] この「原子力計画」は、石炭のような天然資源の有無によって第一次産業革命が国民間に貧富の差と支配―隷属関係を生み出したとする歴史観も共有し、この「無尽蔵」のエネルギー源にその問題を解決する可能性を託して、[44] 次のように原子力の時代を予言した。

第二次産業革命の主要な要因の一つとしての新しいエネルギー源から生じうる豊かさの増大は、すべての人類にとってよい結果とならなければならない。原子力エネルギーはその意味で展開され、使用されるならば、国内の民主主義と国際的な平和を強固なものにすることに決定的に役立つであろう。その時に原子力の時代は、万人にとっての平和と自由の時代！
になるであろう。[45]

この時期の世論調査によれば、「原子力エネルギー」の言葉で三分の二の市民がまず連想していたのは核爆弾とその威力であり、三分の一の市民は核の平和利用にかんする情報さえもっていなかった。[46]五六年に一三％の市民が核戦争は不可避であると考え、二三％が四半世紀内に核戦争は起こりそうだと思っていた。「原子力」と「平和」は結びつきがたい概念であり、核の平和利用にかんする情報をもって、それを肯定的に理解していた市民は八％にすぎなかったのである。[47]そのため、五五年五月に西ドイツが主権を回復することで原子力政策を独自に推進することが可能になり、また八月には第一回ジュネーブ原子力国際会議が開かれて原子力エネルギーへの期待が高まるなか、原子力に対するネガティヴなイメージを払拭することが試みられた。[48]たとえば、ノーベル賞受賞者のO・ハーンが前書きを寄稿し、ジャーナリストによって編集された『私たちは原子によって生きるであろう』では、当時の原子力問題大臣F・J・シュトラウスが序文を担当して、「核兵器のもっている恐ろしい破壊力といった支配的な印象」を「ここで転換し、別のよりよい原子のイメージが示されるときだ」と宣言している。[49]そしてこのプロパガンダ本は、序章で次のように原子力時代の未来を描いている。

私たちの前には新しい時代があり、その時代のなかで雇用と投資の新しい機会が作られ、新しい製品が作り出され、新しい市場で経営が行われ、新しい人命救助の方法が医学に導入されることになる。原子力時代はしたがって希望に満ち、繁栄した幸福な時代、私たちが原子によって生きる時代になりうるのである。この時代が私たちに到来しているのだ！[50]（傍点は原文）

L・ブラントは前述のパンフレットで原子力の能力を強調するために、そのエネルギーを用いれば一〇〇グラムのウランで船舶は数年間も航行しつづけ、五〇〇グラムのウランで航空機は地球を八回まわることができることを指摘したが[51]、七〇年代後半から反原発の急先鋒に立つことになる『シュピーゲル』誌もまた当時は、原子力の能力のそのような誇示に手を染めていた。たとえば五六年の四月四日号は、核燃料の消費が副産物として核燃料を生成していく増殖炉を用いることによって、原子力船の船長が航海しながら燃料を生み出し、永続的に巡航しうるような「原子力の真の黄金時代」の始まりを紹介し[52]、五八年の一月一日号では原子力エネルギーが「自然が人類のために用意してくれるもっとも貴重な贈り物」であると原子炉建設の予定地の政治家を前にして語ったL・ブラントの言葉が引用されている[53]。

したがって、五六年の党大会でSPDは、まさにこのような時代の風潮に乗り遅れまいとしていただけではなく、むしろその風潮を焚きつけていたことになる。一〇年後の六六年から八二年まで政権を担うことになるこの党の基本路線を決定づけたのは五九年のゴーデスベルク綱領であるが、ここでも序文で「人間が核の時代に、日々増大していく自然の力への支配を平和の目的にのみ使用すれば、不安から解き放たれて、生活の負担を軽くし、万人のために豊かさを築きうるということ」はこの時代の希望であると[54]、原子力に熱い思いを寄せていた。この綱領は原爆を含む大量殺戮兵器の製造と使用の禁止も訴えているが、原子力エネルギーの軍事利用に激しく反対していた政党がその平和利用の熱心な推奨者だったのである。それを可能にしたのは、科学技術の発展に歴史の進歩の原動力を見て、そこに国内・国際的な支配―従属関係の原因を見出し、またこの問題の解決もそこに見出そうとする進歩主義的な歴史観であった。実際にこの党は、政権掌握後に積極的に原子力発電所の建設を推進していくことになる。

計画（Planung）

「第二次産業革命」論では「計画」の重要性が強調されていたが、この概念はとりわけこの時代の脈絡のなかで理解される必要がある。というのも、ナチズム体制の統制経済と共産主義国家の計画経済に対する拒否感情が西ドイツでは強く、「計画」[55]概念は全体主義的な臭いを嗅ぎ取られて、忌避されていたからである。もちろん個々の企業レベルで計画は合理的な経営のための不可欠な手段であり、「無計画」な行政などありえない。忌避されていたのは国家による中央集権化された計画、とくにその意味での統制的な「計画経済」であり、当時のモットーは「計画経済は死んだ――諸計画経済万歳[56]」であった。したがってSPDがミュンヘン党大会で「自由」の対抗概念とみなされた「計画」を国策のレベルで評価したことは「タブー」への挑戦でもあった。現実に「計画」概念はその後、再評価されていくことになる。頻繁に引用されることになる『計画』の序文で法学者である編者のJ・H・カイザーは六五年に次のように述べている。

計画は私たちの時代の大きな趨勢である。[57]／計画は、現在において世間一般の意識のなかに生じている私たちの未来のキイ概念である。

さらにカイザーはすべての種類の計画の根本的な要素として「そのつど必要とされる知の計画的に秩序づけられた全体性としての体系性」、合理性、科学の三つをあげ、それが計画の手段と方法を発展させ、計画をますます必要としている社会・経済・国家の構造の形態を整えていくことを促してきたのだと指摘している。計画は「使用できる関連したすべての知を基礎にした合理的な秩序の体系的な構想」なのである。[58]

政権を獲得したSPDは、このような原則に基づいて「時代の大きな趨勢」に乗ることになる。すでにキージンガー政権は行政の計画化をもくろんで首相府を拡大していたが、社会自由連合は前政権下の首相府における企画幹部（Planungsstab）を企画部（Planungsabteilung）として独自の部に独立させ、その機能を拡大・強化させることによって、「計画」理念を政治の中枢に持ち込んだのである。この企画の中心人物としてフライブルク大学教授で、大連合政権で法務大臣を務めていたH・エームケが首相府長官に任命され、彼はR・ヨッヒムゼンをキール大学から呼び寄せて、企画部のトップに据えた。[59] この二人は計画理念に基づいた社会自由連合政権の政治を象徴する人物となった。七一年二月一日号の『シュピーゲル』誌は「政治に代わってコンピューター」と題して、首相府の建物から巻きあがっていくコンピューターの穿孔テープによって構成されたエームケの顔を表紙に載せ（図5-5）、その特集記事では、コンピューターだけに多くのデータを与えたときにのみ正しい政治的な結果が吐き出され、「科学的な方法の適用はすでに政治なのだ」という彼の考えが紹介されている。[60]

エームケは政治的計画を「直接的あるいは間接的な、短期的あるいは長期的な政治行動の結果、とくに不作為の結果も示され、可能な決定のオルターナティヴが展開されることができるように援助するツール」と定義し、その五つの課題をあげている。第一に、危機現象が生じてしまって、危機管理に対処が限定されてしまうことなく問題を処理できるように、重要な問題を適切な時期に認識すること。第二に、政治をその独立した諸部門の単なる総計として理解せずに、全体を構想するような形で、未来志向的に「調整」すること。第三に、過去ではなく、未来の社会の発展状況によって方向づけられた問題解決と決定を準備すること。第四に、くり返し同じ問題で煩わされることがないように、長期的に問題を解決できるような決定を準備すること。第五に、そのような合理的な政治に立ちはだかる障害を認識・分析し、解決していく戦術を展開することである。[61]

図５－５　「政治に代わってコンピューター」

出所：Der Spiegel vom 1. 2. 1971.

したがって「計画（Planung）」は「計画（Plan）を立てる」行為以上のことを意味している。それは、合理的・科学的に未来を予測し、そこにいたる過程で生じうるリスクを認識することで、問題を前もって解決できるような決定を下して、目的を効率的に達成し、そうして現在を未来に手引きして、未来を造形していく方法論的な思考様式であるといえるだろう。首相府の企画部には各部門の情報と計画を「調整」によって全体を統括する役割が与えられているように、この計画は共産主義国家のように中央集権的に社会と経済を「統制」することを意図していない。首相府の企画部の役割は、各省庁から構成された計画連合体の枠内で「司会者」となることとされた(62)。また、この計画が造形をめざしている未来は「階級なき社会」のような歴史の最終目的としての究極的なユートピアではない。それは、H・ピュッツの言葉を用いるならば、「いつか、何らかの方法で、どこかで実現されるべき理念と構想」としての「現実的なユートピア」であり、複数の目的をもつ数多くの計画が競争することができる「複数の未来」である(63)。ヨッヒムゼンによれば、この「現実的なユートピア」を求める世論が計画とそれに基づく改革に参加することで民主主義は強化されるのであり、したがって計画は、民主主義において自由の余地を狭めるのではなく、拡大することを意味する(64)。さらに、永続的に変化する社会において自由が市民のために保障され、拡大されうるためは、自由は絶え間なく新たに考え直され、この自由を規定している条件の永続的な変化のなかで絶えず新たに保護されなければならず、したがって長期的な計画が必要とされるのだという(65)。こうして自由と民主主義の対極に位置づけられていた計画は、いまやそれを保持・拡大するための前提とされ、合理性と自由・民主主義は同一視されることになったのである。

先述の『シュピーゲル』誌の表紙と特集にはテクノクラシー批判が内包されていたことはいうまでもない。しかし、この計画の実行者が科学技術万能主義的な立場を取り、楽観主義的な未来観を抱いていたわけでもない。ヨッヒムゼンは、技術の進歩が「多くの愚鈍な人間を無批判的なテクノロジー信仰のほとんど危険な状態に陥れている」ことを警告して、技術の進歩が地上の生に及ぼしている脅威を強調している。しかし、このような技術の発達によって生じる問題を解決するためにも計画は必要であり、技術の進歩を意図的に継続する必要があるのだという。(66)計画は、科学技術がもたらしかねない危機を科学技術に基づく合理的な計画によって予防・回避するというリスク管理でもあった。したがって、この計画が拠り所としていたのは科学技術への盲目的信頼ではなく、未来はよりよい状態に造形することができるという「操作可能性」（Machbarkeit）の信念であったといえよう。まさにその意味で「計画」はこの時期の時代精神を体現していたのである。

先述したようにシェルスキーの「平準化された中間層社会」論に代表される戦後の物語では、過去と現在のあいだに必然性が構築されることで集団的運命に身がゆだねられ、その軌道上に未来が見据えられた。しかしいまや、計画を通して未来が現在によって「操作可能」とみなされることで、リスクという偶然的要因を合理的に排除する計算可能な必然的な関係が現在と未来のあいだに結ばれたのである。この「操作可能性」を前提にすれば、過去は非合理的なものとして未来に向けて克服され、伝統は拠り所を失い、ハイマートは破壊されることになる。

そして空間はメルキッシュ地区のように合理的な造形の対象となる。「第三世界」がその対象になれば、それは植民地化を意味することになるが、J・P・サルトルのいうように「第三世界は郊外に始まる」(67)。メルキッシュ地区では、七〇年における二〇～四〇歳人口がほぼ四割（西ベルリン平均は二八％——以下同様）、四人以上の世帯が四分の一以上（一割）を占めて、世帯主のたった四％（三〇％）だけが一七〇〇マルク以上の月収を獲得している一方で、そのほぼ半数（一三％）が八〇〇から一二〇〇マルクの収入で生活しているため、世帯の八割以上が借金を抱えて、その多くは配偶者の収入が生活の維持のためには不可欠であった。[68]すなわち、この地区は若い男性労働力と安価な女性労働力をベルリンに供給するための「第三世界」であり、その意味でメルキッシュ地区はまさに植民地化された空間であるといえよう。

さらに、偶然性の合理的排除を過去から学んだ現在は意図した未来の前史として位置づけられ、運命は甘受すべきものから、自ら切り拓かれるものとなった。六四年に刊行された一四歳から一八歳の女子を対象にした意識調査では、その年齢層の心情をとくに代弁している歌として若者文化を象徴するアイドルであるフローベスのヒット曲『君も自分の運命を握っている』(Auch du hast dein Schicksal in der Hand) があげられている。[69]

君も自分の運命を握っている/君も自分の運命を握っている/君も自分の運命を握っている/君も自分の運命を握っている/そして自分自身を信じることができた人は/そして自分自身を信じることができた人は/君も自分の運命を握っている/君も自分の運命を握っている……/だからこの国の若者みんなが/だからこの国の若者みんなが/君も自分の運命を握っている/……世界とその生きざまを見きわめたら/世界とその努力を見きわめたら/世界とその生きざまを見きわめたら/君も自分の運命を握っている/君も自分の運命を握っている/君も自分の運命を握っている……

六四年の調査によれば、「自分の運命はみずからの手で切り拓いていかなければならない。幸福はみずからの手で築くものだ」とフローベスの歌に共感できる四五％の運命開拓派の市民が、「誰も自分の運命から逃れることはできない。人生はなるようにしかならない」と考える四三％の運命甘受派の市民に対峙していたのである。(70)

注

（1）Erneuerung unserer Städte. Vorträge, Aussprachen und Ergebnisse der 11. Hauptversammlung des Deutschen Städtetages, Heft 6, Stuttgart / Köln, 1960. Vgl., Tilman Harlander, Wohnen und Stadtentwicklung in der Bundesrepublik, in : Ingeborg Flagge (Hg.), Geschichte der Wohnens, Bd. 5, 1945 bis heute, Stuttgart, 1999, S. 287-296.

（2）Edgar Salin, Urbanität in : Erneuerung unserer Städte.

（3）Rudolf Hillebrecht, Koordinierte Planung, in : Erinnerung unserer Städte.

（4）Ibid., S. 54f.

（5）Hans Paul Bahrdt, Nachbarschaft oder Urbanität, in : Bauwelt, H. 51-52, 1960.

（6）Alexander Mitscherlich, Die Unwirtlichkeit unserer Städte, Frankfurt am Main, 1965.

（7）メルキッシュ地区のプロジェクトにかんしては以下を参照。Dieter Voll, Von der Wohnlaube zum Hochhaus. Eine geographische Untersuchung über die Entstehung und die Struktur des Märkischen Viertels in Berlin (West) bis 1976, Berlin, 1983. Alexander Wilde, Das Märkische Viertel, Berlin, 1989. Brigitte Jacob / Wolfgang Schäche (Hg.), 40 Jahre Märkisches Viertel. Geschichte und Gegenwart einer Großsiedlung, Berlin, 2004.

(8) FAZ vom 28. 8. 1965.

(9) Berlin, Märkisches Viertel – Ein Zwischenbericht, in: Bauwelt, H. 46-47, 1967.

(10) Wilde, Das Märkische Viertel, S. 126.

(11) Der Spiegel vom 9. 9. 1968, S. 134-138.

(12) Ibid., S. 138.

(13) Der Spiegel vom 3. 2. 1969, S. 38-58.

(14) FR vom 20. 1. 1969.

(15) Wolf Donner, Glatte Bauchladen. Eine Initiative im Berliner Märkischen Viertel, in: Die Zeit vom 11. 12. 1970.

(16) Manfred Sack, Die Stadt – beschrieben, bebildert, gezeichnet, in: Die Zeit vom 9. 4. 1971.

(17) Hartmut Holtmann, Ist Städtebau eine Geheimwissenschaft? in: Die Zeit vom 29. 5. 1970.

(18) Willi Höfig, Der deutsche Heimatfilm 1947-1960, Stuttgart, 1973, S. 166.

(19) Klaus Sigl/Werner Schneider/Ingo Tornow, Jede Menge Kohle? Kunst und Kommerz auf dem deutschen Filmmarkt der Nachkriegszeit, München, 1986, S 125-158. より算出。

(20) Krischan Koch, Die Bedeutung des „Oberhausener Manifestes“ für die Filmentwicklung in der BRD, Frankfurt am Main/Bern/New York, 1985, S. 33.

(21) Sigl/Schneider/Tornow, Jede Menge Kohle?, S. 139.

(22) この宣言とそのグループの映画にかんしては以下を参照。Koch, Die Bedeutung des „Oberhausener Manifestes“. ハンス＝ギュンター・プフラウム／ハンス＝ヘルムート・プリンツラー（岩淵達治訳）『ニュー・ジャーマン・シネマ』未来社、一九九〇年。瀬川裕司ほか『ドイツ・ニューシネマを読む』フィルムアート社、一九九二年。

(23) Koch, Die Bedeutung des „Oberhausener Manifestes“, S. 63.
(24) Der Spiegel vom 25. 12. 1967, S. 91.
(25) Verlegenheit vor neuen Filmen, in: Die Zeit vom 16. 9. 1966.
(26) Klaus Stüwe (Hg.), Die großen Regierungserklärungen der deutschen Bundeskanzler von Adenauer bis Schröder, Opladen, 2002, S. 122.
(27) 実際にそのような批判がこの政府声明に向けられた。Vgl., Theo Sommer, Belen vor dem falschen Baum. Bonns unklare Atompolitik, in: Die Zeit vom 17. 12. 1965.
(28) FR vom 11. 11. 1965.
(29) Carlo Schmid, Mensch und Technik. Die sozialen und kulturellen Probleme im Zeitalter der 2. Industriellen Revolution, Bonn, 1956.
(30) Leo Brandt, Die zweite industrielle Revolution, München, 1957.
(31) Schmid, Mensch und Technik, S. 5.
(32) Ibid., S. 5f.
(33) Ibid., S. 7f.
(34) Brandt, Die zweite industrielle Revolution, S. 25.
(35) Schmid, Mensch und Technik, S. 14.
(36) Ibid., S. 16, 18.
(37) Ibid., S. 17.
(38) Ibid., S. 20.
(39) Ibid., S. 20ff.
(40) Jahrbuch der Sozialdemokratischen Partei Deutschlands 1956／57, Hannover／Bonn, S. 326.

(41) Ibid., S. 328.
(42) Brandt, Die zweite industrielle Revolution, S. 92f.
(43) Jahrbuch der Sozialdemokratischen Partei Deutschlands 1956/57, S. 329.
(44) Ibid., S. 333.
(45) Ibid., S. 333.
(46) Joachim Radkau, Aufstieg und Krise der deutschen Atomwirtschaft 1945-1975. Verdrängte Alternativen in der Kerntechnik und der Ursprung der nuklearen Kontroverse, Reinbek, 1983, S. 89.
(47) Allensbacher Jahrbuch II, S. 366.
(48) この時期の原子力エネルギー問題にかんしては次を参照。Michael Eckert, Die Anfänge der Atompolitik in der Bundesrepublik Deutschland, in: Vierteljahrshefte für Zeitgeschichte H. 1, 1989. Wolfgang D. Müller, Geschichte der Kernenergie in der Bundesrepublik Deutschland. Anfänge und Weichenstellungen, Stuttgart, 1990. Brand A. Rusinek, Kernenergie Schöner Götterfunken! Die „umgekehrte Demontage". Zur Kontextgeschichte der Atomeuphorie, in: Kultur & Technik H. 3, 1993. Klaus Barthelt/Klaus Montanus, Begeisterter Aufbruch. Die Entwicklung der Kernenergie in der Bundesrepublik Deutschland bis Mitte der siebziger Jahre, in: Jens Hohensee/Michael Salewski (Hg.), Energie – Politik – Geschichte. Nationale und internationale Energiepolitik seit 1945, Stuttgart, 1993. Klaus Barthelt/Klaus Montanus, Begeisterter Aufbruch. Die Entwicklung der Kernenergie in der Bundesrepublik Deutschland bis Mitte der siebziger Jahre, in: Jens Hohensee/Michael Salewski (Hg.), Energie – Politik – Geschichte. Nationale und internationale Energiepolitik seit 1945, Stuttgart, 1993. 本田宏「原子力をめぐるドイツの紛争的政治過程（1）——反原発運動史（一九五四—七四）」北海学園大学『法学研究』三六巻二号、二〇〇〇年。本田宏「ドイツの原子力政策の展開と隘路」若尾祐司・本田宏編『反核から脱原発へ』昭和堂、二〇一二年。

(49) Gerhard Löwenthal / Josef Hausen, Wir werden durch Atom leben, Berlin, 1956, S. 13.

(50) Ibid., S. 18.

(51) Brandt, Die zweite industrielle Revolution, S. 31f.

(52) Der Spiegel vom 4. 4. 1956, S. 46.

(53) Der Spiegel vom 1. 1. 1958, S. 18.

(54) Godesberger Programm. Grundsatzprogramm der Sozialdemokratischen Partei Deutschlands. Beschlossen vom Außerordentlichen Parteitag der Sozialdemokratischen Partei Deutschlands in Bad Godesberg vom 13. bis 15. November 1959, in : http://www.spd.de/linkableblob/1816/data/godesberger_programm.pdf, S. 2.

(55) 「計画」概念にかんしては以下を参照。Helmut Klages, Planung – Entwicklung – Entscheidung : Wird die Geschichte herstellbar ? in : Historische Zeitschrift, 226, 1978. Alexander Schmidt-Gernig, Die gesellschaftliche Konstruktion der Zukunft. Westeuropäische Zukunftsforschung und Gesellschaftsplanung zwischen 1950 und 1980., in : WeltTrends. Zeitschrift für internationale Politik und vergleichende Studien 186, 1998. Michael Ruck, Ein kurzer Sommer der konkreten Utopie – Zur westdeutschen Planungsgeschichte der langen 60er Jahre, in : Axel Schildt / Detlef Siegfried / Christian Lammer (Hg.), Dynamische Zeiten. Die 60er Jahre in den beiden deutschen Gesellschaften, Hamburg, 2000. Gabriele Metzler, Am Ende aller Krisen ? Politisches Denken und Handel in der Bundesrepublik der sechziger Jahre, in : Historische Zeitschrift, 275, 2002. Dirk van Laak, Zwischen >organisch< und >organisatorisch<. >Planung< als politische Leitkategorie zwischen Weimar und Bonn, in : Burkhard Dietz u. a. (Hg.), Griff nach dem Westen. Die „Westforschung“ der völkisch-nationalen Wissenschaften zum nordwesteuropäischen Raum (1919-1960), Münster, 2003, Bd. 1. Gariele Metzler, „Geborgenheit im gesicherten Fortschritt“.

Das Jahrzehnt von Planbarkeit und Machbarkeit, in : Matthias Frese / Juria Paulus / Karl Teppe (Hg.), Demokratisierung und gesellschaftlicher Aufbruch. Die sechziger Jahre als Wendezeit der Bundesrepublik, Paderborn u.a., 2003. Gabriele Metzler, Demokratisierung durch Experten ? Aspekte politischer Planung in der Bundesrepublik, in : Heinz-Gerhard Haupt / Jörg Requate, (Hg.), Aufbruch in die Zukunft. Die 1960er Jahre zwischen Planungseuphorie und kulturellem Wandel. DDR, CSSR und Bundesrepublik Deutschland im Vergleich, Göttingen, 2004. Dirk van Laak, Die öffentliche und unsichtbare Hand. Historische Entwicklung zwischen Planung, Chaos und Selbstorganisation. in : Milos Vec / Marc-Thorsten Hütt / Alexandra M. Freund (Hg.), Selbstorgaisation. Ein Denksystem für Natur und Gesellschaft, Köln / Weimar / Wien, 2006. Dirk van Laak, Planung. Geschichte und Gegenwart des Vorgriffs auf die Zukunft, in : Geschichte und Gesellschaft, H. 3, 2008. Dieter Gosewinkel, Zwischen Diktatur und Demokratie. Wirtschaftliches Planungsdenken in Deutschland und Frankreich : Vom Ersten Weltkrieg bis zur Mitte der 1970er Jahre, in : Geschichte und Gesellschaft, H. 3, 2008.

(56) Vgl., Reimut Jochimsen, Für einen Bundesentwicklungsplan. Zur Forderung im Regierungsprogramm der SPD nach einem langfristigen Orientierungsrahmen für die Handlungspläne der Regierung, in : Die Neue Gesellschaft H. 3, 1969, S. 237.

(57) Joseph H. Kaiser, Vorwort, in : ders. (Hg.), Planung I. Recht und Politik der Planung in Wirtschaft und Gesellschaft, Baden-Baden, 1965, S. 7.

(58) Ibid.

(59) Vgl., Winfried Süß, „Wer aber denkt für das Ganze ?". Aufstieg und Fall der ressortübergreifenden Planung im Bundeskanzleramt, in : Frese / Paulus / Teppe (Hg.), Demokratisierung und gesellschaftlicher Aufbruch, 2003.

(60) Der Spiegel vom 1. 2. 1971, S. 28.
(61) Horst Ehmke, Planung im Regierungsbereich – Aufgaben und Widerstände, in: Bulletin des Presse- und Informationsamtes der Bundesregierung, Nr. 187 vom 16. 12. 1971, S. 2026f.
(62) Reimut Jochimsen, Planung des Staates in der technisierten Welt, in: Bulletin des Presse- und Informationsamtes der Bundesregierung, Nr. 85 vom 9. 6. 1972, S. 1183.
(63) Helmut Pütz, "Reale Utopien" als politische Integrationsfaktoren in der Bundesrepublik, in: APuZ B9/1969, S. 27-32.
(64) Reimut Jochimsen, Zum Aufbau und Ausbau eines integrierten Aufgabenplanungssystems und Koordinationssystems der Bundesregierung in: Bulletin des Presse-und Informationsamtes der Bundesregierung, Nr. 97 vom 16. 7. 1970, S. 957.
(65) Reimut Jochimsen, Vorwort, in: Hans Werner Kettenbach, Der lange Marsch der Bundesrepublik, Düsseldorf/Wien, 1971, S. 11.
(66) Jochimsen, Planung des Staates, S. 1180f.
(67) J・P・サルトル（多田道太郎ほか訳）『植民地の問題』人文書院、二〇〇〇年、二二八～二三三頁。
(68) Voll, Von der Wohnlaube zum Hochhaus, S. 173ff.
(69) Edith Göbel, Mädchen zwischen 14 und 18, Berlin/Darmstadt/Dortmund, 1964, S. 215f.
(70) Allensbacher Jahrbuch IV, S. 83.

第6章　時間／空間の変容と新たな国民形成

1　国境問題と国民空間の変容

オーデル・ナイセ国境線

一九七〇年一二月七日、ポーランドと西ドイツの外交関係の正常化を目的としたワルシャワ条約を調印するためにその首都を訪れていた首相のW・ブラントは、ワルシャワ・ゲットー蜂起記念碑の英雄像に歩み寄り、跪いた。その姿を収めた写真と動画は、やがて戦後ドイツのもっとも著名な歴史的映像の一つとなり、ブラントの「跪き」はドイツ以外でも多くの人々から記憶される「歴史的事件」として認められていく。

そのことを確認させる出来事が四〇年以上の歳月が過ぎた二〇一二年に起き、「跪き」の記憶は日韓米の三カ国にまたがってふたたび呼び覚まされることになった。ある韓国人が五月二九日号の『ニューヨーク・タイムズ』紙に「憶えていますか?」と題して「跪き」の写真（図6-1）を広告に

図６－１　「跪き」の広告

出所：New York Times, May 29. 2012, P. 15.

載せたのである。この広告は「（このようなドイツにおける和解の試みとは）対照的に日本政府は第二次世界大戦中に日本兵のために性奴隷として働くことを強要された慰安婦に対して十分に謝罪してこなかった」ことを指摘し、「日本政府はドイツ人の行動から学ぶ必要がある」と訴えた。その年の一〇月にもニューヨークのタイムズスクウェアに同様の内容の大型広告が掲げられ、数カ月のあいだ通行人の目を引くことになる。こうして歴史的価値を帯びた「跪き」は、外交・内政上の争点となっている戦争責任問題を判断する基準として持ち出された。これに対して日本の「ネット右翼」もすぐさま反応し、その行為を「反日デマ広告」とする非難や糾弾がネット上に展開された。

　しかしブラントが跪いた翌日のドイツ各紙が第一面で大きく取り上げていたのは「跪き」ではなく、ワルシャワ条約の締結にかんする記事と論評であった。その意味で、当時の西ドイツの公衆にとって「一二月七日」はブラントの「跪き」の日というよりも、現状の国境線を承認するワルシャワ条約締結の日であったといえよう。たとえばＦＡＺ紙は図６－２に示したカリカチュアを載せている。ブラント政権が冷戦の緊張を和らげようと東欧諸国に接近していった東方政策の敵対者にとって、ブラントが跪いた日はスターリンによって引かれたドイツ－ポーランド間のオーデル・ナイセ国境線を西ドイツの首相がなぞった日だった。

四八年までにアメリカ占領地区とベルリンの西側占領地区で行われたアメリカ機関の世論調査の総括によれば、オーデル・ナイセ国境線以西へのドイツ系住民の追放は不正であると認識する住民の割合は四八年までに九三％に上昇し、この追放された人々の大半は帰還を望んでいたという(1)。建国後のアデナウアー政権もこのような民意に寄りそった。たとえば、最初の政府声明ではオーデル・ナイセ国境線問題は「私たちの国民全体にとっての死活問題（Lebensfrage）」と位置づけられ、次のように決意が表明されている。

図6－2　ワルシャワ条約締結のカリカチュア

出所：FAZ vom 8. 12. 1970.

私たちは、のちにソヴィエト・ロシアとポーランドによって一方的にもくろまれたこの領域の割譲に妥協することは決してできません。この割譲はポツダム協定に反しているだけではなく、ソ連が同調していたことは明らかである一九四一年の大西洋憲章の規定にも反しています。……この領土を要求する権利を正規の訴訟手続きで主張しつづけることを、私たちはやめることはありません(2)。

実際に五一年の調査でも、オーデル・ナイセ国境線を承認していた西ドイツ人はわずか八%だけで、八割がこの国境線を承認していなかった。全体の三分の二は失われた東方領土がふたたびドイツに、しかもその約六割が一五年以内に復帰すると考えており、一割以上の人々が戦争によってでも取り戻すべきであると考えていたのである。[3] 追放から十数年の歳月が過ぎた五九年でも、ほぼ三分の二の故郷喪失者が「故郷が明日、ドイツに戻ってきた」ならば、「きっと帰る」(三八%)、あるいは「おそらく帰る」(二七%)つもりでいた。[4] 地元民にも混乱と困窮をもたらしたオーデル・ナイセ国境線の設定とドイツ系住民の追放は、ナチス・ドイツの戦争犯罪の事実によってでも正当化できるものではない不当な措置であり、被追放者は帰郷する正当な権利(=「故郷権」)を有するという認識は、広く共有されていたのである。いうまでもなくこの問題では反共意識と共産主義国家への敵愾心が共鳴していた。

　不当とみなされていた点でドイツ国家の東西分裂も同じであった。分裂国家の樹立から五年後の五四年でも、統一を望み、賛成する西ドイツ人の割合は九割近くに達し、統一に反対する勢力はたった二%の極小集団であった。この数字は、統一が実現される間近の八〇年代後半に至るまで、あまり変化していない。[5] また、基本法の前文では「自由な自己決定のもとで統一と自由を実現する」ことが要求されているが、この要求を削除すべきとする見解も一割程度の市民から同意されていただけで、七割以上の市民がその削除を統一の達成まで拒否しつづけた。[6] もちろんこの「不当」な分断の原因は、冷戦とその結果としての東ドイツ国家の存在に求められた。そのため西ドイツ人は五五年段階で、ほぼ四分の一が意見を保留しながら、三分の二ほどが東ドイツを自立した国家として承認することを拒否していた。[7] 六〇年代半ばでも西ドイツ人の大半は、東ドイツ国家を「東部区域」(Ostzone)(四八

%）や「東部ドイツ」（Ostdeutschland）（一二%）、さらには単に「区域」、あるいは「占領区域」や「ソ連区域」など、国家主権の存在をイメージさせない空間概念を用いてよんでおり、公式の呼称である「ドイツ民主共和国」（ＤＤＲ）を使用する者は一割程度だった。(8) この時期に西ドイツが単独でドイツを代表することを六割が「正しい」と判断しており、(9) ほぼ同じ割合の市民が東ドイツ国家を承認しても統一問題は進展しないと考えていたのである。(10)

七二年にＳＰＤのＣ・シュミットが東方政策に賛成する演説を連邦議会で行っていたときに、野党議員は野次を飛ばして、彼が基本法の効力はケーニヒスベルク（現在のロシアのカリーニングラード）からレーラッハ（スイスとフランスとの国境沿いのドイツ西南端の町）まで及ぶと憲法制定のための議会評議会で発言した過去を突きつけた。Ｃ・シュミットは状況が変化したのだと言葉を返したが、(11) 七〇年代にオーデル・ナイセ国境線と東ドイツ国家の承認を主張した社会民主主義者もまた当時は、オーストリア併合前の三七年の国境に沿って国民共同体を想像していたのである。したがって三七年の国境線を侵犯したヒトラーの侵略行為が不法であるのと同じように、三七年の国境線をこえてドイツ国民の領土を制限するオーデル・ナイセ国境線や、その領土を二分する東西ドイツの国境線もまた不正であると判断された。終戦二〇年後の六五年になっても、西ドイツ人の半数だけが東西ドイツ国家の合併として統一ドイツをイメージしており、全体の三分の一、そして被追放者の四割がオーデル・ナイセ国境線以東の領土も含む統一国家を望んでいたのである。(12)

その意味でブラントの東方政策は、六〇年代になっても二つの国境線の不正・不当性にかんして——すでに禁止されていた共産党とその支持集団を除いて——幅広く保持されていたコンセンサスに

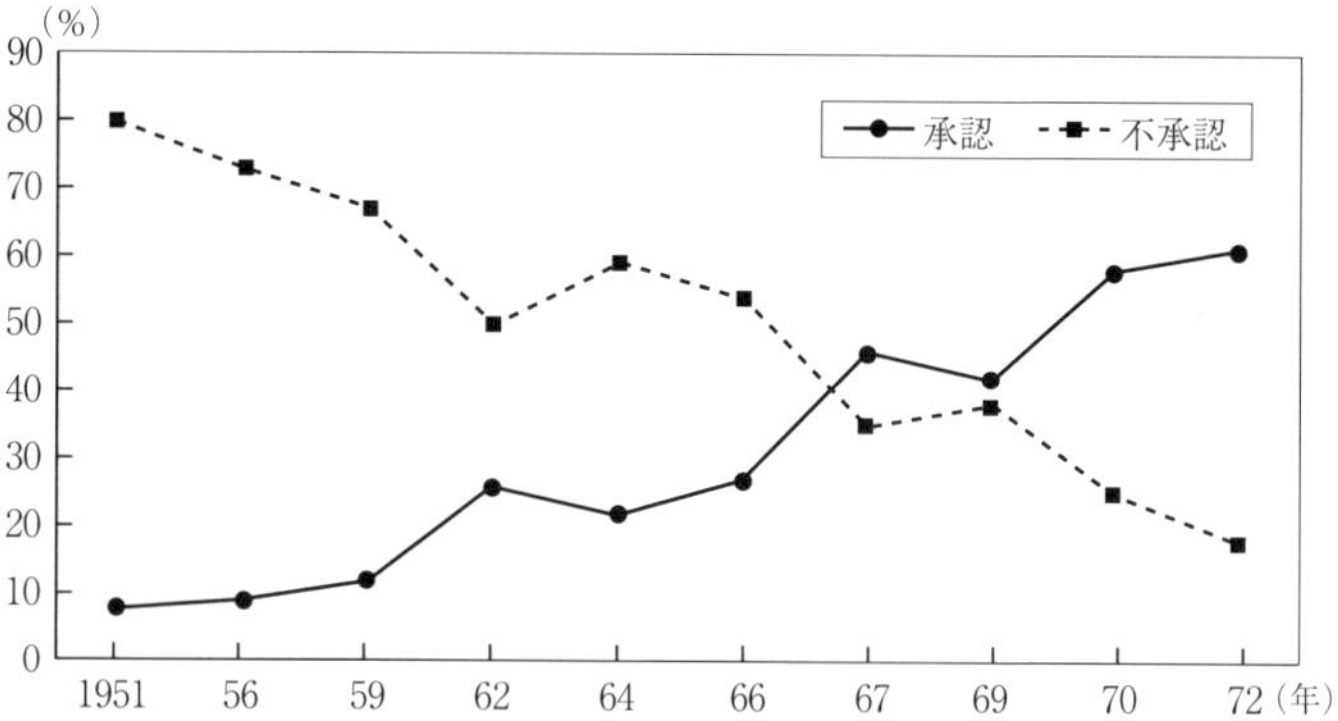

図6-3　オーデル・ナイセ国境線に対する承認と不承認

出所：Allensbacher Jahrbuch V, S. 525.

対する挑戦でもあった。そのため、ワルシャワ条約調印と「跪き」の前日に西ドイツ人に向けて行われたテレビ演説でブラントは、ポーランド人に対するナチスの犯罪行為のためにすでに「棒に振ってしまった」以外のものをワルシャワ条約は何一つ放棄していないことを強調すると同時に、ポーランド人だけではなく、とくに「東部ドイツの同胞人」が受けた苦しみについても語った。そのとき彼は、この条約は「私たちが不正を承認したとか、暴力行為を正当化したこと」や、「私たちが追放を事後的に正当化したこと」を意味しないと明言していたのである。[13]

とはいえ、このコンセンサスが徐々に現実と折り合わなくなっていることも意識されていった。図6-3が示しているように、オーデル・ナイセ国境線を「承認する」市民の割合は六七年には四割をこえて、「承認しない」市民の割合を上回っており、すでにワルシャワ条約の年には過半数をこえていたのである。またその数値において被追放者と地元民では——たしかに「承認しない」とする被追放者の割合（三二%／地元民＝二三%）は高かったが——大きな差（五九％vs五七％）はすでに見られず[14]、ほぼ四分の三の被追放者が帰郷の意志をすでに失っていた[15]。その故郷にはポーランド人が定住しており、ドイツ系の旧住民だけではなく、ポーランド人の住民もまたその地に「故郷権」を有していることを西ドイツ人の三分の一（地元民＝六九％／被追放者＝六二％）がすでに認めていた[16]。両国民とも戦後社会に新しいハイマートを見出していることが前提とされるようになったのである。

オーデル・ナイセ国境線以東の旧ドイツ領土に対する西ドイツ人の関心も薄れていったようである。七〇年に、シュレージェンやポンメルンなどの失われた東方領土がもうドイツに帰属する見込みはなく、「永遠に失われた」と七割以上の西ドイツ人が判断していた[17]。たとえこの地がドイツに返還されたとしても、六九年に西ドイツ人の八割はそこを訪れることは考えておらず、被追放者でさえその割合はほぼ六割に達していたのである[18]。また、被追放者の子供と孫の身分を問う七二年の世論調査では、親が自発的に離郷したわけではないのだから、その子孫もまた「被追放者」であるという意見に同意を示す西ドイツ人は一四％の少数派であり、西ドイツが故郷であるのだからこの子孫は「被追放者」ではないという見解には全体の七四％が首肯した。その世代に属する一六～二九歳の年齢層では八割以上がそのように考えており、東方領土で生まれ育った市民でもその割合は五七％に達していたのである[19]。こうして、ブラントが跪いた時期に旧東方領土は、「被追放者」自身の多くにとっても、すでに過去のものとして理解されていた。この空間は「昨日のドイツ」の想像の共同体には属していたとしても、「今日と明日のドイツ」共同体の想像の領域からは次第に消えていったのである[20]。

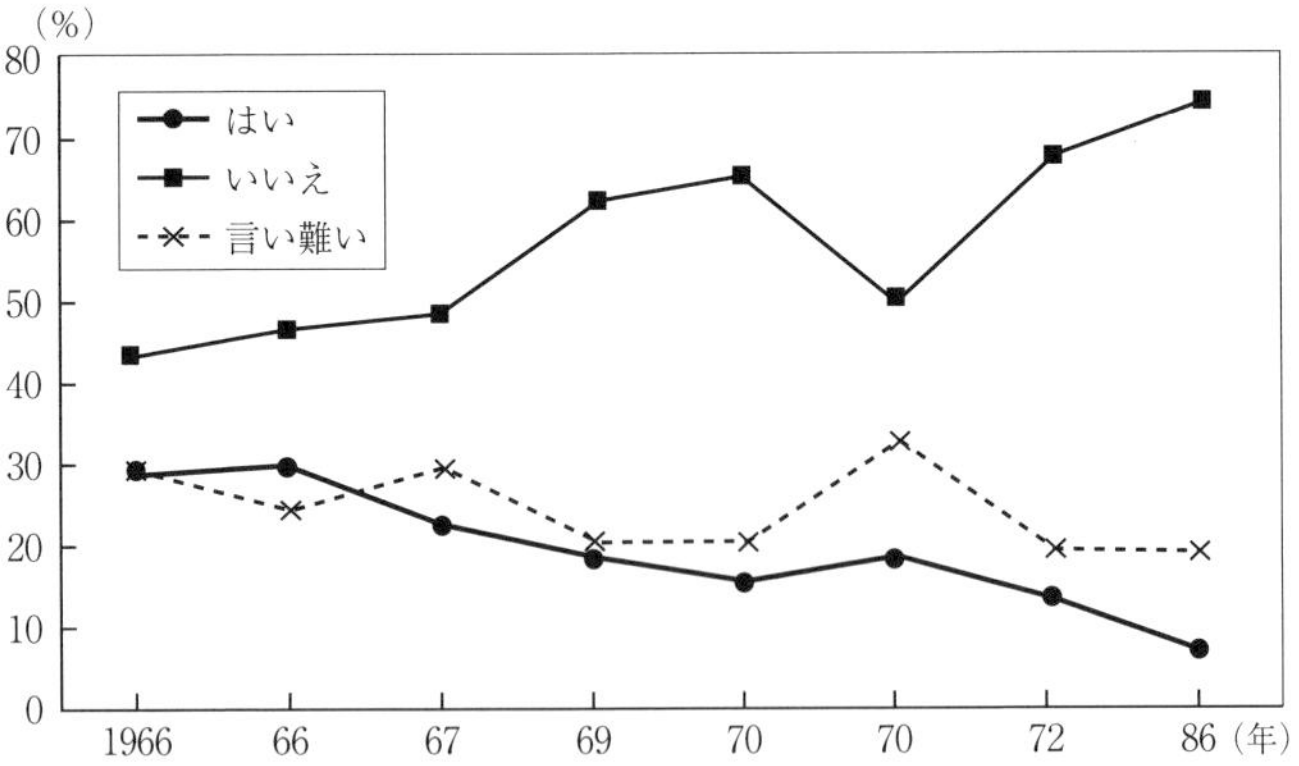

図6-4 存命中に統一を体験できるか？

出所：Gerhard Herdegen, Demoskopische Anmerkungen zum Geschichtsbewußtsein der Deutschen (West) im Kontext der deutschen Frage, in: Werner Weidenfeld (Hg.), Geschichtsbewußtsein der Deutschen. Materialien zur Spurensuche einer Nation, Köln, 1987. S. 199.

統一問題と東ドイツ（人）観

同様のことは統一問題にかんしても言える。前述したように、たしかに統一賛成の割合はほぼ八割台を維持して、反対派を一貫して大きく上回っていたが、図6-4が示しているように、統一の実現可能性にかんして六〇年代以降は悲観論が楽観論を凌駕しており、その差は広がる一方であった。数十年の余命が予想される年齢層（一六～二〇歳／二一～二九歳）でさえ、その半数以上（五九％／六五％）が四年後に現実のものとなる統一を体験できるとは思っていなかったのである。このように統一達成の現実味が薄れてくるにしたがって、そのテーマは重要な政治課題のリストから消えていった。復興が達成された五五年頃から「再統一」は「経済問題／経済状況」を抜いてもっとも重視された政治課題であったが、七〇年代にはふたたび経済問題が重視され、一％未満の市民だけが「再統一」を「優先事項」として評価するだけとなったのである。[21] たしかに統一要求は一貫して大多数の市民から支持されていたのだが、この要求にも質的な変化が生じていたようである。統一要求は声高に叫ぶ能動的なものから、時勢のなかで実現のチャンスをうかがう受動的なものへと移り変わっていったのである。[22]

『シュピーゲル』誌が「跪き」の七〇年に行った調査[23]によれば、東ドイツ国家の国際法上の承認に対する賛否は東方政策にまだ不利な状況（四三％ vs 五二％）ではあったが、その差異はかなり縮小していた。[24] また、基本条約が調印された七二年には、東ドイツ国家を主権国家としての公式名称である「ＤＤＲ」とよぶ割合と「東部区域」とよぶ割合は逆転し（四八％ vs 二六％）、前者の割合はその後も増加しつづけた。[25] そして、ドイツの分断を六三年頃までは半数以上が「耐えられない状態」とみなし、約三割が「徐々に慣れてきた」と感じていたが、その割合も六七年にはまったく逆転（三一％ vs 五四％）することになった。[26] また八六年には「ドイツ人の分割された祖国」といった表現を半数以上が「時代遅れ」であると感じていた。[27]

その三年前に行われた好きな隣国人の調査で、東ドイツ人（二六％）の好感度は、ドイツ語を公用語とするオーストリア（五二％）とスイス（四七％）の市民だけではなく、外国語を母語とするフランス人（三一％）やオランダ人（二七％）よりも低かった。その要因として、とくに六一年にベルリンの壁が構築されて以来、東西ドイツ人の接触が困難となり、両者が疎遠になっていったことが考えられる。先ほどの調査で、東西国家建国以後、とくにベルリンの壁の構築以後に生まれた年齢層において東ドイツ人への好感度がその他の年齢層と比較してかなり低いことも、ここから説明できよう。この疎遠化はすでに六七年には実感されていたようで、今後も東西ドイツ人はますます疎遠になっていくであろうと五四％の西ドイツの市民が確信し、二五％がその予測に「若干」同意した。[28] ブラント政権が東ドイツ国家を承認したことで、西ドイツ人が東ドイツと接触をもつ可能性と機会は増えたのだが、七六年に両国は「接近した」と評価する市民は三八％にとどまり、三二％は「変化がない」、二五％は「疎遠になった」と答えている。[29] 現実の人間関係も希薄になっており、五三年には四四％の西ドイツ人が親戚と知人・友人を東ドイツにもっていたのに、八二年にはその数は三六％に低下し、友人・知人だけに限定すれば二〇％から一〇％に半減している。[30]

六〇年から一度も東ドイツを訪れていない西ドイツ人に対して、長期休暇を東ドイツで過ごす意志を六五年に尋ねたところ、六六％が首を横に振り、頷いたのは二三％だけだったが、[31] その主因は東西ドイツ間の往来の制限だけではなかったようだ。ツーリストにとって東ドイツは魅力の乏しい国だったのである。七〇年代末の青少年の国民意識調査では、一四歳から二九歳の西ドイツ人はすでに三〜四カ国の外国を旅しており、約四〇％が毎年「外国」に旅行をし、ツーリズムの波は若年層にも及んでいた。母国語が通用するオーストリアやスイスだけではなく、オランダ、ベルギー、イタリア、フランスなどの西欧諸国が好みの旅行先であったが、過去一年間のうちに東ドイツを訪ねた青少年はわずか四％だけだった。[32] 要するに、東ドイツは観光の国ではなく、親戚訪問の地であった。親戚のいない西ドイツ人、とくにその若年層は、そこを訪れて、東ドイツ人と接触する意味を見出せないでいた。

以上のように、多くの西ドイツ人にとって東ドイツは自分たちの「社会」には属していなかったのである。その結果、東ドイツは西ドイツ人にとってすでに「外国」に、東ドイツ人は「外国人」なっているのではないかという懸念が広がり、それにかんする世論調査も行われている。七〇年代初頭の調査では、東西ドイツ国家はすでに統一までの「過渡的制度」（全体で二四％／一八～二九歳では一二％）としてよりも、「一つの国民の二つの国家」（四三％／四四％）、さらには「二つの国民と二つの国家」（三二％／四三％）として西ドイツ人に評価されていることが明らかになっている。[33] また八四年の調査[34]では、「一つの民族」と「二つの民族」／「一つの国家」と「二つの国家」の割合は七三％vs二七％／一七％vs八三％であったのに対し、一四～二九歳では五八％vs四一％／一三％vs八六％であった。この二つの調査からは、ベルリンの壁が構築され、東方政策が展開されて以来、ドイツには正式な国家が二つ存在することがすべての年齢層から承認されていったこと、しかしドイツ人の二つの「国民／民族」への分裂にかんしては意見が分かれ、若年層が二つの存在を認める方向に傾いていることが理解できよう。他方で、「東ドイツは外国か?」という設問を立てた世論調査は七三年から統一にいたるまで、たしかに若年層は半数が「外国」とみなしていたが、全体としてはほぼ七割がその見方を拒否していることを明らかにしている。[35] 前者は制度的な観点から国家とその住民の存在を問う世論調査であり、また後者の世論調査の結果には「外国か?」という問いに対する政治的な拒否反応が影響しているようである。

これに対して図6－5は、東ドイツ人が「同国人」であるのか、「ドイツ語をしゃべるオーストリア人」と同じような存在になるのかという設問で行われた世論調査の結果である。「同じ国民・民族」なのか否か、「外国人」なのか否かを問うのではなく、具象的にイメージできるオーストリア人を比較対象として、東ドイツ人が「同国人（Landesmann）」であるのかを問う世論調査の結果は、西ドイツ人の東ドイツ市民に対する生活感情を反映しており、そのレベルで東ドイツ人の他者化の状況を示

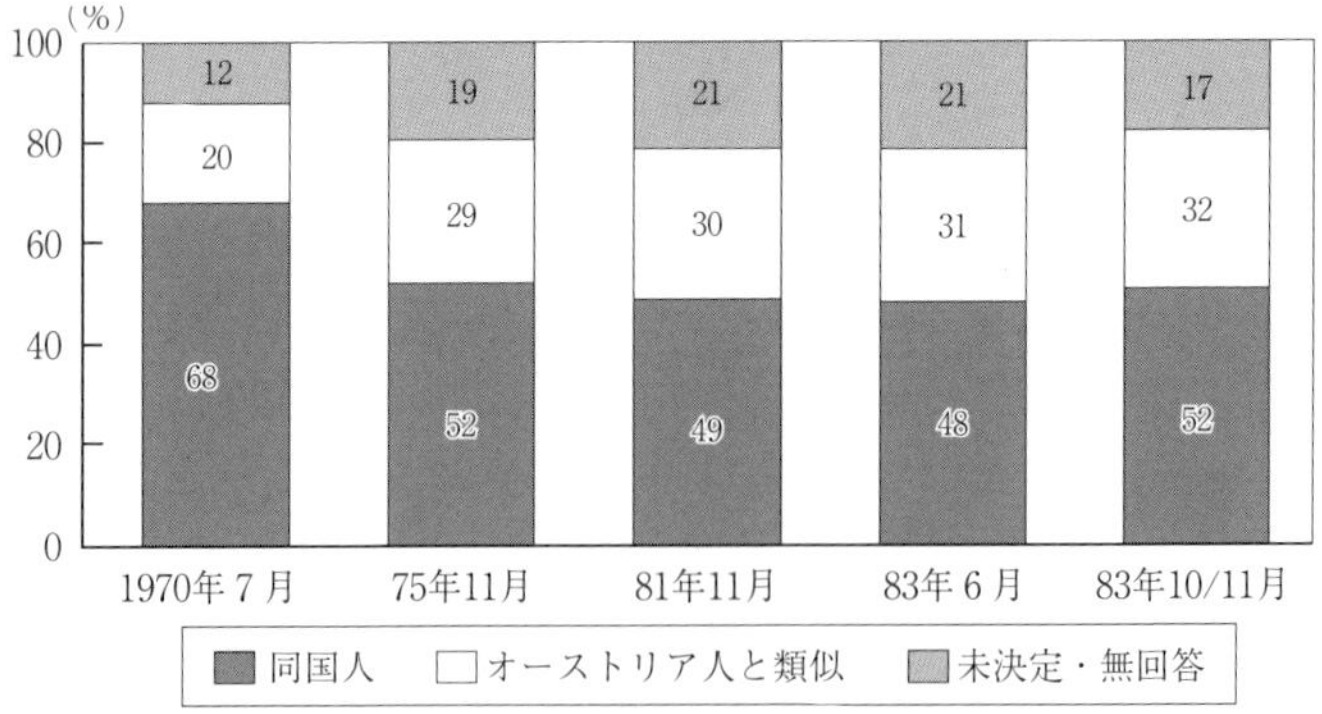

図6－5　東ドイツ人は同国人か？

出所：Elisabeth Noelle-Neumann, Im Wartesaal der Geschichte. Bleibt das Bewußtsein der deutschen Einheit lebendig?, in: Werner Weidenfeld (Hg.), Nachdenken über Deutschland. Materialien zur politischen Kultur der Deutschen Frage, Köln 1985, S. 142.

しているように思われる。八一年の世論調査によれば、「私たちと同じドイツ人であり、密接な結びつきを感じる」（一七％）ことは少なくなっているにせよ、東ドイツ人は「個人的な関係はあまりないが、その生活には関心を抱くドイツ人」（五三％）でありつづけ、「関心のないほかの国の市民」（七％）や「外国人と感じられるほかの国の市民」（一〇％）とみなすものは少数であった[36]。したがって、東ドイツ人はヨーロッパのほかの外国人と同一視されたというよりも、母国語を共有し、歴史的に深い関係のあるオーストリア人と類似した存在に近づきつつあったと言ったほうが、西ドイツ人の東ドイツ人観をより適切に捉えているといえよう。

　このような東西ドイツ人の距離感を心象地理で示している興味深い調査がある。表6－1は、西ドイツ内外の都市とハンブルクとのあいだの距離をハンブルク在住の一五～一六歳の学生が推測した中間値、両者のあいだの実際の距離、その差異を示した六七

表6-1　ハンブルクからの距離の推測値と実際の距離　（単位：km）

	推測距離の中間値	実際の距離	差　異
モスクワ	1904	2110	−196
ミュンヘン	612	805	−193
ワルシャワ	1369	860	+509
パ　リ	1018	870	+148
ハノーファー	201	160	+42
ロストック	925	180	+745

出所：Klau-Christian Becker, Einstellungen deutscher Schüler gegenüber Franzosen, Polen und Russen. Ein Beitrag zum theoretischen Problem des West-Ost-Gefälles der Vorurteile, in: Kölner Zeitschrift für Soziologie und Sozialpsychologie, H. 4, 1970, S. 749.

年の調査結果である。ハンブルクの青少年にとって、モスクワはテレビ・ニュースなどで頻繁に目にすることで身近になっているが、パリとほぼ同じ距離にあるワルシャワとのあいだには心象地理上でも「鉄のカーテン」が掛けられて、この都市は遠い存在となっている。さらに、実際にはハノーファーとほぼ同じ距離にある東ドイツの都市ロストックが、その四倍以上も離れたミュンヘンよりも三〇〇キロメートルも遠くに位置づけられ、ミュンヘンは実際よりも二〇〇キロメートルも身近に感じられている。すでに六〇年代後半には、とくに若年層にとって東の空間は遠く離れていったのである。

そして、東ドイツ国家が当初の呼称であった「東地区」や「東部ドイツ」ではなく、「DDR」と広くよばれるようになると同時に、生活空間である西ドイツ国家を「ドイツ」と日常会話のなかでよぶことも一般化していった（六六年に一二%→八二年に三四%）[37]。八五年には、「ドイツ」と聞いて西ドイツだけを連想する割合は全体で五九%、二四歳までの若年層では七〇%に及んでいたという世論調査もある[38]。したがって、西ドイツは「ドイツ化」の傾向を帯びていったといえよう。

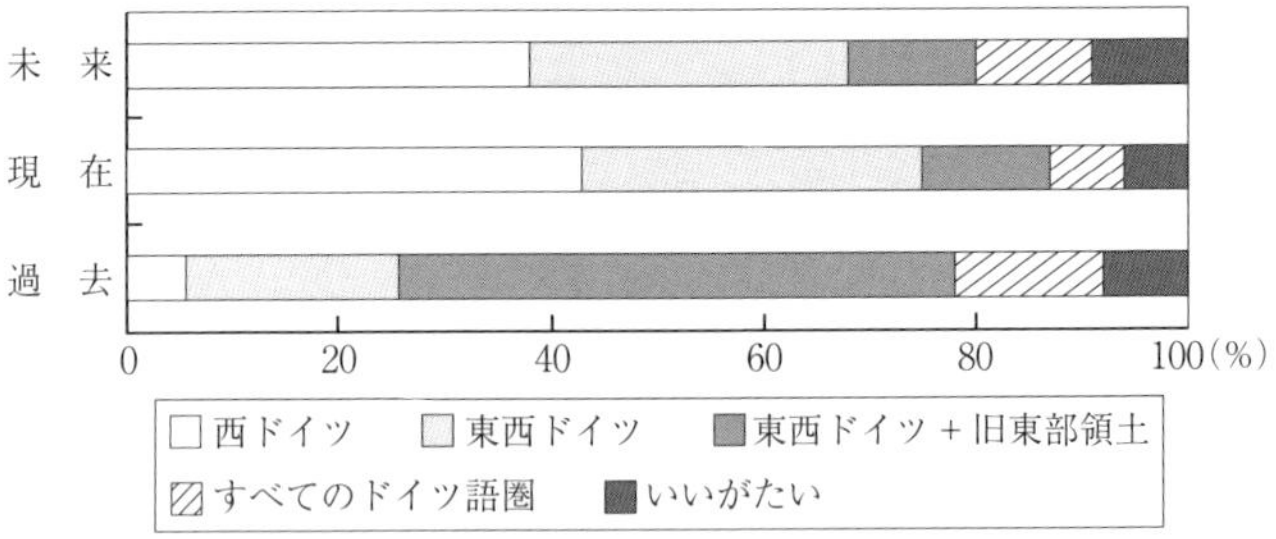

図6－6　過去／現在／未来のドイツ国民は？

出所：Allensbacher Jahrbuch VIII, S. 197.

このように二つの国家の分断状態はたしかに克服されるべき問題として認識されてはいたものの、その状態が長引くにつれて徐々に「正常化」していったのである。西ドイツはとくに過去のドイツの体制と東ドイツ体制との比較において、政治的にも、社会的にも、とりわけ経済的にもその市民の大多数から受容される安定した体制を確立していった。つまり、二つの国家をまたぐ形で社会が形成されているのではなく、西ドイツ人だけが社会関係を取り結ぶ一つの社会として西ドイツが構成されていった。そのため、たとえ分断された国家であるとしても、西ドイツは自己完結した充足的な国民国家として感じられるようになっていったのである。このことをL・ニートハンマーらの歴史・社会学者はすでに七三年に「ドイツ人の自己意識のなかでドイツ連邦共和国は他と同じ国家、いわば国民国家である。もはや暫定国家ではなく、独自の、正常な国家のなかで生活が営まれている[39]」と言い表した。

しかし、「過去／現在／未来のドイツ国民」といったテレビ番組が放映されると仮定して、この場合に「ドイツ国民」で何がイメージされているのかを問う八一年の世論調査の結果（図6－6）は、西ドイツ人にとって西ドイツの国民が現在だけではなく、未来においても「ドイツ国民」を独占することなく、選択肢の一つのままであることを示している。したがって私たちは、次のように結論づけることができるであろう。

一八七一年にオーストリアを排除して創建された「小ドイツ」のドイツ帝国は、ヴェルサイユ条約によって縮小されたにもかかわらず、ドイツ国民の空間的枠組みとして第二次大戦前まで定着した。ヒトラーの侵略戦争によってその空間は回復・拡大されたが、建国後の西ドイツ人の多数が「想像」していた国民的空間もやはり「三七年」以前のドイツ国境で囲まれており、したがってオーデル・ナイセ国境線と東西ドイツ国境は国民的空間を不当に縮小・分断するものとして感じられた。しかし、この国境線が次第に西ドイツ人に受け入れられ、東方領土と東ドイツの空間が他者化していくにつれて、このドイツ空間をまとめていた箍は緩み、解体していった。その結果、西ドイツのドイツ化が進展していく一方で、多元的なドイツ空間が現出することになったのである。

2　高度経済成長期における国民形成

終戦の日をめぐる国民理解

都市／都会性の再評価、過去─現在─未来観念における未来・進歩志向と「計画」による操作可能性、モダニズムの受容、新しい世代の文化形成とそれに基づく激しい世代紛争、オーデル・ナイセ国境線と東西ドイツ国境線の受容、「三七年」の国境線に基づくドイツ国民国家の枠組みの崩壊による多元的な国民空間の現出──このような状況のなかで、復興期にハイマートの時間／空間モデルに基づいて形成された「犠牲者共同体」の枠組が変容していくことは不可避であった。とりわけ多元的なドイツ空間が現出したことは、国民の存在にかんするそれまでのコンセンサスが崩れ、複数の国民による「日々の国民闘争」が激しく展開されて、国民そのものが再編成されていったことを暗示している。歴史家のK・テッペは七六年に、冷戦のなかで西ドイツ国家が全ドイツを「単独代表要求」していたときにはまったく問題にならなかったこと、すなわち「両ドイツ国家のアイデンティティ、したがってドイツ国民の存在への問い」をもっと根本的かつ正確に追い求めることがいまや不可避になり、また可能になったと指摘している(40)が、ブラント政権の誕生とその東方政策はまさに「ドイツ国民の存在」を問う契機を西ドイツの国家と社会に与えることになった。「ドイツ国民の存在」はどのように問われ、「日々の国民闘争」はどのような国民構想として実体化されていったのだろうか。国民的空間の多元化についてはすでに述べたので、ここではとくに国民的時間の歴史的な構成の展開に着目することで、この問いに答えてみよう。

ブラントが跪いた七〇年は終戦二五年目の年であった。第1章で詳しく検討したように、「終戦」はスターリングラード戦の敗北から広がっていた「崩壊」感覚がさらに深化・拡大し、国民が政治的・社会的な自己決定の余地を失って、経済的にも最低限の生活を強いられたドイツ史上「最悪の時代」として認識・記憶されており、「神話」は日本のように終戦の日をめぐってではなく、その時代が克服されたことを象徴する出来事（「ベルンの奇蹟」）をめぐって形成された。また終戦はドイツ統一国家の崩壊とその分断の始まり、換言すればドイツの東の部分が共産主義の犠牲となり、西の部分がその脅威にさらされていく始まりでもあった。したがって、戦争の終わりと戦後の始まりとしての終戦の日を西ドイツ国家はその正当化のために位置づけることができず、公式の「終戦記念日」の式典が催されることはなかった。ところが、ブラント政権はこの年の五月八日に連邦議会で追悼を行うことを決定し、四人の連邦議会議員が演説することになったのである。(41) つまり、オーデル・ナイセ国境線と東西ドイツ国境線の承認と同様に、この点でもブラント政権は六〇年代までの国民的コンセンサスに挑戦状を突きつけたといえる。

これに対して野党は「敗北は祝われないものだ」、「恥辱と罪は評価を受けるに値しない」というこれまでのコンセンサスに基づいて、この催しの計画に激しく反対した。(42) 野党を代表して演説者に選出されたヴァイツゼッカーもその意向に沿う演説を行っている。「五月八日は私たちにとって祝祭日（Feiertag）ではありません。多くの人はこの日を黙って記念（begehen）したいと思っていますし、私たちはその人たちを尊重したいのです」と語りはじめた彼は、この終戦の日を「ほぼ五〇〇〇万の命を犠牲にした戦争の無意味な死と破壊を終わらせた」が、「多くの罪のない人々にとって新たな苦しみが」始まり、さらには共産主義という「新しい強制支配」がドイツの地に取り入れられることになった日付として位置づけた。(43) 終戦四〇周年に大統領として行った演説と比較するならば、まったく精彩を欠いた内容であったと言わざるをえない。これに対してブラント首相は「国民はその過去を冷静に見つめる意志をもたなければなりません。過ぎ去ったことを記憶する者だけが、現在の状況も認識し、未来の可能性も見通す能力をもつからです(44)」と一五年後のヴァイツゼッカー演説を先取りしていたかのような言葉で、終戦の日の想起を国民に要請した。では彼はどのような意味でこの日を記憶し、誰を追悼することを求めたのだろうか。

ヒトラーによって始められた戦争は数百万人の多くの人々、多くの国民の子供、女、男、捕虜、兵士に犠牲を強いました。私たちはこの人たちすべてを畏敬の念を抱いて偲びます（gedenken）。この人たちに死をもたらした苦しみ、戦争が引き起こした苦しみは、過去の教訓を忘れず、平和を確保することを私たちの政治行動の最上位の目的とみなすことを私たちに強く勧告しています。(45)

これまで記念日が戦勝とその英雄たち、すなわち能動的犠牲者（Sacrifice）をたたえ、追悼する日、すなわちヴァイツゼッカーのいう「祝祭日」であったかぎりで、「敗北」や「恥辱と罪」の日は記念するに値しないものであったが、ブラントが追悼しているのは「子供、女、男、捕虜」のような受動的犠牲者（Victim）も含めたすべての「戦争の犠牲者」であった。祖国に献身した見習うべき者としてではなく、後世の「私たち」に過去の教訓と平和の重要性を思い起こさせる警告の声を発する者として、その死者は偲ばれているのである。そしてこの演説で讃えられていたのは戦没者ではなく、終戦によってもっとも困難な状況に追い込まれ、それにもかかわらず戦後復興に尽力した人々、すなわち被追放者、重度の身体障害者、戦争未亡人、外国の監獄にいる囚人、そして「私たちよりも大きな困難のもとで」復興を成し遂げた「ドイツのほかの部分」における労働であった。(46)その意味でブラント演説は、戦後の平和と繁栄は戦没者の犠牲の上に成り立っているとする「いしずえ論」によって死者を祭り上げる論理とは無縁であるといえよう。

終戦の日を「新たな苦しみ」や「強制支配」をもたらした日付として否定的に意味づけするだけではなく、ほかの国民にとってはこの日が「外国支配からの解放、テロと不安からの解放」を、ドイツ国民にとっても「新たな出発のための、法治国家と民主主義の状態の創設のためのチャンス」を意味したと強調している点に、ブラント演説のもう一つの特徴がある。[47] 彼とヴァイツゼッカーにつづいて、終戦時に五歳であったSPD議員のV・ハオフは、ナチス時代を知らない世代を代表して演説を行い、ブラントの演説で五月八日の意義がより明確になったと主張し、「第二次世界大戦が、しかしまたこの戦争の終わりがもたらした苦しみにもかかわらず、この日はドイツで民主主義と法治国家が新たに方向づけられるチャンスでもあったのです」と述べた。[48] 警告型で、未来志向の新たな追悼のあり方がこの時点で現れてきたことに私たちは注目してよいだろう。

一九四五年の終戦の日をどのように評価すべきなのかという問題は、実は一八七一年の評価と密接にかかわっていた。ブラントが終戦二五周年記念演説で「当時、無条件降伏で生じたのは帝国の崩壊(Zusammenbruch)だけではありませんでした」と発言したのに対して「ドイツは滅亡して(untergangen)いないぞ」と、翌年にCDUの党首となるR・バルツェルは野次を飛ばした。[49] ブラントのいう「帝国」とはビスマルクによって一八七一年に創建された国家であり、この「帝国」の崩壊をバルツェルは「ドイツ」の滅亡と解釈したのである。つまり彼は「帝国」と「ドイツ」を同一視していたわけだが、この問題は翌年にドイツ帝国創建百周年を機に盛んに議論されることになる。[50]

ドイツ帝国創建をめぐる国民理解

その一九七一年一月一八日の記念日に、K・G・キージンガーらの保守的な政治家やジャーナリストはビスマルクの霊廟に献花を行い、そのあとブラントの代理人も花輪を添えた。極右政党のドイツ国民民主党はこの日を反東方政策勢力の結集のために利用しようとした[51]。一方、G・ハイネマン大統領はその前日の日曜に、ドイツ帝国創建百周年を記念する演説[52]をすべてのテレビ局とラジオ局を通して行っていたが、それはこのような祝賀気分に水を掛けるものであった。ヴェルサイユ宮殿でのドイツ皇帝戴冠式を描いたA・v・ヴェルナーの歴史的絵画のレプリカを背後にするというスタジオの設定のもとで、彼は歯に衣着せずに「私たちは百周年を祝う気分にはなれません」と述べ、むしろ歴史認識を再検討すべきことを次のように訴えた。ビスマルクは国民の統一と民主的な自由を求める「赤黒金の家系」、すなわち現在の西ドイツ体制につながる系譜に属していない。むしろ解放戦争からハンバッハ祭、フランクフルト国民議会、一八四八／四九年革命に至る歴史の系譜上にボン共和国は位置づけられるべきであるが、そこに「セダンとヴェルサイユ」を持ち出す者は歴史の経過を歪曲している。ヴェルサイユでの戴冠式には諸侯や将軍がいただけで、一八四八／四九年革命で民主的な自由と統一を求めた「国民の代表者」は不在であり、A・ベーベルやW・リープクネヒトなどの社会民主主義者は獄中にいた。一八七一年にドイツ統一を達成したこの君主・保守主義的勢力は、このような「民主的な統一の意志の行く手を頑固に阻んでいた」のであり、この統一は「市民の内面的な自由が十分にないままの外面的な統一」だったのだという。

さらにハイネマンは「匕首伝説」が及ぼしてきた「悪影響」を強調する。ビスマルクによって創建された帝国はつねに自由・民主主義的な勢力と敵対するという内部矛盾を抱え、それゆえに革命によって崩壊したにもかかわらず、その体制自体が批判的に認識されることはなかった。むしろ背後から匕首で突いたとされた自由・民主的な勢力の「売国」行為にその崩壊の原因は帰せられた。そのためにワイマール体制は脆弱な基盤しかもちえずに、ヒトラーの手に堕ちてしまったのだという。ハイネマンは、西ドイツ国家をビスマルク帝国の後継国家とみなす歴史認識を批判するとともに、ビスマルク帝国の矛盾を覆い隠し、結果的にドイツに破局をもたらした「匕首伝説」がふたたびボン共和国の弱体化を招きかねないことを警告するために、次のようなセンセーショナルな表現でその百年を総括した。

> ドイツ帝国の百年――それはまさに一度のヴェルサイユではなく、一八七一年と一九一九年の二度のヴェルサイユを、そしてアウシュヴィッツ、スターリングラード、一九四五年の無条件降伏も意味しているのです。(53)

図６－７　国家分裂をにらみつけるビスマルクの亡霊

出所：FAZ vom 18. 1. 1971.

ハイネマンの帝国創建百周年の記念演説はもちろん激しい非難を浴び、キージンガーは「ドイツ史のこの一世紀の全面的な美化」に代わるこのような「全面的な非難」ではその歴史を批判的に見ることはできないと非難した。(54) FAZ紙は、百年祭の日に載せたカリカチュア（図６－７）を通して、根元まで二つに切り裂かれた大木の切り株の一方から若い芽が成長している姿を憮然として見ているビスマルクの亡霊に感情移入している。しかしハイネマン演説に対して賛同の声も上がった。『ツァイト』紙はハイネマンの言葉が「全員一致の同意を見出せないとしても、正当なものである」と評価し[55]、SZ紙は「連邦大統領のそのような洞察が公共財産になるときに、連邦共和国には徐々に……国民的集団がないといってめそめそ嘆き悲しむものとは異なる国民意識が展開されるであろう」と論評した[56]。教育・科学労組の議長はこの演説が歴史授業の教授法にとって基準を設定するものであると賞讃した[57]。ハイネマンの歴史認識はもはや「異端」ではなかったのである。

ブラントは帝国創建百周年の日に連邦議会で、ハイネマンの演説に「ほんのわずかな言葉」をつけ加えた[58]。ビスマルク帝国が成立する以前にも、その地盤に二つのドイツ国家が存在することになった第二次世界大戦後にも、「ドイツ国民は生きて」おり、「二つのドイツ国民を宣言するどんな試みにもかかわらず」ドイツ国民は存続しつづけることを強調したあとでブラントは、一〇〇年前のビスマルクによるドイツ問題の解決は「当時の洞察と可能性」に対応していたのであって、今日の世界情勢においてそれはもはや模範ではありえないと主張した。ブラントが「今日の洞察と可能性」に対応した道を連邦政府は進むと宣言したときに、この問題の本質が語られていたように思われる。

二つの国民による新たな国民形成

『シュピーゲル』誌は百周年の日の一週間前に、ビスマルク帝国が希望と心のなかで生きているという幻想は東部国境と両ドイツ国境を承認する東方政策によって吹き飛ばされたと判断して、「この帝国は一九七〇年にこの世を去った」と断言している。[59] その判断が正しいとすれば、それでもなお国民が存続するためには二つの選択肢が残されていたといえる。東方政策に反対して、ビスマルク帝国の「死」を拒否する、あるいはこの帝国を復活させるという選択肢。そして、ビスマルク帝国の枠組みのなかで形成されてきた国民共同体を「今日の洞察と可能性」に合わせて再編成するという選択肢である。後者こそが東方政策の本質であったといえよう。この政策は東の近隣諸国との親善関係を築く外交政策だけを意味していたのではなく、「もっと民主主義を」と訴える彼の内政改革とも密接に関連していた国民政策でもあった。この二つの選択肢の対立は東方政策をめぐる連邦議会での議論によって先鋭化し、この与野党間の対立は国民観の対立となって顕現していった。[60] このことをこれから具体的に明らかにしてみよう。

東方政策を進めるにあたってブラントは七〇年一月に、国民（Nation）は共通の言語と文化や、国家と社会の秩序だけではなく、これらをこえたものを包括していると指摘した。[61] 国民（Nation）はこのような客観的な条件によっては規定しえないのであって、むしろそれは民族・人民（Volk）の人間の「共属意識」の持続に基づいているのだという。したがって客観的な条件が失われたとしても、その意識が持続しているかぎりでドイツ国民が存続しうることをブラントはその後も強調しつづけた。国民が「意志と意識の問題」であるならば、それは国家と社会が異なる秩序によって分割されているとしても実存しうることになる。[62] この「共属意識」はビスマルクが統一国民国家を樹立する以前にも、戦後にこの国家が東西に分裂した以後にも実在していることを示すために、彼は次のように連邦議会で問いかけた。

この大陸の中央で、数世紀にわたってドイツ国民は変遷と分断のなかで存在し、それでも国民でありつづけた――あるいはふたたび国民になった――のではないでしょうか。(63)

したがってドイツ国民の存亡の危機は国家と社会の分裂よりも、むしろ「共属意識」の喪失に由来していることになる。この点においてブラントは東西ドイツ間の基本条約がもつ有効性を強調している。すなわち、ビスマルク帝国の枠組みで分裂国家の克服をめざし、「単独代表要求」によって東ドイツ国家と敵対するこれまでの政策は、国家の分裂を深めるだけではなく、国民も相互に疎遠にしているが、両ドイツ人間のコミュニケーションを容易にし、改善することを目的とする基本条約は「国民の存続のための前提である同属・連帯（Zusammengehörigkeit）の意志と意識が失われないことを保障する」ものになるのだという。(64) SPD議員のH・クロイツマンも、意志とコミュニケーションの歴史的過程を通して国民は形成されるとする動態的な歴史認識に基づいて、「国民は私たちから日々新たに獲得され、強化されなければならないのです。しかし国境に突っ立ち、弾劾し、ただ向こう側を指さすだけでは、これは達成されません」と主張した。(65) 自由民主党議員のU・ロンネブルガーはこの課題の緊急性を訴えた。国民のもっとも本質的な要因である「同属・連帯」の感情がいままさに薄れつつあり、この「すでに失われたように思えるものを救済できるぎりぎりの時間」が迫っているのだという。(66)

以上のような国民観をもっとも体系に連邦議会で展開したのがC・シュミットであった。(67) 彼にとって国民（Nation）とは国家の住民でもなければ、客観的な存在としての民族（Volk）でもなく、それをこえたものである。この民族を国民にする基本的価値は「国民であろうとする意志」であり、国民はまさにこの意志の産物なのだという。民族は「歴史を孕んでいる（geschichtsträchtig）」のに対して、国民は「歴史を生み出す（geschichtsmächtig）」ものであるが、このような国民であるためには、そうであろうという意志をもたなければならない。国家間の条約が国民を作るのではなく、「国の人間が国民として生きようと望むこと、……共同体として行動し、苦しむことを心に決めることを通して、国民が国民自身になっていくことが決定的なことなのです。これが国民の本質なのです。すなわち国民は日々くり返される国民投票なのです」[68]。

これに対して保守勢力と野党のＣＤＵ／ＣＳＵはビスマルク帝国の枠組みに沿った歴史認識によってドイツ国民を把握し、東方政策に反対した。たとえば、保守系の『ヴェルト』紙はブラントが基本条約を「戦後史の転換点」とよんだことを「一八七一年の帝国の解散証書」の通知であり、「ビスマルク宰相への復讐」とみなした[69]。また七二年二月に連邦議会で発言したヴァイツゼッカーは、国民を「共通の過去と未来、言語と文化、意識と意志、国家と領土の総体」と理解したが、この国民概念を刻印しているのが一八七一年なのであり、「そこから――そしてそこからのみ私たちは今日、自分をドイツ人として感じることを知っている」のだという。彼にとってハイネマンの演説は、ドイツ国民にとって「何によっても代えられない」ものに対する冒涜であるかのように感じられた[70]。またバルツェルにとって、ビスマルク帝国の地盤に二つの国家の存在を認めることは、西ドイツ人がドイツ人でなくなることを意味した。そのため彼は次のようなレトリックを駆使して、国民感情に訴えかけようとしたのである。

私たちは連邦共和国人（Bundesrepublikaner）になるつもりはありません——そして誰もそんなつもりなどないと思います。私たちはドイツ人であり、ドイツ人でありつづけるつもりです。[71]

バルツェルは、七三年一月一八日に行われた政府声明でこの日が帝国創建の記念日であることにブラントが一言も触れなかったことを看過できず、それを「気分を滅入らせる歴史喪失の徴候」であると連邦議会で非難した。西ドイツの建国者たちはこの帝国がヒトラーの敗北でも没落せずに存続し、その国家をドイツ帝国の権利と義務の後継者であることを確認するために闘ってきた。最高法廷もこのことを確認している。だからこそ西ドイツは、ドイツ帝国がヒトラーのもとで加えた損害に対して何十億マルクの賠償金を他国の人々に支払ってきたのだという。[72] 一方で与党政治家はむしろ、ドイツ国民の歴史を一八七一年に創建されたビスマルク帝国の歴史に還元することに歴史喪失の徴候を感じとった。SPDのK・マティックはバルツェルの「歴史喪失」発言に言及し、それは「ビスマルクがヴェルサイユで祖国を創建した」という歴史認識に基づいているがゆえの発言であるが、帝国創建以前にドイツ国民はすでに存在しており、このビスマルクから社会主義者鎮圧法で迫害されてきた政党の末裔にとって、このような「どうしようもなく非歴史的である極限的な歴史解釈」に与することはできないと反論した。たとえばフレデリック大王も私たちの祖国の歴史に属するのであり、この歴史は「ビスマルクによって始められたわけでも、二つの国家の成立によって停止するわけでも」ないのだという。[73]

C・シュミットは先の議会演説で「国民の本質は何であるのかを、すなわち国民が単なるセダンの戦いの結果とヴェルサイユでの皇帝宣言ではなく、それ以上のものであることを、ふたたび発見することは私たち人民にとって困難な課題である」と指摘していたが[74]、ハイネマンはこの課題をライフワークとして取り組んでいた。一九七〇年に彼は、一八四九年のバーデン革命で自由のために闘い、命を犠牲にした革命運動家を記念して、その地ラシュタットに歴史博物館「ドイツ史の自由運動の記憶の場」を創設することを決定した[75]。この年にブレーメン市庁舎でその趣旨を述べた演説[76]でハイネマンは、一八三二年のハンバッハ祭や一八四九年におけるエルバーフェルトのバリケード闘争、バーデン蜂起だけではなく、「光が当てられ、私たちの国民の意識のなかにいままで以上に刻み込まれるに値するようなありふれた出来事の宝」をドイツ人がもっていることを自覚すべきことを説き、新しい社会に見合う新しい歴史認識を形成することを求めた。

民主的な社会が、蜂起した農民反乱群集をお上からすぐに手なずけ、たしなめられた反乱集団であるとしか今日でも見ていないのなら、それはこの社会にはふさわしくないと私は思います。このように勝者が歴史を書いてきました。自由で、民主的なドイツが私たちの歴史を教科書にいたるまで書き換える時がやってきたのです[77]。

つまり、ビスマルクの帝国創建に収斂され、そこから始まる統一ドイツ国家の国民史ではなく、ときにはこの国家から抑圧・弾圧され、またその国家と闘ってきた民主的な自由を求める国民運動の伝統を掘り起こし、その歴史的系譜をたどることのできる「記憶の場」を通して、民主的な社会にふさ

図 6－8 「国民の状態」

出所：FR vom 30. 1. 1971.

わしい歴史意識を形成することが、この博物館の目的であったといえよう[78]。この「記憶の場」はバーデン革命一二五周年の七四年に開館し[79]、現在でもリニューアルされて訪問者を迎えている。

このように表象空間と歴史認識に基づく国民観をめぐって西ドイツ政治は、〈保守vs革新〉の左右軸を構成することになった。七一年にFR紙に掲載されたカリカチュア（図6－8）は、国民を「五〇年代」に引き戻そうとする野党党首と「八〇年代」に導こうとする与党党首が綱引きをしている姿で「国民の状態」を表した。SPDに立場の近い同紙は、野党が過去を引きずる後ろ向きの国民観にとどまっているのに対して、与党のそれが未来志向であることを示そうとしたようである。たしかにそのような一面はあるが、どちらの国民観も新しい時代状況に対応するなかで打ち出された政治的解決策といった性格をもっているのであり、一方が時代遅れで、他方が時代に適合しているといった評価は避けるべきであろう。この当時に「新たな国民形成」が展開されたとしても、それは新しい国民観が古いそれを克服していく過程と捉えるべきではない。序章ですでに述べたように、複数の国民と異なる国民観が「日々の国民闘争」を展開していくなかで国民は生成されていく。したがって、E・ルナンを引用して展開されたC・シュミットのような国民観が連邦議会で披歴されたことを、ドイツの国民観が旧来の東欧・中欧のフォルク型から西欧のナシオン型というより発達した段階に必然的に向かっていく一里塚として理解するならば、それは国民形成の本質を見誤った理解であるといえよう。

このような問題を考察するうえで、佐藤成基が提唱した「帝国アイデンティティ」／「ホロコースト・アイデンティティ」の概念は詳細に検討するに値する。失われたドイツ東方領土が最終的に放棄されるという「近代ナショナリズムの歴史の中では稀有の例」[80]が実現された歴史的過程を追うなかで佐藤は、この領土の回復を求める勢力とその放棄を承認する勢力が自らの主張を正当化する解釈の仕方に注目し、「戦後ドイツの東方問題に限られない、領土問題とナショナル・アイデンティティ、さらにはネーションやナショナリズム全般に関する分析的枠組み」[81]としてこの二つの概念を提示した。「帝国アイデンティティ」は「一九三七年のドイツは存続する」という自己理解であるのに対し、「ホロコースト・アイデンティティ」は「ナチスの犯罪の克服は戦後ドイツ人に課せられた道徳的責任である」という論拠に基づいた「ヨーロッパにおける和解と平和に貢献するドイツ」という自己理解を指す。六〇年代前半まで「帝国アイデンティティ」が支配的なナショナル・アイデンティティであったが、それ以後は周辺的であった「ホロコースト・アイデンティティ」が「帝国アイデンティティ」と対抗するなかで支配的となり、「体制化」されていった。しかしそれ以後も「帝国アイデンティティ」は変容されつつ残存し、この二つのナショナル・アイデンティティは東方領土問題をめぐって攻防戦をくり広げているのだという[82]。興味深い図式を駆使した非常に啓発的な歴史解釈が展開されており、検証すべき二つの問題点を指摘してみることで、本書の分析に役立ててみたい。

第一に、この二つの概念は、東方領土問題にかんする歴史分析には有益ではあることはたしかだとしても、この問題にかぎられない「ネーションやナショナリズム全般に関する分析的枠組み」として有効であるのかという疑問は残る。この点にかんしては佐藤自身も自覚しており、「戦後ドイツのナショナル・アイデンティティはこの二つだけに限定されるわけではもちろんない。本書で主張するのは、こと東方領土問題に関して言えば、この二つが重要であったということだけである。ほかの問題領域では、別のナショナル・アイデンティティが重要となるであろう(83)」と述べている。したがってここで問われるべきは、東方領土問題が「ネーションやナショナリズム全般」を明らかにするための分析対象として適切であるのかということになろう。この問題を考える際にまず、オーデル・ナイセ国境線は比較的早くから西ドイツ人の多数によって承認されており、旧東方領土はその「想像の共同体」から消えていたことが指摘されなければならない。前節で検討してきたように、東西ドイツ基本条約の締結以後に東方領土の回復は少数者の問題になっていた。この領土を含む空間でドイツ統一が実現されるとイメージしていたものは少数派で、領土奪還が実現可能であると真剣に考えて、本気で目ざしていたのは狂信的な極右主義者だけだった。西ドイツ人の圧倒的多数は状況をもっと冷静に見つめ、視線をむしろ西に向けていたのである。これに対してドイツ国家の分裂の問題のアクチュアリティは保持された。たしかにドイツ統一の実現可能性を信じる西ドイツ人の割合も減少していったが、東西ドイツの国家と国民の関係はつねに政治的な問題でありつづけた。これまで検討してきた国民観をめぐる議論も、〈東方領土はドイツに含まれるのか、どうしたら含まれるのか〉ではなく、むしろ

〈東ドイツ人が外国人になることなく、ドイツ人は一つの国民でありうるのか、ありうるために何をなすべきか〉を主要な内容としていた。

もちろん東西ドイツ問題だけがこの時期の国民形成の要因であったわけではない。本章で検証してきたように、東方領土問題と東西ドイツ問題とその取り組みは西ドイツ人の国民的な空間表象と歴史的時間観念の形成と密接にかかわっていたのであり、ナショナル・アイデンティティはまさにこのような時間／空間の編成の結果にほかならない。したがって、東方領土問題と東西ドイツ問題だけに限定されない「ネーションやナショナリズム全般に関する分析枠組み」は、この時期の時間／空間観念の転換と編成の全般的な脈絡から導き出されなければならないであろう。

第二に、佐藤はナチス・ドイツによる他国の侵略や軍事行動、暴力的支配などの戦争犯罪にかんして言及されている部分をしばしば引用し、そこから「ホロコースト・アイデンティティ」の存在を実証している。たとえば、ＳＰＤのＤ・ハーク外交委員が条約批准をめぐる議論のなかで述べた「ワルシャワ条約が、第二次世界大戦という恐るべき大事件とナチスの暴力的支配によって困難を背負わされている……（ドイツとポーランドの）隣国同士の関係の和解にとって、特別な政治的・道徳的意義をもつということを見誤りません」という発言を取り上げて、それを「ホロコースト・アイデンティティと東方政策の結びつきについて明瞭に表現したもの」と指摘しているのである。[84] すなわち、「ホロコースト」概念を「ナチスの罪」や「戦争犯罪」全般の意味で使用しているのである。一般的に言って、ホロコーストはナチズムによるヨーロッパ・ユダヤ人の絶滅政策を指す概念であり、どんなに広義に用いたとしても、シンティ・ロマなどのほかの民族的マイノリティへのジェノサイドや知的障害者の「安楽死」、性的・社会的マイノリティの迫害・殺害までの犯罪行為をこえて使用されることはない。その意味で佐藤の「ホロコースト・アイデンティティ」概念は「ホロコースト」の拡大解釈に基づいているといえよう。

しかし実際に、東方政策をテーマとする議論で、オーデル・ナイセ国境線の承認を正当化するためにもち出された歴史的な罪は狭義のホロコーストではなく、ナチス・ドイツの戦争犯罪だった。そしてどのようなテーマにかんしても、この時期にユダヤ人の大量虐殺という狭義のホロコーストに言及する政治家は稀であった。今日のドイツにおける政治的常識からみれば信じがたいが、七〇年に初めて公的に催された終戦記念式典の演説でも、ブラントも含めて誰一人としてユダヤ人の大量虐殺に触れていない。ブラントの「跪き」も当初は、ポーランドに対する戦争犯罪の贖罪のポーズとして解釈された。だから、ワルシャワ・ゲットー蜂起記念碑前の「跪き」は「間違った」記念碑で行われたとポーランド側からみなされたのである。そもそもユダヤ人の大量殺戮自体は、たとえその犠牲者のなかにポーランド系ユダヤ人が多く含まれていたとしても、ポーランドが東方領土を占有することを認める歴史的根拠にはなりがたい。ちなみに、先に紹介した野党党首バルツェルの連邦議会での主張――西ドイツはビスマルク帝国の後継者としてその権利と同時に義務も受け継ぎ、それゆえにナチス・ドイツの戦争犯罪に対して賠償を行ってきた――が示しているように、「ナチスの犯罪の克服は戦後ドイツ人に課せられた道徳的責任である」という論拠に基づいた「ヨーロッパにおける和解と平和に貢献するドイツ」という自己理解は「帝国アイデンティティ」からも導き出されうる。

そして「ホロコースト」概念がドイツ人の人口に膾炙するのは、テレビ・ドラマ『ホロコースト』

が七九年に放映された以後であって、それ以前にはユダヤ人の大量虐殺を示すこのような固有名詞は定着しておらず、「アウシュヴィッツ」がこの出来事を象徴する概念として用いられていた。これまで紹介してきた政治家の発言でも、歴史的評価をめぐって盛んに議論されたのは一八七一年の帝国創建、一八四八／四九年の革命運動などであった。一九四五年の歴史的評価も議論はされたが、それはホロコーストの実態が明らかにされた年であったからではなく、ビスマルク帝国の「崩壊」をめぐってドイツ国民国家の連続－非連続性が問題とされたからであった。したがって、ホロコースト概念を拡大解釈しないかぎり、あるいは「ナチ犯罪」全般を「ホロコースト」概念で象徴的に代表させないかぎり、この時期のナショナル・アイデンティティを「ホロコースト・アイデンティティ」概念を用いて説明することには無理があるといわざるをえない。

しかし、「ホロコースト・アイデンティティ」概念は、「帝国アイデンティティ」の対概念として使用するのではなく、むしろ「ホロコースト」概念が社会的に定着する八〇年代以降のナショナル・アイデンティティを説明する概念として用いる方がずっと有益である。このことにかんしてはすでに拙著『ホロコーストと戦後ドイツ』（岩波書店、二〇一七年）で詳しく論じているので、参照していただきたい。

以上、二点にわたって佐藤の提示した概念を検討してみたが、それをふまえてまず、六〇年代以降の高度成長期、とくに六八年以後に明確になってきた国民形成とはいったい何であるのか、まとめてみよう。五〇年代の復興期における国民共同体、すなわちハイマートの時間／空間に基づき、「コミュニケーション的沈黙」に支配され、一九三七年の国境線で国民的空間を想像していた「犠牲者共同体」は、西側志向と「進歩」的時間観念の広がり、若者文化の担い手としての新しい「世代」の出現、その文化に象徴される大量生産＝大量消費のフォーディズム的ライフ・スタイルの浸透、これらの現象によるハイマート的な時間／空間の変容、「コミュニケーション的沈黙」の機能不全による「過去の克服」の意識化(85)、東西ドイツ分裂の固定化と想像の共同体の西ドイツ化などを通して、その機能に支障を来たしていった。これに対して保守勢力は、ハイマートの時間／空間の道徳的価値を保持し、統一された国家・領土という〈空間＝存在＝保持〉を志向し、国民と国家を一体視する国民観で対処しようとし、その歴史的正統性をビスマルク帝国に求めた。一九四五年はこの勢力にとって国民国家の断絶・分断という克服すべき歴史的地点として認識されたが、この年をむしろそれ以前の過去を克服するための出発点として評価する歴史観をもち、西ドイツを充足した国民国家として感じる傾向のある革新勢力が新たな国民観を形成し、広めていった。この国民観は、複数の国家のなかでも国民は形成・保持されうるのであり、むしろドイツの歴史においてビスマルク国家のように統一された国民国家の存在は例外であったことを想起しながら、国民と国家を時間／空間上にて統一させることを前提としなかった。むしろ統一よりも自由・民主主義を重視して、その観点からビスマルク国家を否定的に評価し、一八七一年よりも一八四八年にその歴史的系譜を見出した。このような自由・民主主義への「歩み」や「進歩」といった〈時間＝生成＝形成〉を志向する〈革新主義的国民〉が〈保守主義的国民〉と「日々の国民闘争」を展開するなかで、旧来の「犠牲者共同体」は再編成され、保革の国民共同体が拮抗する複合体としてあらたな国民が形成されていったのである。

注

（1） Anna J. Merritt／Richard L. Merritt, (ed.), Public Opinion in Occupied Germany. The OMGUS Surveys, 1945–1949, P. 213.

（2） Klaus Stüwe (Hg.), Die großen Regierungserklärungen der deutschen Bundeskanzler von Adenauer bis Schröder, Opladen, 2002, S. 44.

（3） Allensbacher Jahrbuch I, S. 313.

（4） Allensbacher Jahrbuch III, S. 505.

（5） Silke Jansen, Meinungsbilder zur deutschen Frage. Eine Längsschnittanalyse von Repräsentativerhebungen in der Bundesrepublik Deutschland, Frankfurt am Main／Bern／New York／Paris, 1990, S. 80.

（6） Ibid., S. 157. Elisabeth Noelle-Neumann, Im Wartesaal der Geschichte. Bleibt das Bewußtsein der deutschen Einheit lebendig?, in: Werner Weidenfeld (Hg.), Nachdenken über Deutschland. Materialien zur politischen Kultur der Deutschen Frage, Köln, 1985, S. 137. Gerd Langguth, Wie steht die junge Generation zur deutschen Teilung?, in: Politische Studien, Nr. 289, 1986, S. 528. Allensbacher Jahrbuch VIII, S. 212.

（7） Allensbacher Jahrbuch II, S. 326. Jansen, Meinungsbilder, S. 179. Bundesministrium für Innerdeutsche Beziehungen (Hg.), Materialien zum Bericht zur Lage der Nation 1974, o. O., S. 117. Allensbacher Jahrbuch IV, S. 395.

（8） Jansen, Meinungsbilder, S. 179. Bundesministrium für Innerdeutsche Beziehungen (Hg.), Materialien zum Bericht zur Lage der Nation 1974, o. O., S. 117. Allensbacher Jahrbuch IV, S. 395.

（9） 「正しくない」が一四%、「未決定／わからない」が二五%であった。Allensbacher Jahrbuch IV, S. 389.

（10） Ibid., S. 390.

（11） 25. Februar 1972. Prof. Carlo Schmid : Rede vor dem Deutschen Bundestag, in : Bundesministerium für innerdeutsche Beziehungen (Hg.), Texte zur Deutschlandpolitik Bd. 10. (9. 2. 1972–23. 5. 1972)1972, S. 374f.

（12） Allensbacher Jahrbuch IV, S. 388.

（13） Fernsehansprache am 7. Dezember. 1970, in : Presse-und Informationsamt der Bundesregierung (Hg.), Bundeskanzler Brandt. Reden und Interviews, Melsungen, 1971, S. 379f.

（14） Jansen, Meinungsbilder, S. 152.

（15） Gerhard Schweigler, Nationalbewußtsein in der BRD und DDR, Düsseldorf, 1974. S. 115.

（16） Allensbacher Jahrbuch V, S. 527.

（17） Schweigler, Nationalbewußtsein, S. 115.

（18） Allensbacher Jahrbuch V, S. 526.

（19） Ibid., S. 528.

（20） このことは最終的に、ペレストロイカにはじまるソ連・東欧諸国の変動のなかでとくに八八年から西ドイツおよび統一ドイツに大量に流入した「東欧ドイツ系移住者（Aussiedler）」の存在を通して確認されることになる。八八年に二〇万人を数えたこの移住者は八九年には三七万人、九〇年には四〇万人に達し、九五年まで二〇万人を下回ることはなかった。「東独移住者（Übersiedler）」の波にかぶさるように襲いかかったこの流入者の波に、西ドイツ社会はパニックに近い状態に陥った（近藤潤三『統一ドイツの外国人問題――外来民問題の文脈で』木鐸社、二〇〇二年、第6章第2節参照）が、そのように問題が深刻化する以前の八九年一〇月における世論調査で、この移住者を市民全体の三一％だけが「本物のドイツ人」とみなし、ほぼ同数の二九％が「本物のドイツ人ではない」と断言し、残りの四〇％が「半ばは本物のドイツで、半ばはそうではない」と答えている。Allensbacher Jahrbuch IX, S. 520.

（21） Jansen, Meinungsbilder, S. 117.

(22) Allensbacher Jahrbuch IX, S. 431.
(23) Der Spiegel vom 26. 10. 1970, S. 124.
(24) 六七年の調査では「承認」が二七%、「不承認」が六一%であった。Allensbacher Jahrbuch V, S. 510.
(25) Bundesministrium für Innerdeutsche Beziehungen (Hg.), Materialien, S. 117. Jansen, Meinungsbilder, S. 179. Allensbacher Jahrbuch VIII, S. 211.
(26) Schweigler, Nationalbewußtsein, S. 138.
(27) Allensbacher Jahrbuch IX, S. 431.
(28) Allensbacher Jahrbuch IV, S. 393.
(29) Allensbacher Jahrbuch VII, S. 59.
(30) Allensbacher Jahrbuch VIII, S. 208.
(31) Allensbacher Jahrbuch IV, S. 401.
(32) Walter Jaide, Einstellungen Jugendlicher zum doppelten Deutschland, in : Politik und Kultur, H. 1, 1981, S. 30f. Walter Jaide, Einstellungen Jugendlicher zum doppelten Deutschland und zu Europa, in : Politik und Kultur, H. 3, 1982, S. 34f.
(33) Bundesministrium für Innerdeutsche Beziehungen (Hg.), Materialien, S. 109.
(34) Jansen, Meinungsbilder, S. 171.
(35) Ibid., S. 174.
(36) Langguth, Wie steht die junge Generation, S. 533.
(37) Allensbacher Jahrbuch VIII, S. 211.
(38) Langguth, Wie steht die junge Generation, S. 529.
(39) Erich Kitzmüller / Heinz Kuby / Lutz Niethammer, Der Wandel der nationalen Frage in der

Bundesrepublik Deutschland, Teil II, in: APuZ B34/1973, S. 26f.

(40) Karl Teppe, Das deutsche Identitätsproblem. Eine historisch-politische Provokation, in: APuZ B20-21, 1976, S. 29.

(41) Vgl., Helmut Dubiel, Niemand ist frei von der Geschichte. Die nationalsozialistische Herrschaft in den Debatten des Deutschen Bundestages, München, 1999, S. 133ff.

(42) Marion Gräfin Dönhoff, 25 Jahre nach Hitler. Wie dieser Staat entstanden, was aus ihm wurde und wohin er steuert, in : Die Zeit vom 8. 5. 1970.

(43) Verhandlungen des Deutschen Bundestages. Anlagen zu den Stenographische Berichte. Bd. 72, S. 2567.

(44) Ibid., S. 2565.

(45) Ibid., S. 2564.

(46) Ibid., S. 2565f.

(47) Ibid., S. 2565.

(48) Ibid., S. 2569.

(49) Ibid., S. 2564.

(50) Vg., Edgar Wolfrum, Geschichtspolitik in der Bundesrepublik Deutschland. Der Weg zur bundesrepublikanischen Erinnerung 1948-1990, Darmstadt 1999, S. 258ff.

(51) SZ vom 19. 1. 1971, FAZ vom 18. 1. 1972. Karl-Heinz Janßen, Pilgern zum Reichsahn, in: Die Zeit vom 22. 1. 1971.

(52) この演説は一九七一年一月一八日付の各紙が原文を載せている。

(53) 半月後の二月四日はエーベルト大統領の生誕百周年にあたり、その記念の催しでハイネマンは「社会主義者鎮圧法」のもとで「社会の敵」であったエーベルトの青年時代と、大統領としての困難な状況を想起して、

「新しい匕首伝説に余地が与えられてはなりません」と訴えている。SZ vom 5. 2. 1971, FR vom 5. 2. 1971.

(54) FR vom 19. 1. 1971.

(55) Die Zeit vom 22. 1. 1971.

(56) SZ vom 18. 1. 1971.

(57) FR vom 19. 1. 1971, SZ vom 19. 1. 1971.

(58) Erklärung zum 100. Jahrestag der Reichsgündung am 18. 1. 1971, in : Presse- und Informationsamt der Bundesregierung (Hg.), Bundeskanzler Brandt. Reden und Interviews, Melsungen, 1971, S. 387f.

(59) Rudolf Augstein, Das 100 jährige Reich, in : Der Spiegel vom 11. 1. 1971, S. 38.

(60) Vgl., Karlheinz Niclauß, Kontroverse Deutschlandpolitik. Die politische Auseinandersetzung in der Bundesrepublik Deutschland über den Grundlagenvertrag mit der DDR, Frankfurt am Main, 1977.

(61) Bericht zur Lage der Nation am 14. Januar 1970, in : Presse- und Informationsamt der Bundesregierung (Hg.), Bundeskanzler Brandt. Reden und Interviews, Melsungen, 1971, S. 97f.

(62) Bericht der Bundesregierung zur Lage der Nation am 28. Januar 1971 vor dem Bundestag, in : Ibid., S. 394. 23. Februar 1972. Bundeskanzler Brand : Bericht der Bundesregierung zur Lage der Nation, in : Bundesministerium für innerdeutsche Beziehungen (Hg.), Texte zur Deutschlandpolitik Bd. 10. (9. 2. 1972-23. 5. 1972)1972, S. 118f. を参照。

(63) BT, 14. Sitzung vom 15. 2. 1973, in : Verhandlungen des Deutschen Bundestages und des Bundesrates (Protokolle, Drucksachen, Register), München, 1981-1995, S. 536.

(64) Ibid., S. 535f.

(65) Ibid., S. 633.

(66) BT. 7. Sitzung vom 24. 1. 1973, in : Verhandlungen des Deutschen Bundestages und des Bundesrates, S.

219.

(67) 25. Februar 1972. Prof. Carlo Schmid: Rede vor dem Deutschen Bundestag, in: Texte zur Deutschlandpolitik Bd. 10, S. 372ff.

(68) Ibid., S. 376.

(69) Die Welt vom 10. 11. 1972.

(70) 24. Februar 1972. Dr. Freiherr von Weizsäcker: Rede vor dem Deutschen Bundestag, in: Texte zur Deutschlandpolitik Bd. 10, S. 277f.

(71) BT, 14. Sitzung vom 15. 2. 1973, in: Verhandlungen des Deutschen Bundestages und des Bundesrates, S. 542.

(72) BT, 7. Sitzung vom 18. 1. 1973, in: Verhandlungen des Deutschen Bundestages und des Bundesrates, S. 134.

(73) Ibid., S. 210.

(74) 25. Ferruar 1972. Prof. Carlo Schmid: Rede vor dem Deutschen Bundestag, in: Texte zur Deutschlandpolitik Bd. 10, S. 377.

(75) Vgl., Eberhard Jäckel, Gustav W. Heinemann und Rastatt. Zur Entstehung und Gründung der Erinnerungsstätte für die Freiheitsbewegungen in der deutschen Geschichte, in: Einigkeit und Recht und Freiheit: Erinnerungsstätte für die Freiheitsbewegungen in der deutschen Geschichte, Bönen, 2002.

(76) Gustav W. Heinemann, Geschichtsschreibung im freiheitlich demokratischen Deutschland. Gerechtigkeit des deutschen Volkes. Verantwortung des Bürgers für die freiheitlichen Traditionen und ihre moralische Verpflichtung, in: Ibid.

(77) Ibid., S. 20.

(78) ハイネマンは一九七四年に「ドイツ国民の国家諸形態」という論文で、ドイツの統一国民国家は七四年という人間の寿命の長さ程度の歴史しかなく、それ以外のドイツの歴史は悪しきものだったのだろうかと問うて、「統一の反対は必ずしも単なる分裂や無力ではなかった。統一の反対は多様性や豊かさでもありえたのである。ヨーロッパの国のなかでドイツほど精神的な多様性が存在した国はなかった。……この多様性はそれどころかときおり自由の担保であった」という歴史観を展開している。Gustav Heinemann, Staatliche Formen deutscher Nation, in: Politik und Kultur, H. 2, 1974.
(79) 開館のハイネマン演説は、Vgl. Gustav W. Heinemann, Die Freiheitsbewegungen in der deutschen Geschichte, in: GWU 10/1974を参照。
(80) 佐藤成基『ナショナル・アイデンティティと領土』新曜社、二〇〇八年、三頁。
(81) 前掲書、一〇頁。
(82) 前掲書、二五～二八頁。
(83) 前掲書、三一頁。
(84) 前掲書、一五五頁。
(85) この「意識化」は国民形成において重要な役割を果たしたが、紙幅の都合から本書で詳しく扱うことはできなかった。次著で詳しく論じたい。

終　章　西ドイツで国民はいかに形成されたのか

総　括

告発、追悼、再生の美学に基づいて終戦時の時間／空間を表象＝代表していた「瓦礫と廃墟」の景観は、戦後の西ドイツの国民共同体である「犠牲者共同体」の原風景として記憶されることになった。「零年」のこの景観は、それ以前の過去から受けた犠牲の結末とみなされ、この景観を克服していくことに未来の課題は据えられたのである。しかし終戦は上り坂の出発点とみなされていたわけではない。スターリングラード戦の敗北以後にナチズムは「外部」化していったが、その独裁と戦争政策の「犠牲者」であることを実感していった多くのドイツ人が「ドイツ史上最悪の時代」と感じていたのは終戦時ではなかったからである。むしろ、都市の破壊に激しい物質的窮乏、分割占領、非ナチ化政策、東部領土の喪失と大量の故郷被追放者の発生、西部への大量移動の苦難が訪れた終戦後の時期が「史上最悪の時代」だったのである。こうして「瓦礫と廃墟」の景観の克服は、戦争の結果の克服であると同時に、戦後の克服としても意識された。とりわけ東部からの被追放者はこの克服において重々しいハンディを背負ったまま戦後を生きることになった。「犠牲者共同体」は戦争と戦後の二つの犠牲の上に立ちあげられ、加害責任は一部の「ナチス」やドイツ内外の戦争犯罪人に帰せられた。

この「犠牲者共同体」が志向した時間／空間を表象していたのが、循環的時間のなかの非歴史的で、伝統的な自然・村落的時間／空間としての「ハイマート（故郷）」であった。この時間／空間はなによりも「都市」世界の対極に位置づけられた。つまり、変動や発展、進歩を義務づけられた歴史的な人工空間であり、「最悪」の終戦・戦後の時期を表象していた「瓦礫と廃墟」の舞台でもあった都市空間は、混沌や軋轢・紛争、無秩序の象徴となり、まさに克服の対象となったのであり、都市計画にもハイマートの原理が持ち込まれた。ハイマートは都市の時間／空間で生じた破局や混乱を免れていただけではない。ハイマートで展開された物語のなかでは、都市で生じていた軋轢・紛争は「誤解」から生じたものであるとみなされ、相互の社会的結合が確認され、異分子は排除され、秩序が回復されていった。また、当時の多数派の人々が重厚で、安定感のある伝統的な居間空間を志向していたことは、遠い未来に理想を掲げて邁進していくことではなく、失われた財産と秩序を回復し、安定を求めていったそのメンタリティに合致していた。ハイマートはこの人々にとって「居心地のよい」時間／空間だったのである。そしてこの多数派は同時に、かつてナチス国家にはむかうことなく、程度の差はあれこの国家を支え、その体制に順応していた人々であった。そのエリートの多くは褐色の経歴をもっていたが、ユダヤ人やナチズムの犯罪の痕跡のない世界でもあったハイマートは、この多数派が過去の加害責任を意識する必要のない「居心地のよい」国民的な時間／空間だった。このように、ハイマートは国民共同体のモデルそのものであったのである。

この共同体にとってとりわけ重要な国民の「構成的外部」となったのは、ロシア人であった。ソ連への軍事侵攻、外国人労働者の導入、赤軍の進撃と占領によってドイツ人はロシア人体験を積み重ねていったが、ドイツ人はこの体験を通してロシアとロシア人の発展の「遅れ」を一貫して確認した。このことによってナチス・ドイツの対ソ戦争が植民地戦争として実践されただけではなく、復興によって豊かさを取り戻しつつあったこの共同体は冷戦のなかでふたたびロシア（人）に植民地主義的なまなざしを振り向け、対ソ戦争が植民地戦争であったことを忘却し、植民地主義的主体として国民を形成していったのである。

復興が進み、フォーディズム的な大衆社会が成熟していくなかで、この国民共同体に「日々の国民闘争」を挑む「異端児」が現れた。「ハルプシュタルケ」とよばれたこの集団はハイマートとは異質なアメリカ的消費文化に由来する音楽と身体表現を駆使して、余暇空間のなかで乱痴気騒ぎをくり返したが、国民共同体はそこにプリミティヴで、未発達な反社会分子を見ていた。労働者階級出身者によって支えられたこの若者文化は、大衆消費社会に迎合して急進性をそぎ落としていくなかで、「ティーンエージャー」文化として中産階級出身の若者にも浸透していく。楽観主義的な未来観を抱く若者に支えられたこの若者文化は、長髪のヘアスタイルに代表されるように、若者を大衆消費社会の前衛集団に押し上げ、社会の「小児病」化を促し、旧来の国民共同体を変容させていった。

楽観主義的な未来観と進歩主義的な理念が広がり、ハイマート時間／空間の閉鎖性、反動性、抑圧性が問題視されていくなかで、時間／空間に大きな転換が訪れていく。「都会性」を基軸に据える新たな都市理念が強調されるようになり、「ハイマート映画」が廃れ始める一方で、新たな前衛映画の制作が模索されるようになった。そして、社会進歩の原動力として原子力が注目され始め、そこに未来が託されるようになっていく。また、未来を合理的・科学的に予測し、よりよく造形していく可能性として「操作可能性」の信念に基づいて目的を効率的に達成していく「計画」の理念が尊重されていったが、これらの新たな時間／空間の担い手となったのが、政権を握った革新勢力であった。

一方、西ドイツが自足的な国民的時間／空間を形成していくなかで、とくに戦後生まれの世代の国民的想像力から第二次世界大戦で失われた東部領土は消えていき、東ドイツが外国化し、西ドイツが国民国家化して行く傾向が明らかになり、その結果として国民的空間が多元化していった。こうしたなかで「ドイツ」概念をめぐるコンセンサスが崩れていくと同時に、保革勢力のあいだで次第に国民概念の相違が明確になっていった。こうして〈空間＝存在＝保持〉を志向する〈保守主義的国民〉と〈時間＝生成＝形成〉を志向する〈革新主義的国民〉が「日々の国民闘争」を展開する新たなドイツ国民が形成されていったのである。

展望

本書はここまで分析を進めてきたが、それ以後の時間／空間と国民の変化もここで展望しておくことにしよう。

七〇年代後半から、とくに八〇年代以降に時間／空間と国民形成に大きな変化が訪れる。「成長の限界」論やエコロジー問題などを通して楽観主義的な未来観は悲観主義へと転換し、産業構造のポスト・フォーディズムへの移行とともに時間／空間のパイオニアが出現していくなかで、機軸を必然性から偶然性に転換していく「価値転換」が生じていく。こうしてドイツ国民の時間／空間は再編成されていくが、「ホロコースト」概念が市民社会に定着し、この概念が「日々の国民闘争」のなかで盛んに語られ、ナショナル・アイデンティティの不可欠な要素として受容されていくのも、まさにこの時期なのである。この変化に呼応するように政界でも新種の政党、すなわち緑の党と極右政党が台頭していく。高度経済成長期の国民はCDU／CSU＝保守とSPD＝革新の対立・拮抗の形で生成されていったが、この新たな政治勢力が「日々の国民闘争」に参入することで、国民も変容していくことになったのである。この変容のなかで、〈保守主義的国民〉だけではなく、〈革新主義的国民〉も内包している排他性の問題も明らかになっていく。そして国民形成をめぐる「日々の国民闘争」の争点は、原発事故やエコロジー危機のなかで発覚していった「進歩」の問題や、〈事実上の〉移民としてドイツ社会に定住していった外国人をめぐる問題へと転換していくのである。

こうして形成されていった国民とはいかなるものであるのだろうか。ここで問われているのは、まさしく私たちの時代の、私たち自身の時間と空間にかんする、私たち自身の存在の問題、いったい私たちはどこに、どんな時間のなかにいる何者であるのかという問題にほかならない——この課題にかんしては次著で取り組むこととして、いったんここで筆を擱かせていただきたい。

あとがき

「グローバル化／グローバリゼーション」概念が人口に膾炙するようになったのはいつ頃だろうか。すでに八〇年代末からこの概念をタイトルとする著作が刊行され始めていたが、世紀の変わり目になってその量は爆発的に増えている。『現代用語の基礎知識』（自由國民社）でも以前からこの概念は取り上げられていたが、一九九八年版になって「グローバル化の波は国家中心の経済システムを大きく揺さぶりつつある」（一五一頁）と、その現象が大きく取りあげられるにいたっている。だから、私たちがこの言葉を頻繁に耳にするようになってから、すでにほぼ二〇年の歳月が経っていることになろう。

たしかに当初からこの概念には、抗うことのできない圧倒的な力で生活世界を破壊していくといった脅威の感情を呼び起こす語感が秘められていた。しかしそれでも、地球を住み家とする人類が国境をこえてつながり合えるユートピアを実現する可能性も、この概念には込められていたような気がする。国民国家の成立とともに、かつては関所を通り抜けなければならなかった藩との境が単なる行政区の境界線となり、県民感情がお国自慢のレベルをこえることがなくなったように、グローバル化とともに国境は有名無実化し、国民であることの意味は希薄となり、地域紛争やその原因となっている世界規模での貧困や経済格差、エコロジー危機といったグローバルな課題に取り込む「地球人」が誕生していくだろう。グローバル化は歴史の必然であり、それが大きな問題を孕んでいるとしても、その問題を克服しながらグローバル化の道を歩むことが未来を切り拓くことにつながる。それは欧州連合（EU）という具体的な形で実現されつつあり、一九九二年のマーストリヒト条約の調印は画期的な出来事として世界史の年表に刻まれることになるであろう……。グローバル化概念にはそんな期待も内包されていたし、そのように語られていた記憶が私の脳裏に残っている。

しかし、その記憶は今となっては昔話のようなものとなってしまった。もちろん月日の経過だけが理由ではない。グローバル化がもたらした現在の世界が、そのような期待とはかけ離れた姿で私たちの前に立ち現れているからだ。移民の排斥を求める右翼ポピュリズム政党・運動の台頭、EUの危機とイギリスの離脱の決定、「アメリカ・ファースト」を訴えたD・トランプの大統領選出、世界規模での経済格差の拡大、宗教原理主義の広がりとテロリズムの拡散、歴史認識問題などに起因する日韓・日中間の対立、国内では在特会のような排外運動とネット右翼の広がり、リベラル勢力の衰退などに見られる右傾化……。グローバル化はその対義語であると思われていたナショナリズムと共存するどころか、むしろその誘因であることが誰の目にも明らかになってしまった。

このような状況を前にして、現在の国民形成とナショナリズムを歴史的に解明することが喫緊の研究課題となっていることはいうまでもないだろう。国民形成とナショナリズムにかかわる現在の諸問題はかつての歴史的事象の再来として理解すべきなのか、それとも私たちは新たな現象に直面しているのだろうか。本来グローバル化は、ナショナルな単位で組織されてきた時間／空間がグローバルに再編成されていく現象であるとすれば、この問題を解明していくためには、グローバル化以前の時間

／空間がどのように組織され、どのような変遷をたどりながら、国民形成とかかわってきたのかを理解しておく必要があるのではないだろうか。第二次世界大戦の終結から高度経済成長期とよばれている七〇年代まで、すなわちグローバル化が進展していく前の時代における西ドイツの時間／空間と国民形成を分析対象とした本書は、まさにこの課題に取り組み、答えを導き出そうとする試みであった。

この試みが成功したと言い切れるような自信は、正直言ってもっていない。そして、本書は続編が出されてはじめて完結するものであることを、まずは読者の皆さんにお詫びしなければならない。しかし、新聞や雑誌の報道や刊行物、議会議事録、統計資料だけではなく、流行歌や映画のようなポピュラー・カルチャー、写真集や記念碑、カリカチュアなども史料として駆使し、これまでの研究書にはない独特な視点から重要な研究課題に取り組んだ意欲だけでも認めていただければ、研究者の端くれとして冥利に尽きる。

これまで政治史、経済史、文化史、社会史といった枠組みのなかで歴史は書かれてきたが、本書は「時間／空間」という新たな枠組みを設けることで、現代世界が抱える問題に歴史学的にアプローチした。その目的が「ひとつの国民」がどのような存在として形成されていくのかという国民の歴史を分析・叙述することにあるため、政治・経済・文化・社会の領域をこえ、これらを包括する枠組みが必要だったからである。そして、終戦から一九七〇年代までの西ドイツという研究対象はこのアプローチのための一つのケース・スタディとして取り上げたつもりであり、今後は八〇年代以降のドイツだけではなく、日本の戦後にも研究対象を広げていこうと考えている。序章で「戦後ドイツに限らずに国民と国民形成を理解する一助となり、そのあり方をめぐる議論を誘発し、その議論に貢献することを本書はめざしたい」と書いた。まさにそのためにも、ドイツ戦後史を研究し、あるいはその歴史に関心のある方々だけではなく、さまざまな分野の研究者や市民の方々からも、本書にご意見とご批判がいただけることを切に願っている。

本書の第1章第1、2節（①）、第1章第3節、第2章、第3章第1節（②）、第3章第2節（③）は、修正を加え、加筆しているが、以下の論文に基づいている。それ以外は、序章と終章も含めて、すべて書下ろしである。

①「ドイツ「零時」の表象――瓦礫と廃墟の記憶」『立命館文学』五九七号（二〇〇七年）。

②「「第二の罪」の時間／空間――復興期ドイツにおける国民形成」『立命館文学』六一六号（二〇一〇年）。

③「戦後ドイツと植民地主義――四〇‐五〇年代におけるロシア観と西ドイツ国民の形成」『歴史家協会年報』第三号（二〇〇七年）。

本書が刊行できたのは、田野大輔／柳原伸洋編著『教養のドイツ現代史』（二〇一六年）に寄稿した際に知り合うことができたミネルヴァ書房編集部の堀川健太郎さんの全面的なバックアップによるものである。最後になってしまったが、心より感謝申し上げたい。

二〇一八年三月一〇日

母、高橋淑子の九三歳の誕生日を祝いながら　　著　者

人名索引

あ 行

か 行

さ 行

た 行

な・は　行

ま　行

や・ら　行

事項索引

あ　行

か　行

さ　行

た　行

な・は　行

ま・や行

ら　行

わ　行

《著者紹介》

高橋秀寿（たかはし・ひでとし）

1957年　生まれ。
1988年　立命館大学大学院文学研究科博士課程後期単位取得退学。
1999年　文学博士。
現　在　立命館大学文学部教授。
主　著　『再帰化する近代――ドイツ現代史試論』国際書院，1997年。
『東欧の20世紀』（共編著）人文書院，2006年。
『グローバリゼーションと植民地主義』（共編著）人文書院，2009年。
『境界域からみる西洋世界――文化的ボーダーランドとマージナリティ』（共編著）ミネルヴァ書房，2012年。
『ホロコーストと戦後ドイツ――表象・物語・主体』岩波書店，2017年。

MINERVA 歴史・文化ライブラリー㉞
時間／空間の戦後ドイツ史
――いかに「ひとつの国民」は形成されたのか――

2018年7月10日　初版第1刷発行　〈検印省略〉

定価はカバーに
表示しています

著　者　高橋秀寿
発行者　杉田啓三
印刷者　坂本喜杏

発行所　株式会社　ミネルヴァ書房
607-8494　京都市山科区日ノ岡堤谷町1
電話代表　(075)581-5191
振替口座　01020-0-8076

冨山房インターナショナル・新生製本

ISBN 978-4-623-08353-4
Printed in Japan